高等学校交通运输类专业新工科教材

Highway Freight Transportation Organization and Scheduling
公路货物运输组织与调度

巫威眺　主　编
裴祥静　副主编

人民交通出版社
北　京

内 容 提 要

本书是高等学校交通运输类专业新工科教材,以公路货物运输"货源分析—运输组织—调度决策"为主线组织教材内容,系统介绍了公路货物运输涉及的科学问题和相关知识,附有大量的思考题和应用案例,具有较强的系统性、科学性和实践性,有助于读者深入了解该领域的理论基础和实践技术。本书共十章,内容包括绪论、货物运输需求分析、优化方法基础、设施选址、货运网络规划、库存管理、车辆路径规划、货物包装与车辆配载、现代货运组织形式和特种货物运输。

本书可作为高等学校交通运输、物流工程等相关专业教材,也可供相关行业人员参考使用。

图书在版编目(CIP)数据

公路货物运输组织与调度 / 巫威眺主编. — 北京:人民交通出版社股份有限公司,2024.7. — ISBN 978-7-114-20004-5

Ⅰ. U492.3

中国国家版本馆 CIP 数据核字第 2024WD2177 号

Gonglu Huowu Yunshu Zuzhi yu Diaodu

书　名:	公路货物运输组织与调度
著 作 者:	巫威眺
责任编辑:	李　晴　李　良
责任校对:	赵媛媛　魏佳宁
责任印制:	刘高彤
出版发行:	人民交通出版社
地　　址:	(100011)北京市朝阳区安定门外外馆斜街 3 号
网　　址:	http://www.ccpcl.com.cn
销售电话:	(010)85285911
总 经 销:	人民交通出版社发行部
经　　销:	各地新华书店
印　　刷:	北京建宏印刷有限公司
开　　本:	787×1092　1/16
印　　张:	16.75
字　　数:	418 千
版　　次:	2024 年 7 月　第 1 版
印　　次:	2024 年 7 月　第 1 次印刷
书　　号:	ISBN 978-7-114-20004-5
定　　价:	55.00 元

(有印刷、装订质量问题的图书,由本社负责调换)

前言

在经济全球化的背景下,货物运输作为连接生产和消费的桥梁,其效率和效果直接关系到供应链的稳定性和企业的竞争力。中共中央、国务院印发的《交通强国建设纲要》指出,"发挥公路货运'门到门'优势……优化物流组织模式,提高物流效率,降低货运成本"。同时,交通运输部、国家发展改革委印发的《交通物流降本提质增效行动计划》指出,"充分发挥交通物流先导性、基础性、保障性作用,促进有效降低全社会物流成本"。海尔集团公司作为中国货物运输管理的先行者,通过科学的运输调度和线路优化,成功降低了15%的货运成本。这一成就不仅展示了优化物流组织模式的巨大潜力,也促使越来越多的企业意识到合理的货物运输组织与调度的重要性。因此,对公路货物运输组织与调度相关理论知识和实践技能的学习显得尤为关键。

本书定位于高等学校交通运输类专业本科生和研究生教材,由长期在一线教学的教师主导编写,严格把控章节内容、章节编排以及呈现方式。为做到以学生为本,本书力求做到以下几点。

第一,将复杂的货物运输组织与调度理论以通俗易懂的语言呈现,便于学生理解。同时,通过丰富的例题和案例分析,帮助学生快速掌握理论知识,有效地将所学应用于实际情景,增强学习的实践性和互动性。

第二,充分展现国内外先进的货物运输组织与调度理论,为学生提供一个广阔的视角,帮助他们了解行业的最新发展趋势。同时,对市场上现有教材的不足之处进行完善,以提供更全面、更新颖的教学内容。

第三,结合多年的一线教学经验,精心设计教材内容和结构,旨在解决学生在学习过程中可能遇到的问题,如理论与实践脱节、概念晦涩难懂等,从而提高教学效果和学生的学习效率。

第四,紧跟当代工科教学的前沿理念,实现产学研的有效结合。学生在学习本书后,不仅能够掌握理论知识,还能够解决实际工作中的货物运输组织与调度问题。我们鼓励学生将理论知识应用于具体问题的解决,培养他们的实操能力和创新思维,为未来职业生涯或研究工作打下坚实的基础。

全书共十章,从货物运输组织与调度的基础理论到复杂的优化模型再到相应求解算法,逐步引导学生深入理解货物运输与调度的各个环节。

第一章"绪论"从货物运输组织与调度概述的角度出发,介绍了货物运输合理化以及常见货物运输组织表现形式,为学生后续章节的学习奠定基础。

第二章"货物运输需求分析"为货物运输组织与调度优化的前置条件,介绍了货物运输需求分析的方法和技巧,帮助学生理解货物运输需求价格弹性和需求量预测。

第三章"优化方法基础"介绍优化方法的基础理论,列举了精确算法、元启发式算法以及优化求解器的计算原理和算法流程,为后续章节的数学建模和问题求解提供支持。

第四章"设施选址"是优化货物运输组织与调度的基础,结合实际应用场景,介绍连续型选址模型和离散型选址模型,有助于学生了解设施选址过程。

第五章"货运网络规划"决定货物运输组织与调度的优化上限,内容进一步深入,从选址到成网,帮助学生理解各种常见的货运网络结构表现形式及相应模型。

第六章"库存管理"与货物运输组织与调度相互协调,分别介绍了库存管理模型和库存管理模式,帮助学生理解零售商如何管理商品的库存来使自己获得最大收益。

第七章"车辆路径规划"为货物运输组织与调度的核心部分,介绍如何应用多种算法求解车辆路径问题,帮助学生理解如何有效地分配车辆去访问多个客户点以使总成本最小。

第八章"货物包装与车辆配载"为货物运输组织与调度必不可少的环节,简要介绍了货物包装相关概念,并分别应用动态规划算法和优化求解器求解车辆配载优化模型。

第九章"现代货运组织形式"紧跟时代步伐,分别介绍了甩挂运输、驮背运输、众包配送、地空协同以及网络货运等多种现代货运组织形式,帮助学生理解不同货运组织形式的适用场景。

第十章"特种货物运输"简要介绍特种货物的概念和性质,专门介绍了集装箱运输、国际多式联运以及各种特种货物运输,帮助学生理解各种特种货物运输组织和管理技术。

本书由华南理工大学巫威眺担任主编，负责全书的统稿工作，广东省外语艺术职业学院裴祥静为副主编，负责全书的校订工作和辅助统稿工作，参加编写的人员还有华南理工大学王发、裴明阳、刘建荣，北京航空航天大学单文轩，广州市城市规划勘测设计研究院有限公司张继勇，深圳市规划国土发展研究中心郭莉。在本书的编写过程中，编者参考引用了部分国内外专家学者的教材、专著和研究成果，在此向他们表示衷心的感谢。

在编写本书的过程中，我们始终遵循"打牢基础、注重实用"的指导思想。书中的每一章节都精心列举了经典案例，目的是让学生通过对经典案例的学习来加强对理论知识的掌握。针对部分章节例题提供相应程序代码，方便学生对算法的理解。同时，我们也非常重视内容的逻辑性和连贯性，确保学生能够系统地、逐步地掌握货物运输组织与调度的关键知识和技能。

无论你是相关专业的在校学生，还是对货物运输组织与调度充满热情的专业人士，我们相信这本书将是你学习和实践过程中的宝贵资源。让我们携手开启这段货物运输组织与调度的探索之旅，深入挖掘运输组织与调度优化的深层价值，为现代物流行业的发展贡献智慧和力量。

由于本书涵盖内容较多，在全书内容组织和文献资料取舍方面，难免存在诸多不当和疏漏之处，热诚欢迎读者批评、指正。

编　者
2024 年 7 月

目录

第一章　绪论 1
　第一节　货物运输概述 1
　　一、(一般)运输 1
　　二、物流运输 2
　　三、货物运输 2
　第二节　货物运输的功能、作用和特点 9
　　一、货物运输的基本功能 9
　　二、货物运输的主要作用 10
　　三、货物运输的特点 11
　第三节　货物运输合理化 11
　　一、货物运输合理化的影响因素 11
　　二、不合理货物运输的表现形式 13
　　三、货物运输合理化的有效措施 15
　　四、公路货物运输的独特优势与特定挑战 17
　第四节　货物运输组织与调度 18
　　一、货物运输组织 18
　　二、货物运输调度 20
　【练习与讨论】 20
　【经典案例】 21

第二章　货物运输需求分析 23
　第一节　货物运输需求概述 23
　　一、需求 23
　　二、货物运输需求 25
　第二节　货物运输需求价格弹性与需求交叉弹性 28
　　一、需求价格弹性的概念 28

二、需求价格弹性的计算 ································ 28
　　三、需求价格弹性与总收益的关系 ······················ 29
　　四、需求价格弹性的影响因素 ·························· 30
　　五、货物运输需求价格弹性的影响因素 ·················· 31
　　六、需求交叉弹性 ···································· 31
　第三节　货物运输需求调查 ······························ 32
　　一、货物运输需求调查的内容和方法 ···················· 32
　　二、货物运输需求分布分析 ···························· 33
　第四节　货物运输需求量预测方法 ························ 36
　　一、货物运输需求量预测方法分类 ······················ 36
　　二、定量预测方法 ···································· 36
　【练习与讨论】 ·· 42
　【经典案例】 ·· 42

第三章　优化方法基础 ···································· 45
　第一节　优化方法概述 ·································· 45
　　一、时间复杂度与问题复杂类型 ························ 45
　　二、优化方法发展沿革 ································ 48
　　三、优化方法分类 ···································· 48
　第二节　精确算法 ······································ 50
　　一、分支定界算法 ···································· 50
　　二、动态规划算法 ···································· 53
　第三节　元启发式算法 ·································· 56
　　一、遗传算法 ·· 57
　　二、模拟退火算法 ···································· 62
　第四节　优化求解器 ···································· 65
　　一、发展沿革 ·· 65
　　二、优化求解器分类 ·································· 66
　　三、MATLAB 集成 CPLEX 求解器 ························ 66
　　四、Python 集成 Gurobi 求解器 ······················· 71
　【练习与讨论】 ·· 73
　【经典案例】 ·· 73

第四章　设施选址 ·· 75
　第一节　设施选址概述 ·································· 75
　　一、设施的构成 ······································ 75
　　二、设施选址的意义 ·································· 76
　　三、设施选址的影响因素 ······························ 77
　　四、设施选址模型分类 ································ 78

五、设施数量的被影响与影响因素 ·································· 79
　　六、设施选址一般流程 ·································· 81
第二节　交叉中值模型 ·································· 82
　　一、交叉中值模型分类 ·································· 82
　　二、交叉中直模型的计算流程 ·································· 83
第三节　精确重心模型 ·································· 86
　　一、精确重心模型的基本定义 ·································· 86
　　二、精确重心模型的计算流程 ·································· 86
第四节　覆盖模型 ·································· 90
　　一、覆盖模型分类 ·································· 90
　　二、覆盖模型的应用 ·································· 92
第五节　P-中值模型 ·································· 93
　　一、P-中值模型的基本定义 ·································· 93
　　二、P-中值模型的应用 ·································· 94
第六节　P-扩散模型 ·································· 96
　　一、P-扩散模型的基本定义 ·································· 96
　　二、P-扩散模型的应用 ·································· 96
第七节　鲍摩-瓦尔夫模型 ·································· 98
　　一、鲍摩-瓦尔夫模型的基本定义 ·································· 98
　　二、鲍摩-瓦尔夫模型的计算流程 ·································· 99
【练习与讨论】 ·································· 104
【经典案例】 ·································· 104

第五章　货运网络规划 ·································· 106
第一节　货运网络概述 ·································· 106
　　一、货运网络的组成 ·································· 106
　　二、货运节点的类型及功能 ·································· 107
　　三、货运网络的特征 ·································· 108
　　四、货运网络规划与设计 ·································· 109
　　五、货运网络化意义 ·································· 111
第二节　货运网络结构表现形式 ·································· 111
　　一、货运网络结构基本表现形式 ·································· 111
　　二、货运网络结构组合表现形式 ·································· 113
第三节　常见货运网络结构表现形式模型 ·································· 116
　　一、直送模式 ·································· 116
　　二、迂回模式 ·································· 116
　　三、节点模式及通过配送中心的迂回模式 ·································· 116
　　四、多枢纽节点的 LD + CED 模式 ·································· 117

五、轴辐式网络 ··· 117
　　六、复杂网络模型——多式联运网络 ··· 117
【练习与讨论】 ··· 126
【经典案例】 ·· 127

第六章　库存管理 ·· 129
第一节　供应链库存管理理论 ··· 129
　　一、库存概述 ··· 129
　　二、库存的两面性 ··· 131
　　三、库存管理的相关概念 ·· 131
第二节　ABC 分类法 ··· 133
　　一、ABC 分类法的来源与原理 ··· 133
　　二、ABC 分类法的步骤 ·· 133
　　三、ABC 分类法的应用 ·· 134
第三节　确定环境下的库存管理模型 ·· 136
　　一、简单的确定性库存管理模型 ··· 136
　　二、经济订货批量模型 ··· 137
　　三、非即刻补货的 EOQ 模型 ··· 138
　　四、考虑运输规模效应的 EOQ 模型 ·· 140
第四节　不确定环境下的库存管理模型 ··· 141
　　一、安全库存 ··· 141
　　二、经典不确定性库存管理模型——报童模型 ··························· 142
　　三、库存补给策略 ··· 143
第五节　供应链库存管理模式 ··· 145
　　一、多级库存管理 ··· 145
　　二、供应商管理库存 ·· 147
　　三、联合库存管理 ··· 147
　　四、准时制 ·· 148
　　五、其他常见的库存管理模式 ·· 148
【练习与讨论】 ··· 149
【经典案例】 ·· 150

第七章　车辆路径规划 ·· 152
第一节　车辆路径问题类型 ·· 152
　　一、有容量限制的带时间窗的车辆路径问题 ······························ 152
　　二、带有时间窗的开放式车辆路径问题 ···································· 154
　　三、团队定向问题 ··· 155
　　四、带时间窗的同时取送货车辆路径问题 ································· 156
第二节　节约里程法求解车辆路径问题 ··· 157

一、方法原理 ·· 157
　　二、求解步骤 ·· 157
　　三、节约里程法的优缺点分析 ··· 160
　第三节　遗传算法求解车辆路径问题 ··· 161
　　一、编码与解码 ·· 162
　　二、约束项处理 ·· 163
　　三、适应度函数 ·· 163
　　四、种群初始化 ·· 164
　　五、选择 ·· 165
　　六、交叉 ·· 165
　　七、变异 ·· 166
　　八、运行结果 ·· 167
　第四节　CPLEX求解器的应用 ··· 168
　　一、CVRP分析 ·· 168
　　二、建立CVRP数学规划模型 ·· 169
　　三、将模型导入求解器 ··· 169
　　四、求解过程及结果部分展示 ··· 170
　【练习与讨论】 ··· 173
　【经典案例】 ··· 173

第八章　货物包装与车辆配载 ·· 176
　第一节　货物包装与车辆配载概述 ··· 176
　　一、货物包装概述 ··· 177
　　二、车辆配载概述 ··· 179
　第二节　车辆配载优化 ··· 181
　　一、常见车辆配载优化问题 ·· 182
　　二、车辆配载优化流程 ··· 182
　　三、车辆配载优化模型 ··· 183
　第三节　三维装箱问题 ··· 186
　　一、三维装箱问题的描述与建模 ··· 186
　　二、CLP Spreadsheet Solver求解三维装箱问题 ··· 188
　【练习与讨论】 ··· 193
　【经典案例】 ··· 193

第九章　现代货运组织形式 ·· 195
　第一节　甩挂运输 ·· 195
　　一、甩挂运输概述 ··· 195
　　二、甩挂运输的适用对象 ··· 196
　　三、甩挂运输的组织形式 ··· 196

5

四、甩挂牵引车调度问题 ·· 198
　第二节　驮背运输 ·· 200
　　一、驮背运输概述 ·· 201
　　二、驮背运输特点 ·· 201
　　三、驮背运输的运作形式 ·· 203
　　四、驮背运输路径选择 ··· 203
　第三节　众包配送 ·· 207
　　一、众包配送概述 ·· 207
　　二、众包配送的分类 ·· 208
　　三、众包配送的优缺点 ··· 208
　　四、众包配送的未来关注重点 ··· 209
　第四节　地空协同 ·· 210
　　一、地空协同概述 ·· 210
　　二、地空协同的优缺点 ··· 211
　　三、地空协同的未来发展趋势 ··· 212
　第五节　网络货运 ·· 212
　　一、网络货运概述 ·· 212
　　二、网络货运的车货匹配模式 ··· 213
　　三、网络货运平台的分类 ·· 214
　　四、网络货运平台的优缺点 ·· 215
　　五、网络货运平台的发展趋势 ··· 216
　【练习与讨论】 ·· 216
　【经典案例】 ·· 217

第十章　特种货物运输 ·· 220
　第一节　集装箱运输与国际多式联运 ·· 220
　　一、集装箱运输概述 ·· 220
　　二、集装箱运输组织 ·· 223
　　三、国际多式联运概述 ··· 225
　　四、国际多式联运的业务流程及组织形式 ·· 227
　第二节　危险货物运输 ··· 229
　　一、危险货物的定义 ·· 229
　　二、危险货物的分类 ·· 230
　　三、危险货物的包装 ·· 230
　　四、危险货物的运输风险 ·· 231
　　五、危险货物的运输组件 ·· 233
　　六、公路危险货物运输管理与组织 ·· 235
　　七、危险货物运输路线的优化选择 ·· 237

第三节　大件货物运输 239
　　　一、大件货物的定义、特点及分级 239
　　　二、大件货物运输的技术要求 240
　　　三、大件货物运输组织 242
　　第四节　城市生鲜货物配送 244
　　　一、生鲜货物的定义与货损形式 244
　　　二、城市生鲜货物配送模式 246
　　　三、城市生鲜货物配送系统 247
　【练习与讨论】 247
　【经典案例】 248
参考文献 250

教材配套资源获取方法

1. 扫描封面上的二维码(注意此码只可激活一次);
2. 关注"交通教育出版"微信公众号;
3. 公众号弹出"购买成功"通知,点击"查看详情",进入后即可查看资源;
4. 也可进入"交通教育出版"微信公众号,点击下方菜单"用户服务-图书增值",选择已绑定的教材查看资源;
5. 下载代码资源,建议登录网页版微信,进入"交通教育出版"微信公众号,点击下方菜单"用户服务-图书增值",点击相应资源即可下载至本地计算机;也可扫描内页二维码,在浏览器中打开页面链接,下载代码资源至手机。

第一章

绪论

【本章提要】

本章主要介绍货物运输的概念、功能、作用及特点,对几种不同的货物运输方式进行比较,重点介绍货物运输合理化相关知识,强调公路货物运输合理化的重要性,最后介绍常见货物运输组织表现形式。

【学习要求】

通过学习本章,了解货物运输相关知识,加强对公路货物运输的认识,理解公路货物运输合理化的必要性、常见货物运输组织表现形式。以此为切入点观察身边公路货物运输实例,能够指出其组织表现形式,进一步判断其是否存在不合理的组织表现形式。

第一节 货物运输概述

一、(一般)运输

运输是指通过一定的组织管理技术并借助运输工具,在现有的交通线路上实现运输对象(人或物)空间位移的有目的的活动。运输是保证社会经济活动正常运行的前提条件,根据运输对象不同分为客运和货运。

客运是指人通过运输工具实现位移,它涵盖了各种形式的乘客运输,包括公共交通工具(如公交车、地铁、火车、飞机)运输和私人交通工具(如私家车)运输。客运服务的目的是提供安全、快捷、舒适的乘车体验,以满足人们的出行需求。

货运是指货物通过运输工具实现位移,它包括各种类型的货物运输,如陆上运输(如卡车、火车)、水上运输(如船舶)、航空运输(如货机)以及管道运输等。货运服务的目的是将货物从一个地点运送到另一个地点,满足商品交换和供应链需求。

二、物流运输

1. 物流的概念

1985年,美国物流管理协会将物流定义为以客户需求为目的,以高效和经济的手段来组织原料、在制品、制成品以及相关信息从供应到消费的流动和存储的计划、执行和控制的过程。狭义上说,物流是管理商品从原产地到消费者手中的整个流通过程,包括采购、运输、仓储、分配和信息处理等活动。

2. 物流运输的概念

物流运输是指用设备和工具,将物品从一个地点向另一个地点运送的物流活动,包括集货、分配、搬运、中转、装载、卸下、分散等一系列操作,是物流各项活动的一部分。通过物流运输的概念,可见物流运输在物流行业当中有着举足轻重的地位。据统计,物流运输成本占整个物流成本的近一半,说明物流运输是物流各项业务的核心。

三、货物运输

物流运输与货物运输密切相关,前者是一个更广泛的概念,涵盖了货物从一个地点到另一个地点的移动及其相关环节,而后者专注于货物的具体运输过程。

1. 货物运输的概念

货物运输是指利用不同的交通方式将不同类型的货物从一个地方运往另一个地方的过程,通常涉及复杂的操作和多个环节,包括但不限于货物包装、运输方式选择、运输路线规划、运输工具操作,以及相应的仓储管理。

2. 货物运输的分类

1)按运输工具及运输方式分类

根据运输工具及运输方式不同,货物运输可分为公路货物运输、铁路货物运输、水路货物运输、航空货物运输以及管道货物运输。

(1)公路货物运输

公路货物运输是指以载货汽车为主要运输工具,通过道路使货物产生空间位移的活动。由于货运汽车的单位载质量相对较小,公路货物运输在货物运输中承担批量较小的货运任务,但其能通过集结车辆承担批量较大的货运任务,并能实现较高的运输效率和经济效益。

公路货物运输比铁路、水路货物运输涉及的环节更少,易于组织直达运输。近年来,随着我国高等级道路建设的迅猛发展,在一定运距范围内,公路货物运输的优点十分突出。由于汽车运输具有适应性强、机动灵活、快速运达等特点,货物承运既可以在固定的站场、港口、码头装卸,又可以在街头巷尾、农贸市场、乡镇村庄等处就地装卸,实现"门到门"直达运输,因而在很多情况下公路货物运输比其他运输方式更方便,能更好地满足客户需要。从各种运输方式的始建投资效果看,公路货物运输比铁路货物运输和航空货物运输投资少,周期较短;从各种运输方式的运送效果看,公路网密度大,加上道路运输适应性强、机动灵活,为汽车货运选择最佳线路提供了便利条件,因而公路货物运输可以在一定的经济区域内相应地缩短货物运输距离,降低商品周转费用,加快资金流动,增加货物流动的时间价值,并相应节约了运力和能源,能够获得良好的社会效益和经济效益。

(2)铁路货物运输

铁路货物运输是指货物经由铁路实现其空间或场所有目的的变更或位移的运输,即铁路作为承运人接受托运人委托,将货物从始发地经由铁路运至目的地交付给收货人。铁路货物运输在国际货运中的地位仅次于水路货物运输。

铁路货物运输不易受气候条件的影响,可保障全年的正常运行,具有高度的连续性;铁路货物运输还具有运输能力强、运行速度快、运输成本低、运输经常性好、能耗低以及通用性好的优点。但是,铁路货物运输受轨道的限制,灵活性较差;铁路建设投资大,这在一定程度上限制了其应用;铁路货物运输过程中存在列车编组、解体、中转改编等作业环节,货物在途运输时间较长,营运缺乏弹性。因此,铁路货物运输主要承担中长距离(经济里程一般在200km以上)、大批量的货运,在干线运输中起到主力军的作用。

(3)水路货物运输

水路货物运输是以船舶为主要运输工具,以港口或港站为运输基地,以水域如海洋、河流和湖泊为运输活动范围的一种货物运输方式。水路货物运输是当今世界许多国家最重要的货物运输方式之一。

水路货物运输是各主要运输方式中兴起最早、历史最长的运输方式,其技术经济特征是载质量大、成本低、投资省,但其灵活性小,连续性也差,较适于担负大宗、低值、笨重和各种散装货物的长距离运输,特别是海运更适于承担各种外贸货物的进出口运输。与其他运输方式相比,水路货物运输具有如下特点:一是水路货物运输运载能力大、成本低、能耗少、投资省,是一些国家国内和国际运输的重要方式之一,且水路货物运输利用海洋或天然河道,占地少;二是水路货物运输受自然条件的限制与影响大,即受海洋与河流的地理分布及地质、地貌、水文与气象等条件和因素的明显制约与影响,水运航线无法在广大陆地上任意延伸,所以,水路货物运输一般要与铁路、公路和管道货物运输配合,并实行联运;三是水路货物运输开发利用涉及面较广,如对于天然河流涉及通航、灌溉、防洪排涝、水力发电、水产养殖以及生产与生活用水来源等,对于海岸带与海湾涉及建港、农业围垦、海产养殖、临海工业和海洋捕捞等。

(4)航空货物运输

航空货物运输是在具有航空线路和飞机场的条件下,利用飞机作为运输工具进行货物运输的一种方式,具有运输速度快的特点,对国际贸易中的贵重物品、鲜活货物和精密仪器运输至关重要。随着电子商务的兴起和跨境贸易的发展,快速、可靠的航空运输成为连接全球市场的关键。在我国运输业中,航空运输货运量占比较小,主要承担长途客运任务,但伴随着物流的快速发展,航空运输在货运方面也将扮演愈发重要的角色。

航空货物运输具有较快的运送速度,货物在运输过程中碰撞较少,货损率相对较低;其严格的安全检查和专业的操作流程,能够有效降低货物在运输过程中的丢失、损坏等风险。然而,航空运输的投资大、运营成本高;与水路货物运输或铁路货物运输相比,由于飞机的载货空间有限,航空运输货运量相对较小;航空货物运输易受天气条件影响,如雾、雷暴等恶劣天气可能导致航班延误或取消,从而影响货物及时交付;航空货物运输的可达性相对较差,特别是对于偏远地区,由于缺乏必要的航空基础设施,航空货物运输无法直接到达这些地区,需要与其他运输方式结合使用。因此,航空货物运输主要适用于两类货物的运输:一类是价值高、运费承担能力很强的货物,另一类是紧急物资。

(5)管道货物运输

管道货物运输是使用管道作为运输工具的一种长距离输送流体(液体或气体)或流体与固体混合物的运输方式,专门用于由生产地向市场输送石油、煤和化学产品等。管道运输业是继公路、铁路、水路、航空运输业之后的第五大运输业,它在国民经济和社会发展中起着十分重要的作用。

管道运输系统由各种管道、泵站、阀门和控制设备组成。管道运输货运量大、建设工程比较单一、高度机械化以及有利于环境保护。但是管道货物运输不如其他运输方式灵活,承载货物较单一,扩展和改造管线困难;对一般用户来说,管道货物运输常常要与铁路货物运输或公路货物运输、水路货物运输配合才能实现"门到门"的运输服务;当运输量明显不足时,管道货物运输的固定成本仍需分摊,导致运输成本显著增加。因此,管道货物运输被认为主要适用于单向、定点、量大的流体状货物运输,特别适用于石油、天然气、化工产品等流体的长距离输送。

上述五种基本货物运输方式具有不同的技术经济性能,运输过程也各有区别,五种运输方式的比较见表1-1。实际应用中,应根据货物运输的特殊要求,科学合理地利用和协调各种运输方式,实现高效益和高效率的运输。

五种运输方式的比较　　　　　　　　　　　　表1-1

运输方式	运输速度	运输能力	运输成本	经济里程
公路货物运输	较快	最小	一般	中短
铁路货物运输	较快	较大	较低	中长
水路货物运输	慢	最大	低	远距
航空货物运输	最快	较小	最高	远距
管道货物运输	与管道特性有关	与管道特性有关	最低	远距

2)按运营主体分类

根据运营主体不同,货物运输可分为自营运输、经营性运输以及公共运输。

(1)自营运输

自营运输是指货主不依赖第三方货运服务,自行组织和完成货物运输服务的运输方式,即货主拥有运输工具,如自有货车、船舶或飞机,并独立承担运输过程中的各项责任。因此,其适用于具有高频、高标准运输需求,或希望与供应链保持紧密联系的企业。这种方式虽然初始阶段投资较大,但长期来看可以提高运营效率、降低运营成本。

(2)经营性运输

经营性运输是指一种以运输服务为经营对象的运输方式,即企业或个人通过提供货物运输服务来获取经济利益。其广泛适用于各种运输业,包括公路、铁路、水路和航空运输等领域,被视为运输业的主要发展方向之一。

(3) 公共运输

公共运输是指由政府投资或主导经营的运输工具（如飞机、火车等）及其相关基础设施（如公路、铁路、港口、机场和相关信息系统等）组成的整体，向社会公众提供运输服务的运输方式。公共运输体系包含多种要素，需要大量投资，并且投资回收周期长、风险高。其作为一种基础性系统，与国民经济的发展紧密相关。

3）按运输范围分类

根据运输范围不同，货物运输可分为干线运输、支线运输、二次运输以及厂内运输。

(1) 干线运输

干线运输是指利用铁路与公路的骨干线路、大型船舶的固定航线以及枢纽机场的定期航线进行长距离、大批量的运输。干线运输是运输的主体，是使货物实现远距离空间位移的重要运输方式，其速度较同种工具的其他运输要快，成本也相对更低。

(2) 支线运输

支线运输是干线运输节点与收、发货地点之间的补充性运输方式，一般路程较短，运输量相对较小，因而适用于将货物从干线运输节点分发到最终目的地，或从小且离散地区收集货物输送至干线运输节点，从而扩大运输网络的覆盖范围和提高运输的灵活性。因为支线的建设水平、运输工具的先进性往往低于干线，所以其运输速度也慢于干线。

(3) 二次运输

二次运输是指经过干线与支线运输到站的货物，再从车站运至仓库、工厂或集贸市场等指定交货地点的运输。这是一种补充性的、以满足个体单位需要为主的运输方式，运输量相对更小。

(4) 厂内运输

厂内运输是指在工厂、企业的内部，直接为生产过程服务的运输方式。厂内运输一般在车间与车间之间、车间与仓库之间进行，而在小企业内部及大企业的车间内部、仓库内部，这种运输一般被称为"搬运"。厂内运输一般使用载货汽车，而搬运则通常依赖叉车、输送机等设备。

4）按运输货物类型分类

根据运输货物类型不同，货物运输可分为普通货物运输和特种货物运输。

(1) 普通货物运输

普通货物运输是指常规的、非专业化的货物运输服务，其通常不涉及对运输条件（如温度、压力、湿度控制等）有特殊要求的货物。普通货物包括大部分干货、包装货物和其他标准化产品，如家具、建筑材料、食品等。其特点是操作相对简单、成本低、效率高，适用于大多数日常商业货物和个人物品的运送。

(2) 特种货物运输

特种货物运输是指针对对运输条件有特定要求的货物的运输服务。这类货物可能需要特别的处理、包装、温度控制、湿度控制或其他特定的保护措施来确保其安全或保持其质量和完整性。特种货物运输涵盖多种类型，如冷链运输、危险品运输、大件货物运输以及生鲜运输等。

5）按经营方式分类

根据经营方式不同，货物运输可分为定线运输和非定线运输。

(1) 定线运输

定线运输是指按照预先设定的、固定的路线进行货物运输的方式,其路线、时间和站点都是提前规划的,这有助于提高运输的可预测性和效率。因此,其适用于需要定期供应的货物运输,如从工厂到分销中心或从港口到内陆仓库的定期运输。

(2) 非定线运输

非定线运输是指没有预先设定固定路线和时间表的货物运输方式。相比于定线运输,非定线运输更加灵活,运输路线和时间可以根据需求和情况进行调整。因此,其适用于运输需求不稳定、货物来源分散或运输距离较短的情况,如快递服务、外卖服务、特殊订单配送等。

6) 按运输模式分类

根据运输模式不同,货物运输可分为整车运输、零担运输、联合运输、集装箱运输以及多式联运。

(1) 整车运输

托运人一次托运的货物质量在3t及以上,或货物质量虽不足3t但货物性质、体积、形状需要一辆额定载质量在3t及以上的车辆,这种运输被称为整车运输。整车运输通常是一车一张货票、一个发货人。因此,公路货物运输企业应选派额定载质量与托运量相适应的车辆装运整车货物。一个托运人托运的整车货物的质量(毛重)低于车辆额定载质量时,为合理使用车辆的载重能力,可以拼装另一个托运人托运的货物,即一车二票或多票,但货物总质量不得超过车辆额定载质量。

整车货物多点装卸,按全程合计最大载质量计量,最大载质量低于车辆额定载质量时,按车辆额定载质量计算。托运整车货物时由托运人自行装车,未装足车辆标记载质量时,按车辆标记载质量核收运费。

整车运输一般不需要中间环节或中间环节很少,送达时间短,相应的货运集散成本较低。主要应用于城市间或过境贸易的长途运输与集散运输,如国际贸易中的进口商通常以整车为基本单位签订贸易合同,以便充分利用整车运输快速、方便、经济可靠等优点。

(2) 零担运输

凡同一托运人一次托运货物的计费质量不足3t者,被称为零担货物。所谓零担运输,是指利用运输工具使零担货物产生位置移动的活动。但零担运输货源的不确定性和广泛性,以及货物种类的繁杂性,导致组织工作极为复杂,需要货运站进行大量的业务组织工作,如质量确认和货物配载。同时,由于运输环节多、设备要求高,加之易于出现货物损失和差错,零担运输的单位成本相对较高。

按照零担班车发送时间的不同可将零担运输的组织形式分为固定式和非固定式两类,其中固定式还可分为直达式、中转式以及沿途式。上述三种零担班车运行模式中,以直达式最为经济,其是零担运输的基本形式,具有无法替代的特点:避免了不必要的换装作业,节省了中转费用,减轻了中转站的作业负担;减少了货物在中转站的作业,有利于运输安全和货物完好,有利于减少事故和确保质量;减少了在途时间,提高了零担货物的运送速度,有利于加快车辆周转和物资调拨;在仓库内集结待运时间短,充分利用仓库货位。

(3) 联合运输

联合运输是综合利用某一区间中不同运输方式的优势进行协作,使货主能够按照统一的运输规章或制度,使用同一运输凭证,享受不同运输方式综合优势的一种运输形式。联合运输要求至少有两种不同运输方式进行衔接。联合运输按地域不同可分为国内联运和国际联运两种,国内联运较为简单,国际联运是联合运输最高水平的体现。

联运经营人和联合运输合同为联合运输的重要组成部分。联运经营人是指签发联运单证的人,包括任何法人、公司或法律实体。如国内法律规定,任何人在有权签发联运单证之前,须经授权或领照,则联运经营人只指这种经过授权或领照的人。联合运输合同是指当事人约定由两个或两个以上的承运人通过衔接运送,用同一凭证将货物运送到指定地点,托运人支付运输费用的协议。

(4)集装箱运输

集装箱运输是将多种多样的杂货集装于具有统一长、宽、高的箱体内进行运输的方式。这些集装箱既可装船后利用水路运输,也可通过铁路、公路运输,中途更换车船不必把货物取出,以提高装卸效率,有利于机械化操作,减少繁重的体力劳动,减少货物损失,简化繁杂的手续,加快车船周转,降低运输成本。同时,集装箱运输可将货物从发货人的仓库直接送到收货人的仓库,不必利用中转仓库,实现"门到门"的运输服务。

集装箱运输具有高效率、高效益、高密集性以及标准化等特点:高效率表现在装卸效率高、运输工具利用率高、资金周转率高以及库场使用率高等方面;高效益体现在简化包装、减少货损货差、提高货运质量及降低运输成本等方面;高密集性使得现代化、大型化运输工具和港站设施减少了人力资源需求,但提高了对人员素质的要求;标准化体现为箱型、运输工具、港站设施、装卸机械、运输管理组织、技术和法规等方面的统一和标准化。

(5)多式联运

多式联运是指利用多种运输方式优势,在较低的成本下提供综合性服务。该方式把不同的运输方式综合起来,也称"一站式"运输。最早的多式联运是铁路与公路相结合的运输方式,通常被称作驮背运输。现在,物流业越来越倾向于将多式联运作为一种重要的手段来提供高效的运输服务。

按其组织方式和体系不同,多式联运可分为协作式多式联运和衔接式多式联运两类。协作式多式联运是指运输企业采用两种或两种以上运输方式,按照统一的规章或商定的协议,共同将货物从接管货物的地点运到指定交货地点的运输;衔接式多式联运是指由一个多式联运经营人综合组织两种或两种以上运输方式,将货物从接管货物的地点运到指定交货地点的运输。

3.货物运输系统的构成要素

货物运输系统,亦称货物运输体系,是指一个由多种运输方式相互协同组成的庞大复杂动态系统。为实现货物从生产地到消费地的安全、高效、经济运输,货物运输系统各个构成要素需密切合作。以下是货物运输系统的主要构成要素。

(1)货物运输节点

货物运输节点是指以连接不同运输方式为主要职能,处于运输线路上的承担货物集散、运输业务办理、运输工具保养和维修功能的基地与场所,如公路货物运输线路上的停车场(库)、货运站,铁路货物运输线路上的中间站、编组站、区段站、货运站,水路货物运输线路上的港口、码头,航空货物运输线路上的空港,管道货物运输线路上的管道站等都属于运输节点范畴。一般而言,由于运输节点处于运输线路上,又以转运为主,所以货物在运输节点上停滞的时间较短。

(2) 货物运输线路

货物运输线路是指供运输工具定向移动的通道，也是运输赖以运行的基础设施之一，是货物运输系统最重要的构成要素。在现代运输系统中，主要的运输线路有公路、铁路、航线和管道。其中，铁路和公路为陆上运输线路，除了引导运输工具定向行驶外，还需承受运输工具、货物或人的重力；航线有水运航线和空运航线，主要起引导运输工具定位、定向行驶的作用，运输工具、货物或人的重力由水或空气的浮力支撑；管道是一种相对特殊的运输线路，具有严密的封闭性，因此其既充当运输工具，又起到引导货物流动的作用。

(3) 货物运输工具

货物运输工具是指在运输线路上用于装载货物并使其发生位移的各种设备装置，其是货物运输赖以进行的基础设备。根据运输工具的独立程度，货物运输工具可以分为三类：仅提供动力，而不提供装载货物容器的，如火车头、牵引车、拖轮等；不提供动力，但提供装载货物容器的，如火车皮、挂车、驳船等；既提供动力又提供装载货物容器的，如轮船、货车、飞机等。但管道运输是一种相对独特的运输方式，不像其他运输工具那样可以凭借自身的移动带动货物移动，故可将泵(热)站视为其运输工具，甚至可以连同管道都视为运输工具。

(4) 货物运输参与者

货物运输参与者是指运输活动的主体，运输活动作用的对象(运输活动的客体)是货物，货物运输必须由托运人、承运人和收货人等货物运输参与者共同参与才能进行。

4. 货物运输系统的结构

货物运输系统的结构是指整个系统中各个组成部分之间的组织和关系。合理的货物运输系统结构能充分利用运输资源，促进运输方式合理分工，提高一体化运输服务水平，降低货物运输成本。货物运输系统结构主要可以分为以下几种形式。

(1) 并联结构

并联结构(图1-1)是指在运输网络中存在多个并行的路径或通道，以便在不同的情况下，货物可以通过多种途径进行运输，如日常快递业务中，会根据客户的货运要求级别如普通、加急、特急等选择货车、高铁、飞机等运输工具，最终实现把货物从A地运往B地。

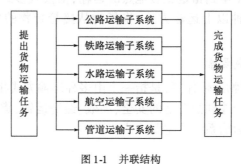

图1-1 并联结构

(2) 串联结构

串联结构(图1-2)是指为满足货物在不同阶段的运输需求，结合不同运输方式的优势，形成的一个完整而连贯的运输结构。串联的运输方式可能是两种或多种，其中具体运输子系统亦可能不同，如铁-公或公-铁-水等，开采的煤矿采用多式联运，通过火车运输到目的地城市，再通过卡车运输到最终目的地。

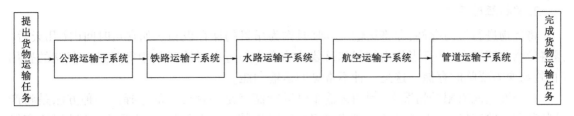

图 1-2 串联结构

(3) 串并联结构(混联结构)

串并联结构(图 1-3)是指为提高整个运输过程的效率和降低成本,将不同的运输方式混合使用的运输结构。与上述两种结构不同的是,串并联结构不仅涉及不同运输方式之间的衔接,还涉及同一运输链、同一段距离或同一货物的运输,最终选择不同的运输方式来达到最佳的效果,如货物从制造地通过卡车或铁路运输到最近的港口,再通过海运到目的港口,最后,集装箱可以再次通过卡车或铁路运输到达最终目的地,如果需要更快地交货,还可以利用空运进行最后一程的运输。

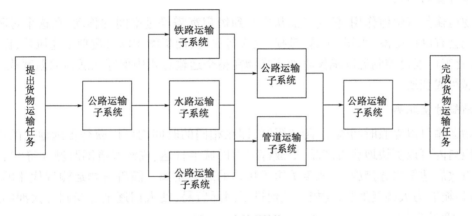

图 1-3 串并联结构

第二节 货物运输的功能、作用和特点

一、货物运输的基本功能

货物运输可以弥补产品在生产与需求之间的时空差异。同时,货物运输中的运输工具可对货物进行临时存储。因此,货物运输主要具备两个基本功能,即货物转移和货物短时存储。

1. 货物转移

货物运输首先实现产品在时空上移动的功能。无论货物是材料、零部件、装配件还是制成品,均需要从原产地运输到需求地,这个过程离不开货物运输。由于货物运输利用的是时间资源、财务资源和环境资源,故只有当通过改变货物的位置产生空间效用或者在规定的时间内将货物送达目的地产生时间效用时,货物的转移才是必要的。

2. 货物短时存储

将货物进行短时存储，即将运输工具临时作为昂贵的储存设施。如在短时间内（几天后）需将货物重新转移，并且当货物卸载和再装载的成本超过在运输工具中每日进行存储的费用时，货物便需要临时存储。这是一种不常见的运输功能。

在仓库空间有限的情况下，利用运输车辆进行储存是一种可行的选择。一种方法是将产品装载到运输车辆上，再通过迂回线路或间接线路将其运送至目的地，本质上，这种运输车辆被用作一种移动的储存设施，而不是闲置状态下的储存设施；另一种方法是改变路线，这种情况通常发生在货物运输途中，此时由于货物的原始目的地发生改变，运输车辆需要前往新的目的地。

二、货物运输的主要作用

货物运输在现代经济体系中发挥着重要作用，其为现代经济体系提供了坚实的基础，为全球化贸易和城市化进程注入强大的推动力。其主要作用表现在以下方面。

1. 保持货物品质

货物运输具有保值作用，任何产品从生产到销售都需经过空间的移动，在这个过程当中，产品可能会有淋雨受潮、水浸、生锈、破损、丢失等风险，而货物运输可避免上述风险，保持产品品质，如货车可通过控制温度确保将冷藏货物在整个运输过程中保存在适当的温度范围内，防止货物腐烂或变质。

2. 缩短时空距离

货物运输可以克服时间限制、距离限制，即在相同的时间内可以获得更远地区的产品，在相同的距离内可以更快地获得产品，如成都提出同城半日达、成渝经济圈跨城互寄"当日达"、邻近省份次晨达等服务措施，大幅度缩短了快递的时空距离。随着货物运输现代化的不断推进，国际运输能力大幅度加强，这极大地促进了国际贸易，使人们逐渐感受到各大洲的距离更"近"了，地球更"小"了。

3. 增强企业竞争力，提高服务水平

在新经济时代，企业之间的竞争越来越激烈。在同样的生产、经济环境下，同行之间的产品性能相差不大，唯一可比的是价格，而货物运输成本占商品价格的 4%~10%。因此，企业可以通过降低运输成本、建立现代货物运输系统提高企业竞争力，如电商巨头亚马逊公司通过合理规划货运网络，能够更经济、快捷地将商品送达客户手中。

4. 保障区域分工，有效利用资源

货物运输能够将不同地区的资源进行有效整合与利用，若某些地区拥有特定的自然资源或生产要素，而其他地区需要这些资源来进行生产，那么通过货物运输，资源可以从生产丰富的地区被运送到需求较大的地区，从而实现资源优化配置和利用。

5. 提高生活质量，创造社会效益

货物运输不仅能够服务企业和厂家，还能点对点服务个体，如搬家公司提供的搬家服务，外卖公司提供的送餐、跑腿等服务，都大幅度提高了人们的生活质量，从而创造社会效益，促进国民经济发展。

三、货物运输的特点

货物运输是社会经济的重要环节,贯穿各个领域,无论规模大小,从大型企业的商业物流活动到小商户的短距离运送都离不开货物运输。货物运输主要具有以下特点。

(1)连续性

货物运输的连续性是指整个运输作业活动在时间上保持着持续、不间断的特征。其贯穿货物运输的各个环节,包括装车、运输、卸车等关键步骤。为确保整个货物运输系统的正常运行,这些环节之间不能出现时间上的断层。

(2)动态性

货物运输的动态性与国民经济体系息息相关,随着国民经济的不断发展,货物运输的能力也不断提高。此外,货物运输在不同时间段内会出现不同的流动量变化,如秋季农作物运输的流动量较大,购物节期间的商品流动量则比平时更庞大,等等。

(3)网络性

货物运输网络是一个复杂而密集的网络,包括厂矿支线、干线和地方线等几个主要运输网络,满足各地区和行业之间的货物流动需求。同时,货物运输的网络性可确保高效、顺畅地将货物从一个地点送达另一个地点。

(4)超区域

货物运输的超区域是指其作业区域没有明确定位,也没有特定的界限,作业发生的地点在不断变化,没有统一的规定区域,如货物运输作业的发生地点取决于该批货物的发货地和收货地。因此,货物运输系统十分灵活,能够根据实际需求和情况随时调整其作业区域,以满足不同地点间的货物流动需求。

这些特点共同作用,使货物运输能够有效地连接生产和消费地点,为各行业和地区提供便利的货物流动渠道,促进资源合理利用、经济繁荣发展和社会稳定。

第三节 货物运输合理化

货物运输合理化是货物运输发挥作用的前提,也是促进货物运输健康发展、不断进步的基础。货物运输合理化是指从货物运输系统的总体目标出发,按照货物流通规律,运用系统理论及系统工程原理和方法,选择合理的运输路线和运输工具,以较短的路径、较少的环节、较快的速度和较少的劳动消耗,组织货物的运输与配送,以获取较大的经济效益。

一、货物运输合理化的影响因素

影响货物运输合理化的因素涵盖多个方面,主要可概括为内部因素和外部因素。

1. 内部因素

(1)运输距离

在货物运输中,运输时间、运输费用等若干技术经济指标都与运输距离有一定的关系,运输距离长短是判断运输是否合理的一个最基本的因素。缩短运输距离无论从宏观层面还是从微观层面来看都会带来好处。

(2)运输时间

运输是货物运输中需要花费很多时间的一部分,尤其是远程运输,在花费的全部时间中,运输时间占绝大部分。所以运输时间的缩短对整个物流时间的缩短有决定性的作用。尽可能地缩短运输时间有利于运输工具的加速周转,充分发挥运力的作用,使得货主的资金周转更加灵活,也可对货物运输业作出很大贡献。此外,客户的满意程度一般和运输时间呈负相关,因此,运输时间缩短,则客户的满意度提高。

(3)运输费用

运输费用在很大程度上决定整个货物运输系统的竞争能力。实际上,运输费用无论对货主还是对货物运输企业都是衡量货物运输合理化的一个重要指标,运输费用也是各种合理化措施行之有效的最终判断依据之一。

(4)运输环节

货物运输每增加一个运输环节,不但会增加起运的运费和总费用,而且势必要增加运输的附属活动,如装卸、包装等,各项技术经济指标也会因此变差,因此减少运输环节对货物运输合理化十分必要。

(5)运输工具

各种运输工具都有其优势,对运输工具进行优化选择,按运输工具特点进行装卸作业,最大限度地发挥运输工具的特点和作用,是确保货物运输合理化的重要一环。

上述内部影响因素相互联系、相互影响,有的甚至相互矛盾,如运输距离短,运输时间自然会短,但运输费用却不一定减少,需要根据客户的需求综合分析。通常情况下,既快捷又经济的运输方案是较为合理的。

2. 外部因素

(1)制度政策

商品经济的持续增长,依赖运行良好并具有竞争力的货物运输系统所提供的优质服务。由于货物运输对国民经济的发展有着至关重要的作用,为了保证其重要作用的正常发挥和维持运输的高效率,政府必须制定一系列规章制度和经济政策来调节、干预物流运输活动;通过限制承运人所能服务的市场或确定其所能收取的费用来规范其行为;通过支持研究和提供诸如公路、航空交通控制系统之类的通行权来促进承运人运输业务的发展。

(2)资源分布

我国地大物博,资源十分丰富,但是也存在资源分布不均衡的状况,这在很大程度上影响了运输布局的合理化,如能源工业中的煤炭、石油产地等,基本上集中于我国的北方和西南、西北地区,而东南地区的煤炭等资源较少,但东南地区的经济很发达,工业产值占比很高,这样就形成了煤炭、石油总是"北煤南运""北油南运""西煤东运"的格局。因此,资源的分布状况也对货物运输合理化产生了很大影响。

(3)国民经济结构

货物运输运送的是工农业产品。国民经济结构的变化直接导致工农业产品结构变化,工农业产品结构的变动会引起货物运输系统结构及运输量增长速度的变化,运输系数(产品运输量在生产量中所占的比例)大的产品比重增加时,运输量也会加快增长。由此可见,国民经济结构变化必然引起货物运输系统结构及运输分布变化,影响货物运输合理化。

(4)运输网络布局

交通运输网络分布及运输能力,直接影响着运输网络的货物吸引范围,从而影响货运量在地区上的分布与变化,如某地的铁路网络布局优于公路网络布局,则铁路运量很有可能大于公路运量,反之亦然。由此可见,运输网络布局也会直接影响货物运输合理化。

(5)运输决策的参与者

托运人和收货人有共同的目的,就是要在规定的时间内以最低的成本将货物从起始地转移到目的地。承运人作为中间人,则希望以最低的成本完成货物运输,同时获得最大的运输收入。而公众作为运输决策的参与者,关注的焦点是运输的可达性、运输的价格和相应的运输费用、服务,还关心运输环境和运输安全的标准与保障措施。显然,上述这些运输决策的参与者的期望和感受都会直接影响货物运输合理化。

二、不合理货物运输的表现形式

不合理货物运输往往是相对合理货物运输而言的。不合理货物运输是导致货物流通不畅和运费增加的重要原因,表现形式主要有运输方向不合理、运输距离不合理、运量不合理以及运力选择不合理。

1. 运输方向不合理

(1)对流运输

对流运输亦称"相向运输""交错运输",是指同一种货物,或彼此间可以互相代用而又不影响管理、技术及效益的货物,在同一线路上或平行线路上进行相对方向的运送,而与对方运程的全部或一部分发生重叠交错的运输。对于已经制定合理流向图的产品,一般必须按合理流向图指定的方向运输,如果与合理流向图指定的方向相反,也属对流运输。对流运输根据不同方向的运输工具是否相同可分为明显的对流运输和隐蔽的对流运输,如图1-4和图1-5所示。

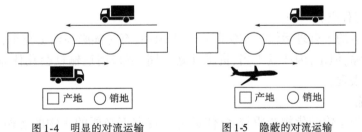

图1-4 明显的对流运输　　图1-5 隐蔽的对流运输

(2)倒流运输

倒流运输是指货物从销地或途经地向产地或起运地回流的一种运输现象,也可以看作对流运输的一种特殊形式,如图1-6所示。其不合理程度要甚于对流运输,这是因为倒流运输往返两程的运输都是不必要的,造成双程的浪费。

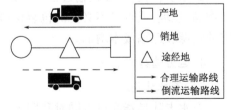

图1-6 倒流运输

2. 运输距离不合理

（1）迂回运输

迂回运输是一种舍近取远的运输，即没有选取短距离路线进行运输，反而选择较长路线进行运输的一种不合理形式，如图1-7所示。迂回运输有一定复杂性，不能简单处之，只有因计划不周、地理不熟、组织不当而发生的迂回运输，才属于不合理运输，最短距离路线因交通阻塞、道路情况不好或有对噪声、排气等特殊限制而不能选取时发生的迂回运输，不能被称为不合理运输。

（2）过远运输

过远运输是指调运物资舍近求远，近处有资源不调而从远处调，如图1-8所示，这会造成可采取近程运输而未采取，增加货物运输距离的浪费现象。过远运输占用运力时间长、运输工具周转慢、物资占压资金时间长，又易出现货损，增加费用支出。

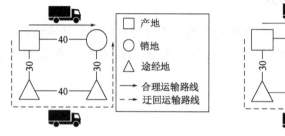
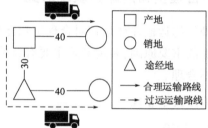

图1-7　迂回运输（单位：km）　　　　　图1-8　过远运输（单位：km）

3. 运量不合理

（1）重复运输

重复运输的一种形式是本来可以直接将货物运到目的地，但是在运达目的地前，在目的地之外的其他场所将货物卸下，再重复装运送达目的地；另一种形式是同品种货物在同一地点向内运进，同时又向外运出。重复运输增加了非必要的中间环节，从而延缓流通、增加费用和货损。

（2）返程或起程空驶

空驶是最严重的不合理运输。在实际运输组织中，有时候必须调运空车，从管理上不能将其看成不合理运输，但是，因调运不当、货源计划不周、不采用运输社会化体系而形成的空驶，是不合理运输的表现。

（3）无效运输

无效运输是指运输的货物杂质较多，使运力浪费在不必要的货物的运输上。货物中夹杂着大量杂质，将会导致运输过程中的运力浪费和运输效率低。这些杂质可能包括不符合规格的物品、垃圾，或者是不必要的包装材料等，其增加货物的体积和质量，从而使得运输过程中所需的资源和运输成本增加。

4. 运力选择不合理

（1）弃水走陆

弃水走陆是指在可以同时利用水运及陆运时，不利用成本较低的水运或水陆联运，而选择成本较高的铁路运输或公路运输，使水运优势不能发挥。

（2）火车、大型船舶的过近运输

过近运输是指货运里程并非火车及大型船舶的经济运行里程时，却利用这些运力进行运输的不合理做法。其不合理之处在于火车及大型船舶起运及到达目的地的准备、装卸时间长，且机动灵活性不足，在过近距离中利用，发挥不了它们运输速度快的优势；由于装卸时间长，反而会延长运输时间；和小型运输设备相比，火车及大型船舶装卸难度大，费用也较高。

（3）运输工具承载能力选择不当

运输工具承载能力选择不当是指不考虑承运货物数量及质量而盲目选择运输工具，造成过分超载、损坏车辆或者货物不满载、运力浪费的现象。尤其是"大马拉小车"现象发生较多，由于装货量小，单位货物运输成本必然增加。

三、货物运输合理化的有效措施

货物运输合理化是一个复杂的综合评估过程，旨在优化货物运输系统的各个方面，以提高效率、降低成本、增强可持续性，确保运输过程的安全和可靠性，主要措施如下。

1. 提高运输工具实载率

实载率是运输工具实际载货量与其额定载货量的比率。充分利用运输工具的额定载货量能够最大化运输工具的运载能力，减少车船空驶或未满载行驶的时间以及运力资源的浪费，使运输过程更加经济、合理。在实际运输中可采用以下三种办法来提高实载率。

（1）实行轻重配装

实重商品质量大、体积小，如在车船上单独装载实重商品，虽然可以最大化载质量，但车船容积在很大程度上被浪费。同理，轻泡货物质量小、体积大，如在车船上单独装载轻泡货物，虽然车船容积得到了充分利用，但实际上浪费了载质量。因此，在组织商品运输时，应轻重搭配，才能使得车船的载质量和容积都得到充分利用，进而提高运输效率，使运输更加合理化。

（2）实现商品解体装载

对于一些体积大、形状不规则、可拆卸的商品（如自行车、台式电脑等），可将其分为几个部分装载，这样既有利于堆码，又有利于提高货车使用效率。

（3）改进商品的装载、堆码方法

改进商品的装载、堆码方法是提高实载率的重要手段。如对一般商品可采用多层装载、压缩装载、紧密装载、大小套装等方法，使商品间隙缩小到最低限度。

2. 减少能源投入，提高运输能力

运输的投入主要是能源投入和基础设施的建设，在基础设施建设已定型和完成的情况下，应尽量减少能源投入，即少投入、多产出，提高效益。图1-9所示为满载超轴运输，即在机车能力允许情况下，多加挂车皮，实行汽车拖挂运输等。

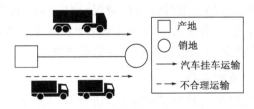

图1-9　满载超轴运输

3. 发展运输社会化体系

运输社会化是指发挥运输的规模优势，实现专业化分工，改变一家一户自成运输体系的状况。一家一户的运输不能形成规模，一家一户的运量需求有限，难以自我调剂，因而容易出现空驶、运力选择不当（因为运输工具有限、选择范围太窄）、不能满载行驶等浪费现象，且配套的收、发货设施以及装卸、搬运设施也很难有效运行，浪费很大。实行运输社会化，可以统一安排运输工具，避免对流运输、倒流运输、空驶、运力选择不当等多种运输不合理形式，不但可以获得组织效益，而且可以获得规模效益。

4. 合理选择运输方式和运输工具

合理选择运输方式和运输工具对于确保货物在运输过程中高效流动、安全运送以及降低成本至关重要。在货物运输中，考虑货物的特性、运输速度、运输距离、运输容量、运输质量、运输成本、运输紧急程度以及环境保护等多方面因素，以科学合理的方式选择合适的运输方式；同时，对于每种运输方式的具体运输工具选择，也需要综合考虑其载货能力、速度、安全性以及运营成本等，以使整个运输过程既高效又经济。

5. 发展直达直线运输

直达运输能减少中转过载换装时间、提高运输速度、节省装卸费用以及降低中转货损，是追求货物运输合理化的重要形式。当单次运输批量和用户单次需求量达到了一整车时，直达运输的优势最为突出。而直线运输则是指按照货物的合理流向，选择最短的路线，避免迂回运输、倒流运输等不合理运输。直达运输和直线运输在实际运输中往往交织在一起，在减少中间环节的同时，又缩短了运输距离，故称直达直线运输。

6. 发展"四就"直拨运输

"四就"直拨是指就厂直拨，就车站、码头直拨，就库直拨，就车、船过载直拨等。图1-10为就厂直拨运输，其是以减少中转运输环节为目的，力求以最少的中转次数完成运输任务的一种形式。一般批量到站或到港的货物，首先要进入分配部门或批发部门的仓库，然后按程序分拨或销售给客户，往往会出现不合理运输。

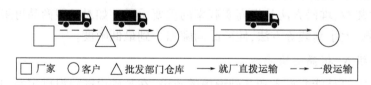

图1-10 就厂直拨运输

直达运输和"四就"直拨运输是两种不同的合理运输形式，它们既有联系又有区别。直达运输一般适用于货物运输距离较大、批量较大的情况；而"四就"直拨运输一般适用于货物运输距离较小、批量较小的情况，一般在大众城市批发站所在地办理直拨运输业务。在运输过程中，将直达运输和"四就"直拨运输结合会收到更好的经济效益。

7. 发展特殊运输技术和运输工具

发展特殊运输技术和运输工具是为了更好地满足不同商品运输的需求。针对不同商品的特性，需要采用不同的运输技术和工具。对于散装商品，可以采用专用散装车及罐车进行运输;对于大型货物,可以采用大型半挂车进行运输,如图1-11所示;针对特定商品,如粮食,可以实施"四散"运输策略,即采用散装、散运、散存、散卸的方式,如图1-12所示。

图1-11　大型货物运输

图1-12　粮食"四散"运输

8. 通过流通加工,减少无效运输

流通加工可以有效解决产品自身形状和特性导致的运输难题。某些货物基于其特殊形状或特性,可能难以进行合理运输,但通过适当的加工处理,可以改变其形态或状态,从而使其更易于运输。如对于木材和钢材等原材料,通过将其裁剪成适当尺寸等加工处理,减小体积和质量,从而降低运输成本和提高装载效率;对于轻薄产品,采取捆紧包装成规则形状的方式可以确保其在运输过程中不易受损或变形,提高货物的运输安全性和稳定性。

9. 开展中短距离的公路运输

一般情况下,公路运输的经济里程在200km之内,但随着高速公路网络的发展和新型特殊货车的出现,公路运输的经济里程有时可以在200km以上。因此,公路运输有时甚至能够超出一般的经济里程,特别是在铁路运力紧张或者需要灵活、快速的运输服务情况下,实行"以公代铁"的运输策略,可以提高整体运输效率并提供"门到门"服务。

10. 提高运载工具的额定装载量

随着科技的不断发展,运输工具的额定装载量得到显著提高。通过技术创新,现代运载工具可以具有更大额定装载量,这不仅能够满足日益增长的货物运输需求,还能够提高运输效率和降低运输成本。额定装载量大的运输工具在同一次运输中能够携带更多的货物,减少运输次数和资源消耗,同时也能提高运输的经济性和环境友好性。

四、公路货物运输的独特优势与特定挑战

相对于其他运输方式(如铁路货物运输、航空货物运输和海运),公路货物运输在某些方面具有独特的优势和特定挑战,需要通过合理化措施发挥优势并应对挑战(本书如不特殊强调,后续货物运输主要指公路货物运输)。

1. 公路货物运输的独特优势

(1)灵活性和可达性强

公路货物运输具有较强的灵活性并能提供"门到门"服务,能够到达铁路货物运输、航空货物运输和海运难以覆盖的偏远地区。合理化措施可以进一步提高这种灵活性,确保运输过程更加高效、经济。

(2)响应速度快

公路货物运输在响应速度方面具有显著的优势,能够迅速应对市场需求的变化,尤其在紧急货物运输或短途运输方面表现出色。其灵活性和快捷性使其成为处理紧急订单和满足市场迅速变化需求的理想选择。通过合理化管理和优化运输流程,公路货物运输配送时间可以进一步缩短,货物运输效率可得到提高。这种快速响应速度不仅有助于满足客户对迅速交付的期望,还能够提高客户满意度,增强企业在市场中的竞争力。

(3)成本效益高

与航空货物运输相比,公路货物运输在成本方面具备显著的优势。对于某些货物而言,即便与铁路运输相比,通过合理化管理和优化运输过程,公路货物运输可能更具成本效益,这一优势在短途运输或存在不规则运输需求的情况下更为明显。

(4)适应性强

公路货物运输具备适应各种大小和类型的货物运输需求的能力。通过合理化管理和技术手段,公路货物运输可以进一步提高其适应不同货物特性的能力,如利用特种车辆运输危险品或冷藏货物,可以确保货物在运输过程中的安全和品质。

(5)其他运输方式的有益补充

公路货物运输在与其他运输方式(如铁路货物运输和航空货物运输)配合使用时,承担着货物集散和"最后一公里"配送的任务。合理化公路货物运输可以提高整个供应链的效率,确保货物顺畅转运。

2.公路货物运输的特定挑战

(1)环境影响

尽管公路货物运输相对铁路货物运输和航空货物运输而言对环境影响较大,但通过合理化措施,如采用环保技术、优化运输路线以及提高载货率等方式,可以有效减少其对环境造成的负面影响。这种综合性的改进措施有助于减少污染物的排放,减少能源消耗,并且最大限度地减少对自然环境的破坏。

(2)其他挑战

公路货物运输面临诸多挑战,如道路拥堵、事故风险和运输成本上升等。针对这些挑战,采取合理化措施至关重要,如应用智能运输系统可以提高运输效率,缓解道路拥堵;加强安全管理可降低事故风险;采取成本控制策略有助于抑制运输成本上升。

第四节 货物运输组织与调度

一、货物运输组织

在广义上,货物运输组织是在现有的综合运输网络上,在一定的管理体制下,通过各种运输方式的配合和各运输环节的协作,实现运输工具和装卸机具高效地运转,同时促进货物的合理流动,这涉及对运输网络的规划、管理和调控,以及对运输过程中各个环节的协调和监管;在狭义上,货物运输组织是指某一具体任务的运输方案实施过程,这涉及具体的货物运输计划、运输路线规划、运输工具选择、装卸操作安排等,其通常是针对特定的运输需求或项目而进行的,旨在确保能够按时、安全地将货物从起点运送到目的地。货物运输组织与调度的目标是在有限的资源条件下,安全、经济、迅速、方便、准时地完成更多的运输量。

1. 常见货物运输组织表现形式

常见货物运输组织表现形式除了在本章第一节所介绍的整车运输、零担运输以及集装箱运输外,还包括多班运输、"四定"运输以及甩挂运输,具体如下。

(1) 多班运输

多班运输的特点是车辆在一昼夜时间内工作超过一个班次,即货车不受限于传统的工作时间,而是通过安排多个工作班次实现连续不断的运输。这种运输方式的目标主要在于增加车辆的工作时间,实现人停车不停的运输,如一车两人的组织形式,如图 1-13 所示,实现日夜双班的连续运输。多班运输的优势在于最大化地利用货车的运输能力,提高运输效率,缩短货物运输周期,从而更好地满足客户的需求。但在推行多班运输时,必须确保驾驶员的工作和休息安排合理,以确保运输的安全性和可持续性。

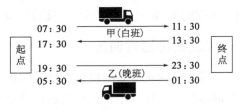

图 1-13　多班运输——一车两人

(2) "四定"运输

"四定"运输是指定人、定车、定任务、定时间进行货物运输。在这种模式下,运输任务由特定的人员负责执行,配备特定的车辆,按照预定的任务和时间节点进行运输。这种专人专事专做的运输模式旨在提高运输效率,确保运输过程安全可控;通过明确责任人员、车辆、任务和时间,可以更好地协调运输流程,减少误差和延误,提升整体运输效率。同时,"四定"运输也有助于保障货物在运输过程中的安全性,专人负责、专车运输的调度模式减少了人为因素对运输安全的影响,有利于保障货物和人员的安全。

(3) 甩挂运输

甩挂运输的特点是汽车列车按照预先制定的计划,在各个装卸作业点甩下并挂上指定的挂车,然后继续运行的一种组织方式。这种运输模式的优势在于能够最大限度地减少装卸时间,提高货物的周转速度和运输效率。

2. 货物运输组织的特点

(1) 对象广泛性

货物运输服务范围覆盖了不同行业,包括制造业、零售业、农业、医药业等。例如,制造业需要大量的原材料和成品的运输,零售业注重货物配送的时效性,农业侧重于农产品的运输,医药业对药品运输的安全性和便捷性有较高的要求。

(2) 运输方向性

自然资源与工业布局的错位,往往造成往返程货运量及货物种类不相等,例如,我国自然资源主要分布在西部和北部内陆地区,而工业基地则主要分布在东部和南部沿海地区,这就决定了物资由北向南和由西向东的基本流动走向。

(3) 运输时间性

货物需求在每年的不同时期有所差异,工农业生产也随之变化,造成运输时间不均衡。例如,生产与消费的季节性可分为四种情况:生产和消费都有季节性,如南方的甘蔗和北方的甜菜等；生产有季节性，而消费全年均衡，如粮食等；生产均衡而消费有季节性，如化肥、农药等；生产和消费都相对均衡，如手机配件等。

（4）销售集中性

在货物运输领域，尽管涉及的货物种类繁多，但在整体市场中，特定类别的货物通常呈现销售集中的趋势，其运输规模往往较大，这主要是因为大宗货物的运输需求较为突出，这些货物可能是原材料、制成品或其他具有一定批量的商品。

（5）组织复杂性

货物运输不仅仅局限于货物运送过程，还涉及货物运输计划、路线规划、运输工具的选择、装卸操作的安排等；同时，相对于旅客运输，货物运输增添了集散、装卸、中转组织等环节。因此，货物运输组织更加复杂，涉及的环节也较多。

二、货物运输调度

货物运输调度是指根据货物运输计划和任务，各级调度机构以指令形式组织作业和指挥车辆运行的工作。由于汽车货运作业具有多环节、多要素和流动分散、条件复杂等特点，调度工作对作业的正常运行影响极大。货物运输调度主要工作内容如下。

(1) 接收订单和需求分析

接收客户的订单或者货物运输请求，并对其运输距离、运输时间、运输环境等因素进行评估。

(2) 路线规划和优化

考虑运输距离、运输成本、道路情况、车辆速度等因素，根据成本较低和速度较快的原则，优化车辆行驶路线方案。

(3) 调度运输工具

综合分析车辆性能、货量、货物尺寸、货物包装、道路情况等因素，合理地安排运输工具。

(4) 驾驶人员安排

根据驾驶经验、维修水平、工作态度、性格特点、业务技能等因素，安排合适的驾驶人员。

(5) 装载货物

根据计划，将货物装载到相应的运输工具上。

(6) 运输过程监控与管理

在货物运输过程中，需要进行监控和管理，以确保货物安全，并及时处理可能出现的问题。

(7) 卸货

到达目的地后，进行卸货，并进行必要的验收工作。

(8) 完成订单

确认已经将货物安全送达目的地，并完成相应的订单或交易流程。

【练习与讨论】

1. 什么是货物运输？请简述货物运输与物流运输的主要联系及区别。
2. 货物运输分为哪几种？请列举不同货物运输方式的优缺点。

3. 什么是货物运输合理化？请对公路货物运输合理化的必要性做简单说明。

4. 常见货物运输组织表现形式有哪几种？请分别做简单说明。

5. 试分析货物运输技术和工具的发展如何促进货物运输合理化和效益提升。

6. 请搜集相关公路货物运输实例，分析其运输结构、组织形式，判断其是否存在不合理的表现形式并给出一定的评价方案。

扫码查看参考答案

【经典案例】

蒙牛快速运输系统

物流运输是乳品企业面临的重大挑战之一。内蒙古蒙牛乳业(集团)股份有限公司(简称蒙牛)生产的产品目前已经销往全国各地，甚至还出口到东南亚地区等。蒙牛主要面临两大问题：一是如何突破配送的瓶颈，把产自草原的奶送到更广阔的地区；二是如何尽快将产品运输到商超。巴氏奶(指由巴氏消毒法处理的鲜奶)和酸奶的货架期非常短，而且对冷链运输的要求较高，例如，从牛奶挤出到运送到车间加工，再到运到市场销售的全过程中巴氏奶都需保持在0～4℃储存，酸奶则需保持在2～6℃储存，这对运输时间和温度控制提出了很高的要求。为了能在较短的时间内以较低的成本将产品送到商超，蒙牛采取了以下运输合理化措施。

1. 缩短运输半径

由于酸奶为低温产品，保质期较短，并且消费者对其新鲜度的要求很高，一般产品超过生产日期3天送达商超，商超就会拒绝该批产品。因此，对于低温产品，蒙牛要保证在2～3天内将其送到销售终端。为了保证产品及时送达，蒙牛尽量缩短运输半径。在成立初期，蒙牛主打常温液态奶，因此奶源基地和工厂基本集中在内蒙古，以发挥内蒙古草原的天然优势；当蒙牛的产品线扩张到酸奶时，蒙牛的生产布局也逐渐向黄河及长江沿线扩展，使牛奶产地尽量接近消费地，以保证将低温产品快速送达商超。

2. 合理选择运输方式

目前，蒙牛产品的运输方式主要有两种：货车运输和火车集装箱运输。蒙牛在保证产品质量的前提下，尽量选择费用较低的运输方式。对于路途较远的低温产品运输，为了保证将产品快速地送达消费者，保证产品的质量，蒙牛往往采用成本较为高昂的货车运输。例如，北京销往广州等地的低温产品，全部采用汽车运输，虽然成本较铁路运输高出很多，但在时间上能有保证。

3. 全程冷链保障

为保证产品质量，在运输全流程中，低温奶产品需尽可能保持在 2~6℃ 储存。为此，蒙牛在"奶牛—奶站—奶罐车—工厂"运行序列中，采用低温、封闭式的运输。蒙牛的冷藏运输系统尽可能保证将刚挤的原奶在 6h 内送到生产车间，确保牛奶新鲜的口感和丰富的营养；牛奶出厂后，则采用冷藏车保障低温运输；在零售终端，蒙牛在其每个小店、零售店、批发店等零售终端投放冰柜，以保证其低温产品的质量。

4. 使每一笔订单效益放大

物流成本控制是乳品企业成本控制中一个非常重要的环节。蒙牛减少物流费用的方法是尽量使每一笔订单效益放大，形成规模效应，在运输的各个环节上享受优惠。例如，通过铁路运输利乐包装产品，每年运送货物达到一定量后，在配箱等方面可以享受折扣优惠；相比之下，通过载质量为 5t 或 3t 的货车运输利乐包装产品，成本要高很多。

此外，蒙牛的每一次运输活动都经过了严密的计划和安排，运输车辆每次往返都会对运进来的外包装箱、利乐包装等原材料和运出去的产成品做合理安排，从而提高货车的使用率。

问题讨论

1. 蒙牛所实施的运输合理化措施的原理是什么？
2. 请简述运输合理化在蒙牛发展中的重要意义。
3. 根据所学知识，请回答蒙牛还可以采用哪些运输合理化措施。

第二章
货物运输需求分析

【本章提要】

本章首先介绍货物运输需求的概念及特点，揭示这些特点对货物运输需求的影响；其次，阐述货物运输需求价格弹性的概念和类型，探讨需求价格弹性的计算方法；最后，探讨货物运输需求量的预测方法。

【学习要求】

通过学习本章，理解需求与需求量的含义，了解需求的影响因素；了解货物运输需求的概念及影响因素；在此基础上，掌握需求价格弹性的概念和类型，了解需求价格弹性的计算方法；最后了解货物运输需求量的预测方法。

第一节 货物运输需求概述

一、需求

1. 需求量的概念

一种商品或服务的需求量是购买者愿意并且能够购买的该商品或服务的数量。购买者对于某种商品或服务的需求量受到多种因素的影响,如商品或服务的价格、购买者的数量、购买者的偏好等,其中商品或服务的价格是影响商品或服务的需求量的关键因素。

一般而言,在除价格以外的其他条件都保持不变的情况下,一种商品或服务的价格上升,对该商品或服务的需求量会降低;反之,一种商品或服务的价格下降,对该商品或服务的需求量会上升,如图2-1所示。

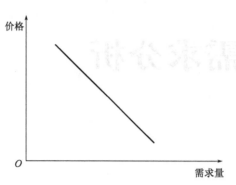

图2-1　价格与需求量的函数关系

2. 需求的概念

需求是指在除价格以外的其他条件保持不变的情况下,对于某种商品或服务,购买者对于每一种可能的价格的需求量。需求是价格与需求量的一种函数关系,因此也称需求为需求曲线。

3. 需求的变化

需求曲线假定除价格以外的其他条件都保持不变,但在实际情况下,其他条件不可能一直保持不变。随着时间的变化,需求曲线并不一定是保持不变的,如果某种因素发生变化,需求曲线可能会变化。

图2-2说明了需求或需求曲线的变化。同一价格水平下,若需求量增加,则需求曲线会向右移动,此时称为需求增加;反之,同一价格水平下,若需求量减少,则需求曲线会向左移动,此时称为需求减少。

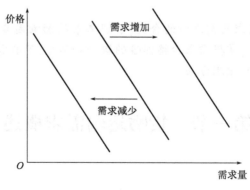

图2-2　需求的变化

4. 需求的影响因素

需求的影响因素主要包括以下五种。

(1) 收入的变化

收入会对需求产生巨大影响，一般而言，当收入增加时，人们购买某一种商品的数量会增加。例如，随着收入的增加，长途出行中，出行者乘坐飞机的可能性会增加；市内出行中，出行者乘坐出租车的可能性会增加。此时称这些商品为正常物品。

在某些情况下，当收入增加时，人们购买某一种商品的数量会减少。例如，随着收入的增加，长途出行中，出行者乘坐绿皮火车的可能性会减小；市内出行中，出行者乘坐公交车的可能性会减小。此时称这些商品为低档物品。

(2) 偏好的改变

偏好的改变是影响需求的重要因素之一。当消费者对某种产品或服务的偏好发生转变时，其对该产品的需求也相应地会发生变化。例如，如果消费者开始偏爱环保、健康的产品，那么其对不环保、不健康产品的需求就会减少，而对环保、健康产品的需求则会增加。

(3) 预期的改变

预期的改变对需求产生着深远的影响。预期作为人们对未来事件或状况的主观判断，往往基于个人的经验、知识和环境等因素。当预期发生改变时，人们对商品或服务的需求也会发生改变。

例如，当消费者对未来的经济状况持乐观态度时，其可能会增加对非必需品的消费，因为这些商品能够给他们带来即时的满足感。相反，如果消费者对未来经济状况持悲观态度，其可能会更加谨慎地消费，甚至推迟购买计划，以应对可能的经济压力。

(4) 相关产品价格的变化

当一种商品价格下降引起另外一种商品的需求减少时，这两种商品被称为替代品。例如，当网约出租车的价格降低时，部分出行者就从乘坐巡游出租车转向乘坐网约出租车，引起巡游出租车的需求减少。

当一种商品价格下降引起另外一种商品的需求增加时，这两种商品被称为互补品。例如，当汽油价格降低时，人们购买燃油汽车的可能性会增加。

(5) 购买者数量的变化

除以上因素外，需求还受到购买者数量的影响。一般情况下，购买者数量与需求呈正相关。

二、货物运输需求

1. 货物运输需求的概念

货物运输需求是指在除价格以外的其他条件保持不变的情况下，对于某一特定的货物运输服务，购买者对于每一种可能的价格的需求量。货物运输需求是货物运输服务购买者对货物运输服务提供者提出的实现货物空间位移的服务要求。货物运输需求必须具备两个条件，即具有实现位移的愿望和具备支付能力，二者缺一不可。

2. 货物运输需求的特点

(1) 多样性

货物运输服务提供者面对的是种类繁多的货物。承运的货物在质量、容积、形状、性质、包装上各有不同，因而对运输条件的要求也不同，在运输过程中必须采取不同的技术措施，如石油等液体货物需用罐车或管道运输,鲜活货物需用冷藏车运输,化学品、危险货物、长大货物等都需要特殊的运输条件。

(2)派生性

在多数情况下,货物运输需求是一种派生需求,如原材料和成品需要从生产地运输到消费地,这种运输需求源于对这些商品的需求,货物运输仅是中间一个必不可少的环节。

(3)不平衡性

货物运输需求的不平衡性体现在时间和空间上。货物运输需求在时间上受农业生产的季节性、贸易活动的淡季及旺季、节假日等的影响;在空间上受地理位置、经济水平和产业分布的影响。

(4)部分可替代性

货物运输需求的部分可替代性可分为外部替代和内部替代。外部替代是指通过非运输方式减少运输需求,如当原料产地和产品市场分离时,可以通过合理确定生产位置,使运输量降到最低限度;内部替代是指铁路、公路、水路、航空和管道货物运输之间的相互替代。

3. 货物运输需求的六要素

(1)运输对象

运输对象是指原料、材料、工农业产品、商品及其他产品等各种货物。它们的形态和性质各不相同,对运输、装卸、保管也各有不同的要求。

(2)运输需求量

运输需求量也称流量,通常用货运量表示,说明货运需求的数量与规模。

(3)运输流向

运输流向是指货物发生空间位移时的空间走向,表明货物的生产地和消费地。

(4)运输距离

运输距离是指货物所发生的空间位移的起始地至到达地的距离。

(5)运输时间和速度

运输时间和速度也称流时和流速,前者是指货物发生从起始地至到达地的空间位移的时间,后者是指货物发生从起始地至到达地的空间位移时单位时间内位移的距离。

(6)运输价格

运输价格是运输单位质量或体积的货物所需的运输费用。

4. 货物运输需求的产生原因

(1)自然资源地区分布不均衡,生产力布局与资源产地相分离

自然资源地区分布不均衡是自然现象,生产力布局不可能完全与资源产地相匹配,这就必然产生货物运输需求。

(2)生产力布局与消费群体的空间分离

自然地理环境和社会经济基础的差异以及各地区经济发展水平和产业结构的差异,造成生产性消费分布。随着生产社会化、专业化的发展,生产与消费在空间上日益分离,也就必然产生货物运输需求。

(3)地域差异

国家、地区间商品品种、质量、性能、价格上的差异,国家、地区之间的技术水平以及产业优

势等差异,造成各自产品的质量、品种、价格等均千差万别,这就必然会引起货物在各国、各地区间的流动,从而产生货物运输需求。

5. 货物运输需求的影响因素

货物运输需求受到以下因素的影响。

(1) 经济发展水平

货物运输需求是经济发展催生的次生需求,其规模受经济发展水平的影响较为显著。经济发展不同阶段对货物运输的需求量和品质要求存在显著差异。在工业化初期,开采业和原材料工业急需大批量、散装货物的运输。随着机械工业的发展,原材料运输需求尽管依旧增长,但增速已逐渐放缓。同时,运输需求的多样性开始显现,对运输效率和品质的要求逐渐提高。进入精细化工业阶段后,经济增长对原材料工业的依赖度逐渐降低,货物运输需求在数量上的增速减缓,但对运输服务的便捷性、时效性和损耗控制等品质要求却越来越高。

(2) 货物种类和供需地分布

不同的货物种类具有不同的物理和化学特性,如质量、体积、易损性、保质期等,这些特性决定它们的运输要求和难度,例如,危险品和易腐食品需要特殊的运输设备和条件,以确保安全和质量;而大宗散货和集装箱货物则更适合通过大型运输工具进行批量运输。

同时,供需地的分布也直接影响货物运输需求的流向和规模。如果供应地和需求地相对集中,那么货物运输需求可能更加集中和明确;如果供应地和需求地分布广泛,那么货物运输需求可能更加分散和复杂。此外,不同地区的经济发展水平、产业结构、消费习惯等因素也会影响货物运输需求的类型和数量。

(3) 提前时间

提前时间,也称备货时间或提前期,是指从订货开始到货物实际到达入库或交货所需的总时间。如果提前时间较长,企业可能需要提前生产或采购更多的产品,以确保有足够的库存满足需求,但这可能导致生产线上出现过多的在产品或库存,增加生产成本和库存成本;相反,如果提前时间较短,企业若能更精确地预测和应对需求,则可以减少库存积压和浪费,从而降低生产成本。

(4) 相关货物运输服务的质量和价格

在考虑货物运输服务时,其他相关服务的质量和价格是两个核心要素,它们对市场需求起着决定性作用。尤其在货物运输服务多样化的今天,一种服务如何与其他服务竞争、如何吸引和留住客户显得尤为关键。因此,深入理解服务替代的多种影响因素,并据此制定合理策略,对提升服务竞争力至关重要。

(5) 运输偏好

运输偏好是影响运输需求的关键因素之一,其中,费用、安全性和及时性尤为突出。费用是客户选择运输服务时最直接的考量,它决定客户的预算和成本;安全性则关系客户的信任度,客户希望货物安全在运输过程中得到充分保障,避免货物损坏或丢失;及时性则体现客户对效率的追求,他们希望货物能被按时、快速地送达目的地。这些偏好共同影响着客户的运输选择,从而决定货物运输需求的分布和变化。

(6) 经济政策

贸易政策直接影响进出口货物的运输需求。例如,国家采取的进口限制措施,可能导致进口货物的减少,从而减少对国际货物运输的需求;相反,出口鼓励政策则可能增加出口货物的数量,进而增加对货物运输服务的需求。财政政策通过影响企业和个人的投资与消费决策,间接影响货物运输需求。例如,减税政策可能刺激企业增加投资,扩大生产规模,从而增加对原材料、半成品和成品的运输需求。货币政策对货物运输需求的影响也不可忽视,当国家采取紧缩的货币政策时,企业融资成本上升、投资意愿降低,可能导致货物运输需求减少,而宽松的货币政策则可能通过刺激投资和消费,增加对货物运输服务的需求。产业政策也会对货物运输需求产生重要影响。例如,国家重点支持新能源、电子信息等新兴产业,其快速发展将带动相关原材料、设备和成品的运输需求增加。

第二节 货物运输需求价格弹性与需求交叉弹性

一、需求价格弹性的概念

上一节讨论需求量与价格的关系时,可以看到,在其他条件都保持不变的情况下,随着商品或服务的价格上升,购买者对商品或服务的需求量降低。但这一结论是定性的,而不是定量的。为定量衡量需求量对价格变动的敏感程度,需要引入需求价格弹性的概念。

需求价格弹性 ε 的定义为

$$\varepsilon = \frac{\Delta Q/Q}{\Delta P/P} \tag{2-1}$$

式中:ΔQ、Q——需求量的变化量和变化前的需求量;

ΔP、P——价格的变化量和变化前的价格。

例如,假定汽油价格上升了10%,使得汽油的需求量降低了15%,则此时汽油的需求价格弹性为:$(-15\%)/10\% = -1.5$。这表明需求量变动的比例是价格变动比例的1.5倍。

在其他条件保持不变的情况下,一种物品的价格降低会导致其需求量增加,而一种物品的价格上升会导致其需求量降低,因此价格变动百分比的正负总是与需求量变动百分比相反,需求价格弹性总是负值。由于书写负号相对烦琐,经常使用绝对值来表示需求价格弹性,即"需求价格弹性为1.5",而不是"需求价格弹性为 -1.5"。

二、需求价格弹性的计算

1. 弧弹性的计算

【例2-1】

假设有图2-3所示的需求曲线,只知道 A 点和 B 点的价格及需求量,要求计算 A 点到 B 点的需求价格弹性,以及 B 点到 A 点的需求价格弹性。

解:

A 点到 B 点的价格变动百分比为:$(25-20)/20 \times 100\% = 25.0\%$。需求量变动百分比为:$(8-12)/12 \times 100\% \approx -33.3\%$。此时 A 点到 B 点的需求价格弹性为 $-33.3\%/25.0\% \approx -1.33$。

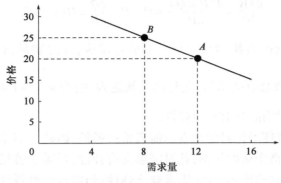

图 2-3 弧弹性的变化

B 点到 A 点的价格变动百分比为:$(20-25)/25 \times 100\% = -20.0\%$。需求量变动百分比为:$(12-8)/8 \times 100\% = 50.0\%$。此时 B 点到 A 点的需求价格弹性为 $50.0\%/-20.0\% = -2.50$。

A 点到 B 点的需求价格弹性与 B 点到 A 点的需求价格弹性存在巨大的差异,这是因为计算公式中采用的初始值不同。为了解决这一问题,需要采用中点法来计算百分比,价格变动百分比采用如下公式:

$$\Delta P/P = \frac{P_2 - P_1}{(P_2 + P_1)/2} \tag{2-2}$$

式中:P_1、P_2——价格的初始值和终值。

需求量变动百分比也采用类似的公式,此时需求价格弹性的计算公式为

$$\varepsilon = \frac{\dfrac{Q_2 - Q_1}{(Q_2 + Q_1)/2}}{\dfrac{P_2 - P_1}{(P_2 + P_1)/2}} = \frac{Q_2 - Q_1}{P_2 - P_1} \cdot \frac{P_2 + P_1}{Q_2 + Q_1} \tag{2-3}$$

式中:Q_1、Q_2——需求量的初始值和终值。

式(2-3)也被称为弧弹性计算公式。

如果采用弧弹性计算公式,则例 2-1 中,A 点到 B 点的价格变动百分比为 $(25-20)/22.5 \times 100\% \approx 22.2\%$,需求量变动百分比为 $(8-12)/10 \times 100\% = -40.0\%$,需求价格弹性为 $-40.0\%/22.2\% \approx -1.80$。

2. 点弹性的计算

如果已知需求曲线中需求量与价格的函数关系,即 $Q = f(P)$,其中 Q 为需求量,P 为价格,且假定曲线的需求量对价格可导,则可计算需求价格点弹性为

$$\varepsilon = \frac{\Delta Q/Q}{\Delta P/P} = \frac{\mathrm{d}Q}{\mathrm{d}P} \cdot \frac{P}{Q} \tag{2-4}$$

三、需求价格弹性与总收益的关系

总收益(total revenue,TR)是指一种物品的价格乘该物品的需求量,即 $TR = P \times Q$。由于需求量 Q 是价格 P 的函数,故总收益 TR 也是价格 P 的函数。此时就需要关注价格 P 变化对总收益 TR 的影响。假定总收益 TR 对价格 P 可导,则可计算其导数为

$$\frac{\mathrm{dTR}}{\mathrm{d}P} = \frac{\mathrm{d}(P \times Q)}{\mathrm{d}P} = Q + P \cdot \frac{\mathrm{d}Q}{\mathrm{d}P} = Q(1+\varepsilon) \tag{2-5}$$

当 $\varepsilon < -1$ 时，$\frac{\mathrm{dTR}}{\mathrm{d}P} < 0$，价格增加会导致总收益减少，此时物品富有弹性；当 $\varepsilon > -1$ 时，$\frac{\mathrm{dTR}}{\mathrm{d}P} > 0$，价格增加会导致总收益增加，此时物品缺乏弹性；当 $\varepsilon = -1$ 时，$\frac{\mathrm{dTR}}{\mathrm{d}P} = 0$，价格增加不会导致总收益变化，此时物品具有单位弹性。

根据前文所述，通常使用绝对值来表示需求价格弹性，因此当需求价格弹性大于1时，需求量变动的比例大于价格变动的比例，此时需求富有弹性；当需求价格弹性小于1时，需求量变动的比例小于价格变动的比例，此时需求缺乏弹性；当需求价格弹性等于1时，需求量变动的比例等于价格变动的比例，此时需求具有单位弹性。需求价格弹性越大，则需求量对价格越敏感。

【例 2-2】

当前某货物运输需求函数为：$Q = 70 - 5P$。求：

①$P_1 = 4$ 与 $P_2 = 8$ 之间的运输需求价格弧弹性。

②$Q = 10, 20, 40$ 时的运输需求价格点弹性。

解：

①当 $P_1 = 4$ 时，$Q_1 = 50$；当 $P_2 = 8$ 时，$Q_2 = 30$。P_1 与 P_2 之间的运输需求价格弧弹性为

$$\varepsilon = \frac{30-50}{8-4} \times \frac{8+4}{30+50} = -0.75$$

②已知 $\frac{\mathrm{d}Q}{\mathrm{d}P} = -5$，$Q = 10, 20, 40$ 时，运输需求价格点弹性计算如下：

当 $Q = 10$ 时，$P = 12$，$\varepsilon = -5 \times \frac{12}{10} = -6$；

当 $Q = 20$ 时，$P = 10$，$\varepsilon = -5 \times \frac{10}{20} = -2.5$；

当 $Q = 40$ 时，$P = 6$，$\varepsilon = -5 \times \frac{6}{40} = -0.75$。

四、需求价格弹性的影响因素

需求价格弹性受到以下因素的影响。

1. 相近替代品的可获得性

如果市场上存在大量可替代的商品，那么当某一商品价格上涨时，消费者可能会转向其替代品，导致该商品的需求迅速下降。这种情况下，需求价格弹性相对较高。相反，如果市场上缺乏可替代品，那么即使商品价格上涨，消费者也会因缺乏其他选择而不得不继续购买该商品，需求价格弹性相对较低。

2. 商品是否为必需品

必需品是人们日常生活中不可或缺的商品，如食品、药品等。即使价格上涨，消费者往往也会继续购买，因此，必需品的需求价格弹性相对较低。相反，奢侈品是非必需的，如高档汽

车、名牌手袋等。当奢侈品价格上涨时,消费者可能会选择减少购买或完全放弃购买,因此,奢侈品的需求价格弹性相对较高。

3. 市场的范围

一个狭窄的市场可能只包括某一特定商品或品牌,而一个宽泛的市场可能包括多个可替代品。在狭窄的市场中,消费者对某一商品价格上涨的反应更为敏感,因为他们没有其他选择;在宽泛的市场中,消费者有更多选择,对某一商品价格上涨的反应可能较为迟钝。

4. 观察的时间框架

在短期内,消费者和企业可能无法迅速适应价格变化,导致需求价格弹性较低。然而,在长期内,消费者和企业有足够的时间来调整购买行为和生产策略,以适应新的价格水平。因此,在长期观察中,需求价格弹性可能会增大。

五、货物运输需求价格弹性的影响因素

货物运输需求价格弹性是指在其他条件都保持不变的情况下,货物运输需求量变化率与货物运输价格变化率的比值。货物运输需求价格弹性反映货物运输需求量对货物运输价格的敏感程度。

货物运输需求价格弹性受到以下因素的影响。

1. 货物价格

当货物价格较高时,运输这些货物所带来的价值也相应较大,因此货主可能更愿意支付更高的运费来确保货物的及时运输,这种情况下,货物运输需求价格弹性相对较低,即运费上涨对货物运输需求量的影响较小;相反,当货物价格较低时,货主可能对运费的变动更加敏感,当运费上涨时货运量减少,此时货物运输需求价格弹性相对较高。

2. 货物的季节性及保鲜期

对于季节性货物,如农产品等,其运输需求会随着季节的变化而波动。在旺季时,运输需求量大增,货主可能更愿意支付更高的运费以确保货物的及时到达;在淡季时,运输需求量减少,货主可能更加注重运费成本。对于具有保鲜期的货物,如生鲜食品等,货主通常更注重运输速度和时效性,因此可能对运费的上涨表现出更高的容忍度,此时货物运输需求价格弹性相对较低。

六、需求交叉弹性

需求交叉弹性是指在一定时期内一种商品的需求量对它的相关商品(替代品或互补品)的价格变动的敏感程度。简而言之,其衡量的是一种商品的需求量如何随其相关商品价格的变化而变化。

$$\varepsilon_{AB} = \frac{\Delta Q_A / Q_A}{\Delta P_B / P_B} \tag{2-6}$$

式中:ΔQ_A、Q_A——商品 A 的需求量变化量和变化前的需求量;

ΔP_B、P_B——商品 B 的价格变化量和变化前的价格。

需求交叉弹性可以是正值、负值或零,这取决于商品 A 和商品 B 之间的关系:如果商品 A 和商品 B 是替代品,则需求交叉弹性为正值;如果商品 A 和商品 B 是互补品,则需求交叉弹性

为负值;如果商品 A 和商品 B 之间没有明显的替代或互补关系,则需求交叉弹性接近零。

需求交叉弹性是一个重要的经济指标,其有助于理解市场上商品之间的相互作用和依赖关系,以及消费者对不同商品价格的反应。

第三节　货物运输需求调查

货物运输需求调查是指以货物运输市场为对象,运用科学的调查方法,系统地收集、整理和分析有关货物运输市场的信息和资料,为货物运输市场预测和相关企业营销决策提供依据的活动过程。

一、货物运输需求调查的内容和方法

1. 货物运输需求调查内容

货物运输需求调查内容主要包括货物运输市场现状与货物流量及流向。

(1)货物运输市场现状调查

货物运输市场即货物运输行业市场现状,很大程度上代表当前的货物运输需求现状,同样也影响货物运输需求未来的发展趋势。

从宏观角度来说,国家一般利用货物运输总量、货物运输结构、货运量占比、货运量增速等指标来把握当前货物运输需求的总体特征并制定相应的宏观调控政策;从中微观角度来说,当前货物运输市场的容量、消费结构、需求特点、服务产品及其价格等都能影响甚至决定相关企业的运营策略及发展方向。

(2)货物流量及流向调查

货物流量及流向调查即货物运输起讫点(origin-destination,OD)调查,包括货物需求产生与吸引分布、流量与流向;货物运输的空间分布;货物转运、装卸、途中保管地点及其分布;货物运输工具,其中以公路车辆为代表的货物运输工具的调查主要包括车辆型号、核定载质量、车辆牌照号、车主相关信息、车辆空车里程与重车里程、车辆总行程与总货运次数。当调查区域面积较大时,往往采取划分小区的方法进行调查。

2. 货物运输需求调查方法

货物运输需求调查方法有多种,按照调查的范围可分为全面调查和非全面调查,按照调查的时间连续性可分为连续调查和不连续调查。具体如下。

(1)全面调查和非全面调查

全面调查是指对货物运输相关的全部单位或企业进行调查,包括经常性的全面统计报表和一次性的普查;非全面调查是对货物运输对象中的一部分单位或企业进行调查,包括抽样调查、重点调查和典型调查,这三种调查方式也属于专项调查。

(2)连续调查和不连续调查

连续调查是指随着时间的推移对货物运输需求情况进行连续不间断的调查记录,目的是了解货物运输需求变化的全过程;不连续调查是指间隔一段时间后在一定时间点对货物运输需求情况进行调查记录,通常适用于货物运输需求较为稳定、波动较小的情况,一般包括周期

性调查和一次性调查两种形式。

货物运输需求调查主要步骤为成立调查组、确定问题和调查目标、制定调查方案、实施调查方案、整理和分析调查资料、编写调查报告。其中确定问题和调查目标、制定调查方案为关键步骤，方案内容主要有调查目的、调查对象、调查时间、调查内容等。

在实际调查过程中可采用直接观察法、采访法、资料研究法等方法进行调查。其中，直接观察法是指调查人员通过直接到货运场站、调度室等现场调查了解货物运输量以及车辆的调度安排情况；采访法是指当面或线上以调查表或调查问卷的形式收集相关的货物运输信息；资料研究法是一种间接调查方法，通过售票、检票等运输原始记录来间接地收集调查资料。

当下，我国在货物运输需求调查方面进一步聚焦数据真实性，全面创新调查理念、方法和手段，主要体现在以下几个方面：

①将调查对象由传统的车辆转变为业户，对拥有道路运输经营许可证、依法从事道路货物运输的企业和个体经营户进行调查，进一步夯实数据质量主体责任；

②采用全面调查和抽样调查相结合的方法，对拥有50辆及以上货运车辆规模的企业进行全面调查，对该规模以下的企业和个体经营户进行抽样调查；

③依托联网直报系统和移动端App采集数据，一数到部、多级监管、全程留痕，全面提高调查效率和数据真实性。

二、货物运输需求分布分析

1. 货物运输需求分布影响因素

为掌握货物运输需求的分布特征，首先必须了解相关的影响因素。货物运输需求分布的影响因素主要分为自然因素和社会因素两个部分。自然因素主要为资源状况，社会因素主要为生产力发展水平、产业结构和产品结构、运输网络布局状况。

(1) 资源状况

从古到今，资源状况始终决定一个地区的生产活动和货物运输活动。一个地区拥有什么样的资源很大程度上决定该地区的产业结构和发展模式，土地资源肥沃的地区一般以农业为主要产业，而煤炭、石油等能源资源丰富的地区则以工业或重工业为主。各类资源分布的不平衡造成了地区之间不同资源、产品的流动，从而产生货物运输活动。例如，我国西北地区的煤炭、天然气资源较为丰富，从而决定煤炭、天然气资源从北向南、由西向东的运输格局。

(2) 生产力发展水平

生产力发展水平代表一个地区经济活动的活跃程度，是影响货物运输的决定性因素。第一、第二产业的发展水平依旧是主导因素，各地区工农业的发展水平直接影响各地区之间最基本的供需关系，发展水平越高，供需关系越显著，货物运输活动自然越频繁。随着互联网的发展，以电商为代表的第三产业对各地区之间货物运输的影响逐渐加强。

(3) 产业结构和产品结构

产业结构和产品结构对运输需求的影响尤为显著。不同产业对于货物运输在质和量上的要求是不同的，以重工业为主要产业的地区对于货物运输的需求量较大，而以高新技术产业为主的地区对于货物运输的需求量较小，但是对运输质量的要求较高。由此可知，不同产业对于各种运输方式的依赖程度也是不同的，如煤炭、金属矿石和钢铁等原材料工业生产地区对铁路货物运输和水路货物运输的依赖性比较大,粮食主产区更多地依赖公路货物运输和水路货物运输,高精尖的高附加值产品产出地对航空货物运输的依赖性较大。

(4)运输网络布局状况

运输网络布局状况直接影响运输线路的货物通行能力和货物运输吸引范围。合理的运输网络布局能够较好地满足货物的运输需求,刺激地区之间的经济活动,进一步增加货物运输需求,实现良性循环。

2. 货流与货流图

(1)货流

货流是在一定时间内在某一运输路段上沿一定方向的货物流动,包括货物流动时间、流动方向、流动距离、货物种类、货物数量等要素。

货流量是表示货流的常用指标,是指在单位时间内通过指定路段横断面的货运量,一条路段的货流量计算公式为

$$I = \frac{W}{T} \tag{2-7}$$

式中:I——路段货流量,t/h;

W——统计时间内单方向通过指定路段横断面的货运量,t;

T——统计时间,h。

当指定路段上两个方向都有货流时,货流量大的方向为货流顺向,货流量小的方向为货流逆向。流向即货物沿路段的流动方向。

(2)货流图

货流图用以直观、具体地表示在一定时间内指定范围的货流特征,包括货物的种类、流量、流向、运输距离。货流图用不同的线条、符号以及数字进行标注,动态地表明各种货物在各运输线路上的运输状况、在各个地区之间的流动情况。依据国民经济发展概况编制的远期货流图,是制定货物交通运输网络发展规划的重要依据。

为便于绘制货流图,可先编制表明各发货点、收货点之间货流量大小的货流表,示例见表 2-1。

货流表(单位:t)　　　　　　　　　　　　　　　　表 2-1

发货点	收货点			共计发送
	甲地	乙地	丙地	
甲地	—	300	400	700
乙地	200	—	600	800
丙地	100	500	—	600
共计发送	300	800	1000	2100

根据货流表绘制货流图的步骤如下:

①将货物沿实际运输路线的流动表示成直线,从甲地开始,沿横坐标按比例绘出各地点之间的距离(L)。其中,货运点甲地与乙地之间的距离为 400km,乙地与丙地之间的距离为 500km。

②将货物流向分为顺向和逆向两个方向,分别反映在横坐标的下方和上方。将甲地→乙地→丙地方向的货流表示在横坐标的下方,将反方向(即丙地→乙地→甲地)的货流表示在横坐标的上方。将不同种类的货运量(W)按一定比例,用不同阴影符号表示在图2-4中。

最终得到的货流图如图2-4所示。

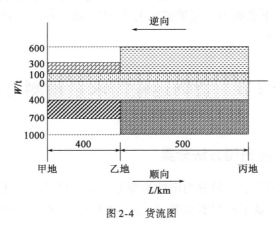

图2-4 货流图

3. 货物运输需求时空分布特征

货物运输需求分布在时空上总是不平衡的,而这种时空不平衡显化为货流分布的不平衡。

(1) 时间不平衡

货流在时间上的不平衡用货流不平衡系数来衡量。货流不平衡系数 r_t 是反映货运量在时间上分布不平衡程度的指标,即年度内最大的月(或季度)货运量与全年各月(或季度)平均货运量的比值,计算公式如下:

$$r_t = \frac{W_{max}}{\overline{W}} \times 100\% \qquad (2\text{-}8)$$

式中:W_{max}——年度内最大的月(或季度)货运量,t;

$\overline{W}$——全年各月(或季度)平均货运量,t。

生产力发展水平的不平衡、物资生产与销售的季节性、自然气候条件的变化以及运输计划组织工作情况等均是货流在时间上分布不平衡的原因。一般来说,粮食及相关农产品季节性较强,其产生的货流在时间上的不平衡程度较高;工业及轻工业制品形成的货流在时间上的不平衡程度则较低。此外,疫情、地震等突发性事件会加剧货流的时间不平衡。

(2) 空间不平衡

货流的空间不平衡宏观上体现为区域之间货运量的不平衡。例如,我国的东南沿海地区的货运量与货物周转量要高于西部地区,这是因为地区之间经济活动的活跃程度不同。

相较于宏观上的不平衡,在微观上运输线路货流的空间不平衡能更具体、直观地反映货物运输现状。这种不平衡的程度一般用回运系数来衡量。回运系数 r_d 是指在指定运输线路上运量较小方向的货运量与运量较大方向的货运量之比,计算公式如下:

$$r_d = \frac{R_{min}}{R_{max}} \times 100\% \qquad (2\text{-}9)$$

式中：R_{min}——指定运输线路上运量较小方向的货运量，t；

R_{max}——指定运输线路上运量较大方向的货运量，t。

生产力发展水平的不平衡、资源分布的不均衡、地区开发程度不同等均是货流在空间上分布不平衡的原因。载运工具的空载运行会造成运力资源的浪费，是货流在空间上分布不平衡导致的直接结果，但这种不平衡不可能被彻底消除，需要通过科学合理的组织与调度工作尽可能减少对运力资源的浪费。

第四节　货物运输需求量预测方法

一、货物运输需求量预测方法分类

货物运输需求量预测方法一般分为定性预测方法和定量预测方法。

定性预测方法是一种基于非数值数据，通过主观判断、经验和专业知识来预测未来事件或趋势的方法。与基于统计和数学模型的定量预测方法不同，定性预测方法更多地依赖分析师的直觉、洞察力和对问题的理解。通常情况下，当处理复杂、非线性或不确定性较高的问题时，定性预测方法能够提供有关未来发展方向的宝贵见解。常见的定性预测方法有专家意见法、德尔菲法、情景分析法、历史类比法等。

定量预测方法是一种基于统计和数学模型的预测方法，其依赖大量的历史数据和数学计算来预测未来的趋势和结果。与定性预测方法相比，定量预测方法更加注重数据的客观性和精确性。定量预测方法的核心在于建立数学模型和预测现象的变化。这些模型通常基于时间序列分析、因果分析、机器学习等技术，通过对历史数据的分析来找出变量之间的关系和规律，利用新的数据来进行预测。常见的定量预测方法有时间序列预测法、因果分析预测法以及机器学习预测法。

二、定量预测方法

1. 时间序列预测法

时间序列预测法基于时间序列数据进行分析和预测，是一种定量预测方法。时间序列数据是指按照时间顺序排列的一系列数值，如日销售量、月平均气温等。这种方法通过分析时间序列数据中的历史模式、趋势和周期性变化，预测未来的发展趋势。

时间序列预测法通常包括以下几个步骤：首先，收集时间序列数据，并进行初步的数据清洗和整理；其次，选择合适的时间序列模型，如平稳模型、季节性模型等描述数据的特征；再次，根据选定的模型，对历史数据进行拟合和参数估计，以确定模型的具体形式；最后，利用模型预测未来值，并评估预测结果的准确性和可靠性。

常用的时间序列预测法包括趋势外推法、指数平滑法、移动平均法等。

1）趋势外推法

趋势外推法通过分析时间序列数据中的长期趋势，并预测该趋势在未来一段时间内的发展方向和速度，确定数据随时间变化的速率和加速度，其核心在于识别和拟合时间序列数据中

的趋势,通常涉及回归模型。一旦确定趋势模型,就可以用它来预测未来的数据点。其基本公式为

$$y = \sum_{i=0}^{k} \alpha_i t^i \tag{2-10}$$

式中:t——预测时间;
α_i——待估计系数;
y——预测值。

趋势外推法的优点是简单、直观,不需要复杂的数学模型或大量的历史数据,只需要识别出时间序列数据中的长期趋势。此外,趋势外推法对于预测长期变化非常有效,尤其是当历史数据呈现出明显的趋势时。

然而,趋势外推法也存在一些局限性:其一,它假设未来趋势与过去保持一致,这可能不适用于所有情况。例如,突发事件、政策变化或技术进步等因素皆可能改变未来的趋势。其二,它通常不适用于季节性或周期性变化明显的数据。

2)指数平滑法

(1)一次指数平滑法

一次指数平滑法通过给近期的数据赋予更高的权重,而逐渐降低远期数据的权重,以预测未来的趋势。这种方法假设近期的数据更能反映当前的实际情况,因此给予其更大的权重。其基本公式为

$$S_t = \alpha y_{t-1} + (1-\alpha) S_{t-1} \tag{2-11}$$

式中:S_t——第 t 期的预测值;
y_{t-1}——第 $t-1$ 期的实际值;
α——指数平滑系数,$0 < \alpha < 1$。

通过式(2-11)可知,预测值是利用一个指数平滑系数 α 加权平均近期数据和历史数据得到的,指数平滑系数 α 决定历史数据对当前预测值的影响程度,较大的指数平滑系数会使预测值更接近最近的数据,而较小的指数平滑系数则会使预测值受历史数据的影响更多。

一次指数平滑法的优点是简单易行,只需要一个指数平滑系数和一组历史数据就可以进行预测。此外,其按时期的远近赋予各数据不同的权重,使预测值更接近实际观测值。

然而,一次指数平滑法也存在一些局限性:其一,其假设未来的趋势与过去相似,这可能不适用于所有情况。例如,一次指数平滑法可能不适用于具有突变或非线性趋势的数据。其二,指数平滑系数的选择对预测结果有很大影响,选择不当,可能导致预测结果的偏差。

(2)差分指数平滑法

当时间序列数据的变动呈直线趋势时,由于数据特性不满足一次指数平滑法的要求,利用一次指数平滑法预测会出现滞后偏差,对此可以考虑从数据变换的角度改进。差分指数平滑法通过差分改变数据变动趋势,使之能适用于一次指数平滑法,在预测后作技术上的返回处理,使之恢复为原数据的变动趋势。其基本公式为

$$\Delta y_t = y_t - y_{t-1} \tag{2-12}$$

$$\Delta \hat{y}_{t+1} = \alpha \Delta y_t + (1-\alpha) \Delta \hat{y}_t \tag{2-13}$$

$$\hat{y}_{t+1} = \Delta \hat{y}_{t+1} + y_t \tag{2-14}$$

式中：Δy_t——第 t 期的差分值，即第 t 期的实际值减去第 $t-1$ 期的实际值；

$\Delta \hat{y}_{t+1}$——第 $t+1$ 期的差分预测值；

$\hat{y}_{t+1}$——第 $t+1$ 期的预测值。

差分指数平滑法将呈直线趋势的原数据序列转换为一阶差分序列，对一阶差分序列进行一次指数平滑预测得到第 $t+1$ 期的差分预测值，然后将第 $t+1$ 期的差分预测值与第 t 期的实际值相加得到第 $t+1$ 期的预测值。

差分指数平滑法通过序列中逐期增量的加权平均数（指数平滑值）加上当前实际值进行预测，比一次指数平滑法只用近期数据和历史数据的加权平均数作为下一期的预测值更合理，从而使预测值始终围绕在实际值上下波动，能够从根本上解决在有直线增长趋势的情况下，用一次指数平滑法所得出的结果始终滞后于实际值的问题。

(3) 二次指数平滑法

二次指数平滑法首先在一次指数平滑值的基础上再做一次指数平滑得到二次指数平滑值，然后根据二次指数平滑值建立预测模型进行预测。其基本公式为

$$S_t^{(2)} = \alpha S_t^{(1)} + (1-\alpha) S_{t-1}^{(2)} \tag{2-15}$$

$$Y_{t+T} = a_t + b_t \cdot T \tag{2-16}$$

$$a_t = 2S_t^{(1)} - S_t^{(2)} \tag{2-17}$$

$$b_t = \frac{\alpha}{1-\alpha}(S_t^{(1)} - S_t^{(2)}) \tag{2-18}$$

式中：$S_t^{(1)}$——第 t 期的一次指数平滑值；

$S_t^{(2)}$——第 t 期的二次指数平滑值；

Y_{t+T}——第 $t+T$ 期的预测值；

T——由第 t 期向后推移期数；

a_t、b_t——模型参数。

二次指数平滑法解决了一次指数平滑法存在的两个问题：一是一次指数平滑法不能用于有明显趋势变动的市场现象的预测，二是一次指数平滑法具有只能向未来预测 $t+1$ 期的局限性。

3) 移动平均法

移动平均法通过计算历史数据的平均值预测未来的趋势。其认为近期的数据更能反映未来的趋势，因此将最近一段时间内的数据取平均，作为对未来值的预测。其基本公式为

$$S_t = \frac{y_{t-1} + y_{t-2} + \cdots + y_{t-n}}{n} \tag{2-19}$$

式中：n——选取历史数据的期数。

移动平均法选择一个固定的时间窗口（如最近 5 期、10 期等），计算这个时间窗口内数据的平均值，然后将该平均值作为下一期的预测值。随着时间的推移，时间窗口也会不断向前移动，移动平均法由此得名。

移动平均法的优点在于简单易行，能够平滑掉数据中的随机波动，揭示数据的长期趋势。

其对于处理具有季节性或周期性变化特征的时间序列数据也非常有效,能够消除这些周期性因素对预测结果的影响。但其假设未来的趋势与过去相似,这可能不适用于所有情况;其对于数据中的突变或非线性趋势反应较慢,可能导致预测结果的滞后和偏差;其还需要选择合适的时间窗口长度,如果选择不当,也可能影响预测结果的准确性。

2. 因果分析预测法

因果分析预测法侧重于分析事物之间的因果关系,通过建立因果关系模型预测未来的发展趋势。因果分析预测法的基本步骤为:首先,确定预测的目标变量和可能的影响因素;其次,收集相关数据,并通过统计分析方法确定变量之间的因果关系;最后,建立预测模型,利用历史数据进行模型拟合和验证,并用模型进行未来值的预测。常见的因果分析预测法包括一元回归法、多元回归法等。

(1) 一元回归法

一元回归法是最简单的回归预测方法,预测场景一般只包括一个因变量(预测值)和一个自变量,且假设因变量和自变量之间是线性关系,基本公式为

$$y = a + bx \tag{2-20}$$

式中:a、b——回归系数,通过最小二乘法得到;
x——自变量;
y——因变量,即预测值。

(2) 多元回归法

当预测场景中包含多个影响因子即有 $m(m \geq 2)$ 个自变量的时候,往往利用多元回归法来对因变量(预测值)进行预测。该方法通过构建一个包含多个自变量的线性方程,来预测因变量的取值。其基本公式为

$$y = \alpha_0 + \sum_{i=1}^{m} \alpha_i x_i \tag{2-21}$$

式中:α_i——待估计系数,通过最小二乘法等优化算法进行估计,其中 $i = 0, 1, 2, \cdots, m$。

多元回归法能够揭示自变量对因变量的影响程度,但需注意,模型的有效性受限于自变量的选择、数据的质量以及线性关系的假设是否成立。

3. 机器学习预测法

机器学习是一种让计算机能够通过经验和数据进行自我改进的技术。在机器学习中,计算机通过对训练数据的分析和学习,可以自动地发现数据中的规律和模式,据此进行预测和决策。机器学习的目标是让计算机具有类似人类的智能能力,能够自主地学习和适应新的任务与环境。机器学习技术已经成为人工智能领域的核心技术之一,被广泛应用于图像识别、语音识别、自然语言处理、推荐系统、金融风控、医疗诊断等领域。机器学习分为监督学习、无监督学习以及强化学习,但常见的机器学习预测法主要为监督学习,如长短期记忆(long short term memory,LSTM)、支持向量回归(support vector regression,SVR)、决策树(decision tree)、随机森林(random forest)等。

机器学习中的监督学习预测基本步骤为:首先,数据收集和预处理是基础,数据的数量和质量直接影响机器学习的预测结果,其中数据收集通过采集多源数据以保证数据的数量,数据

预处理通过去除缺失值、处理异常值、标准化等操作来保证数据质量;然后,标记特征变量和目标变量,特征变量即自变量,为机器学习模型的输入值,目标变量即因变量,为机器学习模型的输出值;接着,分割数据集,即将经过预处理的数据分割成训练集和验证集,其中训练集被用于训练机器学习模型,验证集被用于测试、评估机器学习模型,若未满足评估指标要求,则需反复训练再评估;最后,应用机器学习模型预测输出。其流程如图2-5所示。

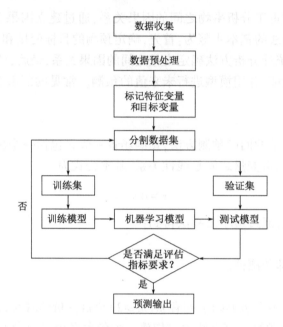

图2-5 机器学习中的监督学习预测流程

数据集作为机器学习的关键,可分为历史数据集和现有数据集,其中历史数据集可分为训练集和验证集,现有数据集为测试集,具体如下:

①训练集。训练集被用于训练模型,获得输入和输出的函数关系,通常占已知历史数据集的70%~80%。

②验证集。验证集被用于评估模型性能,如准确率、损失函数等,调整模型参数和结构,获得较优的输入和输出的函数关系,通常占历史数据集的20%~30%。

③测试集。测试集被用于评估模型的泛化性能,使用训练集和验证集对模型进行训练和调整后,即可使用测试集评估模型的泛化性能。

在货物运输需求量预测中,历史数据集为一系列过去不同时间点和货物运输需求量的组合,现有数据即需预测需求量的时间点。下面介绍长短期记忆神经网络法和支持向量机回归的基本原理。

(1)长短期记忆神经网络法

长短期记忆神经网络法是一种特殊类型的循环神经网络(recurrent neural network,RNN),已被证明对时间序列数据预测非常有效。LSTM的核心在于增加了门控机制,包括遗忘门、记忆门和输出门。其中遗忘门控制输入 x_t 和上一层的隐藏层输出 h_{t-1} 被遗忘的程度,记忆门控制输入 x_t 和上一层的隐藏层输出 h_{t-1} 被保留的程度,输出门控制当前细胞状态 c_t 有多少信息输出 h_t。各个门组成及LSTM工作原理如图2-6所示。

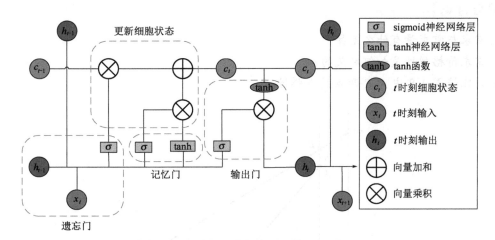

图 2-6　LSTM 工作原理图

LSTM 能够学习数据中复杂的时间间隔和延迟信息,从而更准确地预测未来的趋势;同时,其复杂的门控机制可以灵活处理信息,故其适合于捕捉复杂数据中的非线性关系。此外,它能够记忆长期的信息,避免传统 RNN 中的梯度消失或梯度爆炸问题,因此在处理需要考虑长期信息的时间序列数据时表现出色。然而,其训练耗时长,对计算资源的需求高,且容易发生过拟合,特别是在数据量较小的情况下。此外,LSTM 的模型解释性较差,这在需要明确模型决策过程的应用场景中可能构成挑战。

(2) 支持向量机回归

SVR 是一种基于支持向量机的回归方法。在 SVR 中,需要定义一个误差允许度 ε,并以所求函数为中心构建一个宽度为 2ε 的间隔带,落入此间隔带,则被认为预测正确,不计其损失值,目标为最小化总损失值,如图 2-7 所示。其主要步骤为:首先,将一系列的组合值(时间、货物运输需求量)映射在坐标系内;然后,通过 SVR 模型得到时间与货物运输需求量之间的函数关系;最后,将预测时间作为所求函数关系的输入,求得预测时间对应的货物运输需求量。

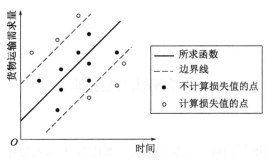

图 2-7　SVR 示意图

SVR 的优点在于具备处理复杂非线性关系的能力和对异常值的强鲁棒性,在多因素影响的预测任务中表现出色;泛化能力强,通过灵活的参数调整可以优化模型以适应不同的数据特征。但其也有劣势:需要较高的计算复杂度,尤其是在大数据集上;对参数选择敏感,需要精细地调整和较长的训练时间。

【练习与讨论】

1. 需求与需求量有什么差异？
2. 需求价格弹性是如何定义的？
3. 请比较图 2-8 中 A、B 两点的点弹性。

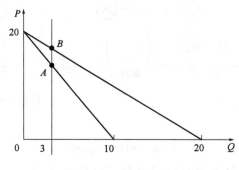

图 2-8　问题 3 图

4. 什么是货流图？请简述其绘制流程。
5. 货物运输需求量预测的方法有哪些？请简单说明其特点。
6. 请搜集相关资料，分析随着我国经济的发展，各类货物运输需求会如何变化。

扫码查看参考答案

【经典案例】

货量预测，各显神通

1. 德邦

2016 年底，德邦大数据部门成立，部门团队主要以算法和大数据为基础，经过不断的摸索尝试，搭建了大数据平台——魔镜，支撑了"双 11"物流和德邦数字化项目的落地。

货量预测项目由德邦大数据部门与外部供应商协同开展，其目的在于为业务运作各环节的资源储备、风险预警提供数据依据。货量预测项目会针对各公司运作链条的各环节进行货量预测，其中包括中端场站货量、末端收派货量，以及贯通中、末端运营的支、干线货量。

货量预测的基本逻辑，是结合公司实际业务操作流程和数据特征，设计自主创新的预测类算法,依托大数据建模,从而进行货量预测。德邦货量预测模型的建立主要参考三个维度的数据。

（1）客户发货规律

根据客户的发货规律,通过机器学习算法预测未来货量。且往往在进行货量预测时,数据呈现比较稳定。

（2）市场信息

主要依据整个行业的上涨趋势预测货量,尤其是针对周期性的业务。例如9月份的大闸蟹业务是一个周期性的业务,可以根据大闸蟹当年的产量、德邦的市场策略以及客户反馈的数据进行货量预测。

（3）一线站点的输入

货量预测为一线站点提供运营参考,一线站点的反馈数据也是货量预测的重要依据之一。

仅仅按照以上三个维度的数据建立的货量预测模型,称日常模型,可适用于日常预测,但不适用于"双11"这种货量爆发期的预测。因此,德邦新开发了一个节假日模型,该模型的建立会额外考虑电商平台的数据、已经开发的目标客户、市场的趋势等影响增量的因素。而面对"双11",货量预测会以节假日模型为主、日常模型为辅。

2. 菜鸟

菜鸟作为一家平台型公司,坚持不拥有一辆车、一个快递员,希望通过数据和技术,成为一个社会化协同的物流和供应链公司。这几年菜鸟不断探索,在物流全链路上做了大量的尝试和突破,比如通过海量数据精准预测大促包裹量及流向,通过供应链预测计划合理入库及分仓铺货,做到"单未下,货先行"的货品下沉提前打包,等等。

2015年"双11"当天的物流订单量历史性地达到了4.67亿单,相比2014年足足增长了65%。到2016年整个"双11"期间的包裹量又将面临爆发性增长,可能达到10亿单的规模。因此,如何采用大数据预测技术从宏观层面估计2016年"双11"的包裹总量并利用微观数据信息得到所有包裹在"双11"期间的流量和流向,从而为快递公司提供决策支持,帮助其提前规划,平稳度过"双11"物流高峰是一个至关重要的技术难题。

根据电商平台前台预估的2016年"双11"商品交易总额(gross merchandise volume, GMV),整合历史"双11" GMV数据和物流订单数据,历史上所有大促期间和日常单价变化趋势,分析各项宏观因素,并监控预售预热期间的销售数据,引入可能存在的不确定因素,鲁棒预测2016年"双11"包裹总量的增长幅度。最终预估得到2016年"双11"当日包裹总量6.8亿单的数据,达到97%的准确率。

6.8亿单包裹被精确地拆解到不同的快递公司,拆解到全国各个城市各条线路,并且基于时效预测给出各条线路每天的发货量以及未来"双11"期间的到货量,帮助快递公司提前准备运力,调度人员,精准布局,优化资源,从而能够从容应对即将到来的物流高峰。

在这套大数据预测模型中,从600万个商家过去5年的销售数据中挖掘出有效的信息,预测"双11"期间商家可能使用的快递公司以及对应的发货仓库和城市;根据消费者的历史行为,预测消费者在"双11"期间的收货地址;根据不同快递公司在"双11"期间的参与度和能力,预测其"双11"的市场份额。最终,整合所有相关信息建立回归预测模型,能够在"双11"

的前3个月就以80%的准确率预测各家快递公司在全国各条线路上的包裹量,真正帮助快递公司做到"兵马未动,粮草先行"。

问题讨论

1. 德邦和菜鸟在进行货量预测时分别考虑了哪些因素？
2. 通过了解德邦和菜鸟的货量预测,理解货量预测在现实中的意义,你受到什么启发？

第三章
优化方法基础

【本章提要】

本章从优化方法的发展沿革出发,对其分类进行描述。在此基础上分别对精确算法、元启发式算法以及优化求解器进行详细介绍,进一步阐述其计算原理与算法流程。

【学习要求】

通过学习本章,了解现代优化方法的概念、发展沿革和基本原理,并对精确算法、元启发式算法以及优化求解器进行深入学习;理解精确算法中的分支定界算法及动态规划算法、元启发式算法中的遗传算法以及模拟退火算法、优化求解器中的 MATLAB 集成 CPLEX 求解器、Python集成 Gurobi 求解器。

第一节　优化方法概述

优化方法是求解数学规划模型的手段,在一组预设的约束条件下,通过优化方法可以找到使目标函数达到最大值或最小值的解。优化方法在科学、工程和经济等领域中至关重要。

一、时间复杂度与问题复杂类型

不同的优化方法可能适用于求解不同规模的问题,若优化方法选择不当,则难以达到理想的效果。问题的规模主要通过界定问题的复杂类型判定,在介绍问题复杂类型前,需要先介绍时间复杂度。

1. 时间复杂度

时间复杂度是一个算法分析的概念,用于描述算法执行所需时间与输入数据规模之间的关系。其提供一个理论框架,用于估计随着输入数据规模的增加,算法执行时间的增长率。用大 O 表示法 $O(f(n))$ 表示当输入数据规模为 n 时,算法执行时间上界为 $f(n)$。时间复杂度通常只取高阶项,常见的时间复杂度如下:

①常数时间复杂度 $O(1)$:算法执行时间不随输入数据规模变化而变化。

②对数时间复杂度 $O(\log n)$:算法执行时间与输入数据规模的对数成正比,如二分查找。

③线性时间复杂度 $O(n)$:算法执行时间与输入数据规模呈线性关系,如简单的数组遍历。

④线性对数时间复杂度 $O(n\log n)$:比线性时间复杂度稍高,常见于高效的排序算法,如归并排序和快速排序。

⑤二次方时间复杂度 $O(n^2)$:算法执行时间与输入数据规模的平方成正比,常见于简单的排序算法,如冒泡排序和选择排序。

⑥指数时间复杂度 $O(2^n)$:算法执行时间与输入数据规模的指数成正比,常用于解决某些递归问题,如直接计算斐波那契数列的第 n 项。

⑦阶乘时间复杂度 $O(n!)$:算法执行时间与输入数据规模的阶乘成正比,这是一种非常高的时间复杂度,通常出现在需要枚举所有情况的算法中。

根据数据规模 n 出现的位置,时间复杂度可分为多项式时间复杂度和非多项式时间复杂度,对于多项式时间复杂度,数据规模 n 出现在底数的位置,而 $O(2^n)$、$O(n!)$ 等为非多项式时间复杂度,相应算法的复杂程度往往超出计算机承受范围。常见的五种时间复杂度之间大小关系为 $O(1) < O(\log n) < O(n) < O(n\log n) < O(n^2)$,如图 3-1 所示。

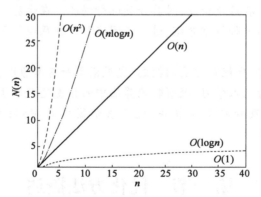

图 3-1 常见时间复杂度对比图

图 3-1 中,$N(n)$ 表示在输入数据规模 n 下求解问题所需要的计算次数,至于实际算法执行所需的时间则与计算机的配置、CPU 进程等有关。以 Legion R7000 2020 为例,其 CPU 配置为 3.0 GHz AMD Ryzen 5 4600H,实际每秒可执行约 27 亿次操作,分别应用时间复杂度为 $O(1)$ 和 $O(n^2)$ 的算法对有 15 个城市的旅行商问题(traveling salesman problem, TSP)进行求解,该问题约有 2.905×10^9 种可能路线。应用时间复杂度为 $O(1)$ 的算法求解需要将近 0.1 s,

而应用时间复杂度为 $O(n^2)$ 的算法求解需要将近 25s,可见时间复杂度越小,算法解决大规模问题的能力就越强,算法的执行时间也越短。

2. 问题复杂类型

当解决一个问题时,选择的算法通常需要是多项式时间复杂度的,指数时间复杂度的算法是计算机不能承受的(除非问题规模很小)。因此,根据问题与多项式时间复杂度算法的关系,问题主要分为以下几种类型。

(1) P 问题

P 问题即多项式问题(polynomial problem),是指可以在多项式时间内解决的问题,即存在一个算法,其运行时间的增长率是一个多项式。

(2) NP 问题

NP 问题即非确定性多项式问题(non-deterministic polynomial problem),是指可以在多项式时间内对解证实或证伪的问题,如将若干个形状各异、大小不同的货物全部装在一个箱子中,由于容量有限可能需要大量尝试才能找到可行的货物组合方案。但若给出货物组合方案,很容易判断方案是否可行。

由 NP 的定义可知,P⊆NP,因为既然在多项式时间内可求得最优解,那么一定可以在多项式时间内验证一个解是最优解。那么是否 NP⊆P,即 P = NP? P = NP 在现有的研究中还未被严格证明,但多数学者认为是不能等价的。

(3) NPC 问题

NPC 问题即 NP 完全问题(NP-complete problem),是指存在一个 NP 问题,可将所有的其他 NP 问题均约化成 NPC 问题,如逻辑电路问题等。其中约化是指简易问题可以被转换成复杂问题,这意味着应用复杂问题的求解方法可以求解简易问题,如一元一次方程可以通过增加 0 系数的二次项,约化为一元二次方程,那么就可以用一元二次方程的解法求解原方程。因此,若在多项式时间内能够应用算法求解 NPC 问题,那么也可求解所有 NP 问题。

(4) NP-hard 问题

NP-hard 问题至少与 NPC 问题一样难,但不一定能在多项式时间内求得一个可行解。因此,NPC 问题既是 NP 问题又是 NP-hard 问题,但 NP-hard 问题不一定是 NP 问题,且比 NPC 问题范围广。NP-hard 问题存在时间复杂度非常高的情况,因此相关研究不仅包括寻找精确解或近似解的算法设计,还包括对这些问题的时间复杂度进行分析。

根据上述对问题复杂类型的探讨,可获得如下问题复杂类型关系图(图 3-2)。

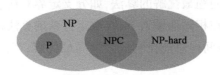

图 3-2　问题复杂类型关系图(假设 P≠NP)

3. 组合优化问题

组合优化问题是指在一组给定的元素或对象中,通过选择、排列或组合这些元素达到最优目标的问题,其通常涉及在资源有限的情况下,最大化或最小化某种指标,如成本、利润、效率等。组合优化问题通常属于 NP-hard 问题,即没有已知的高效算法可以在所有情况下解决这些问题。这类问题广泛出现于各个领域,包括物流、生产调度、电路设计、网络设计、金融投资、人员调度等,车辆路径问题、装箱问题、最大流问题、TSP 等均是经典的组合优化问题。在实际应用场景中,组合优化问题的解空间往往非常庞大,通过穷尽搜索找到所有可能解是不现实的,因此,需要开发更高效的优化方法。

二、优化方法发展沿革

为解决实际优化问题,20 世纪 20 年代,人们开始探索如何寻找最优解决方案,然而在早期阶段,主要依靠经验方法来解决问题,缺乏系统性和可靠性;随着计算机科学和运筹学的发展,人们开始意识到利用计算机的处理能力可解决复杂的优化问题,20 世纪 30—40 年代,线性规划领域取得重大突破;到 20 世纪中期,分支定界算法和割平面法为整数规划求解提供新思路,然而,这些方法在处理非线性问题时效果较差;20 世纪 60 年代和 70 年代,随着对非线性优化问题的复杂性的认识逐渐增强,学者开始尝试开发新的优化方法,出现一些传统启发式算法,如贪婪算法、局部搜索策略等,但该类算法在求解大规模问题时,效果并不理想,因其只是在局部的区域内找解,得到的解不能保证全局最优性。

直到 20 世纪 80 年代和 90 年代,随着计算机硬件和软件技术的不断发展,以及对优化方法研究的深入,出现启发式算法,如模拟退火算法、遗传算法、禁忌搜索等,这些算法通过模仿自然界生物特征或者物理过程探索解决方案,并在求解大规模组合优化问题中取得令人满意的效果。

进入 21 世纪,各种优化方法与其他领域的技术开始交叉融合,如与机器学习、人工智能等领域的技术结合,以提高算法的智能性和自适应能力。算法的并行化和分布式处理也成为研究热点,旨在更高效地处理更大规模的数据和问题。

综上所述,优化方法的产生缘由可以归结为计算机科学和运筹学的发展,以及对优化问题的认识不断深化和需求不断增加。这些算法的产生为解决实际问题提供了强有力的工具,推动科学、工程和商业领域的发展。

三、优化方法分类

1. 精确算法

精确算法是指能够求得问题最优解的算法,如分支定界算法、动态规划算法等。一般情况下,精确算法是确定性的,即在相同的输入下,多次运行精确算法得到的结果是相同的。此外,当问题规模较小时,在有限时间内总能找到一个全局最优解;当问题规模较大时,在有限时间内能找到可行解。

2. 启发式算法

启发式算法是基于直观或经验构造的算法,在可接受的花费(指计算时间和空间)下给出待解决组合优化问题的一个较优解,但其与最优解的偏离程度一般不能被预计,即启发式算法无法保证找到的解是最优解。因此,其适用于由于解空间过大、数学模型较复杂等,精确算法无法在合理时间内找到较优解的问题。

根据搜索范围,启发式算法可分为传统启发式算法和元启发式算法,具体如下。

(1) 传统启发式算法

传统启发式算法是指依赖现实经验且针对特定问题设计的算法,不具备一般性且只能求得局部最优解,也没有跳出局部最优解的有效办法,如车辆路径问题中的节约里程法(见第七章第二节)。

(2) 元启发式算法

元启发式算法是指一类通用型的启发式算法,简而言之,其在传统启发式算法的思想上增加随机搜索的思想,增强算法的全局搜索能力,并且其优化机理不过分依赖算法的组织结构信息,可以广泛地应用到复杂问题求解。

根据搜索方法,启发式算法可分为个体搜索和种群搜索,如图3-3所示,具体如下。

(1) 个体搜索

基于个体搜索的启发式算法也称基于串行搜索的启发式算法,更注重个体的搜索能力和个体解的质量。这些算法通常通过对个体进行搜索和优化寻找最优解,如模拟退火算法、邻域搜索算法等。在这类算法中,个体通常独立地进行搜索,并根据自身的适应度更新和改进解。

(2) 种群搜索

基于种群搜索的启发式算法也称基于并行搜索的启发式算法,是一种利用集体智慧的方法,其通过模拟群体中各个体之间的相互作用来寻找最优解。这些算法通常使用群体中个体的信息来指导搜索过程,如蚁群算法、粒子群优化方法、遗传算法等。在这类算法中,个体之间可以通过信息交流和合作来改善整个群体的性能。

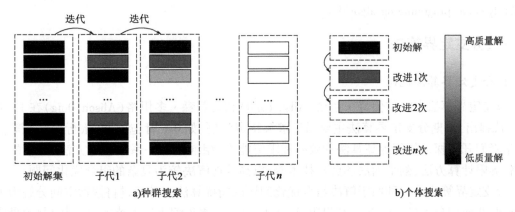

图3-3 种群搜索和个体搜索

3. 近似算法

近似算法是指能够在多项式时间内给出优化问题的近似解的算法,且能证明近似解与最优解之间的比值不超过某个值,其思想类似于利用正多边形无限接近半径为1的圆求解π值,通常会在多项式时间内求得π的近似解。因此,其不仅可用于近似求解NPC问题,也可用于近似求解复杂度较高的P问题。

优化方法分类如图3-4所示。

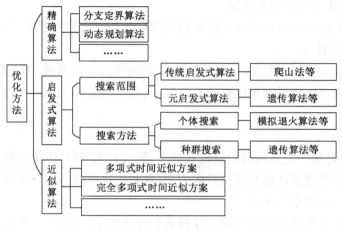

图 3-4 优化方法分类

第二节 精确算法

精确算法的基本原理是系统地探索问题的全部或关键部分的解空间,在探索时,这些算法遵循特定的步骤,每一步都在逐渐逼近或直接得到问题的最优解。典型的精确算法包括分支定界算法、动态规划算法、拉格朗日松弛算法、Benders 分解算法等。本节主要介绍在解决复杂的离散和组合优化问题时应用较多的分支定界算法(branch and bound algorithm)和动态规划算法(dynamic programming algorithm)。

一、分支定界算法

1. 分支定界算法概述

分支定界算法由阿尔伯特·兰德(Ailsa Land)和艾莉森·多伊格(Alison Doig)在19世纪60年代提出,早期分支定界算法主要用于求解特定问题,如0-1背包问题、旅行商问题等。后来,学者们开始探讨如何提高算法的效率和求解能力,相继提出一系列理论方法,如新的分支策略、界限计算方法、割平面法和剪枝技术等,以高效地解决较为复杂的组合优化问题。

分支定界算法是一种用于解决组合优化问题的精确算法。其通过将搜索空间分解为可行解空间,并使用分支(branching)和界限(bounding)技术逐步缩小搜索范围,找到问题的最优解或确定问题无解。

2. 算法流程

分支定界算法基本思想是在搜索过程中剪除明显不可能比当前最优解更好的解,从而加快求解过程。其核心步骤具体如下。

(1) 问题分解

将原始问题分解为多个子问题,通常采用递归的方式进行分解,每个子问题都是原始问题的一个子集或变体。

(2) 构建搜索树

根据问题分解构建搜索树或图结构,其中每个节点代表一个子问题,每个边表示问题之间的转移或关系。

(3) 分支操作

选择一个未扩展的节点,并根据某种规则(如贪心策略、最大最小策略等)将其分解为若干子问题,每个子问题对应一个分支。

(4) 界限计算

对每个子问题计算一个上界(upper bound)和一个下界(lower bound),用于限制搜索空间和剪枝。对于最小化问题,上界即为当前所求最优整数可行解,下界即为线性松弛整数变量后得到的最优解;对于最大化问题,下界即为当前所求最优整数可行解,上界即为线性松弛整数变量后得到的最优解。

(5) 剪枝操作

根据界限信息和已知的最优解,剪除明显不可能比当前最优解更好的解,如分支后不可行,下界高于最优解或者上界低于最优解,从而缩小搜索空间。

(6) 更新最优解

在搜索过程中不断更新当前已知的最优解,以便在后续搜索中进行比较和评估。

(7) 终止条件

根据问题的要求和算法设计,确定终止搜索的条件,如找到最优解、达到时间限制或确定无解等。

通过不断地分解、剪枝和界限计算,分支定界算法能够在有限时间内找到问题的最优解或确定问题无解。其在解决离散优化问题时具有很高的效率和灵活性,被广泛应用于 0-1 背包问题、旅行商问题、图着色问题等组合优化问题。下面通过一道例题了解分支定界算法的求解过程。

【例 3-1】

$$\min Z = -x_1 - 5x_2$$
$$\begin{cases} x_1 - x_2 \geq -2 \\ 5x_1 + 6x_2 \leq 30 \\ x_1 \leq 4 \\ x_1, x_2 \geq 0 \text{ 且均为整数} \end{cases} \tag{3-1}$$

解:

(1) 线性松弛

先去掉整数约束,松弛该问题记为 LP0 并求解:

$$\min Z = -x_1 - 5x_2$$
$$\begin{cases} x_1 - x_2 \geq -2 \\ 5x_1 + 6x_2 \leq 30 \\ x_1 \leq 4 \\ x_1, x_2 \geq 0 \end{cases} \tag{3-2}$$

解得 $x_1 = \dfrac{18}{11}, x_2 = \dfrac{40}{11}, Z(0) = -\dfrac{218}{11} \approx -19.8$。

(2) 问题分解

根据原问题的整数解要求,选择 x_1 作为分支变量,将该问题分解为 LP1 和 LP2:

$$\text{LP1} \begin{cases} \min Z = -x_1 - 5x_2 \\ x_1 - x_2 \geq -2 \\ 5x_1 + 6x_2 \leq 30 \\ x_1 \leq 4 \\ x_1 \leq 1 \\ x_1, x_2 \geq 0 \text{ 且已松弛} \end{cases} \tag{3-3}$$

$$\text{LP2} \begin{cases} \min Z = -x_1 - 5x_2 \\ x_1 - x_2 \geq -2 \\ 5x_1 + 6x_2 \leq 30 \\ x_1 \leq 4 \\ x_1 \geq 2 \\ x_1, x_2 \geq 0 \text{ 且已松弛} \end{cases} \tag{3-4}$$

(3) 更新上下界

LP1 的松弛问题最优解为 $x_1 = 1, x_2 = 3, Z(1) = -16$,将 $Z(0)$ 作为下界,$Z(1)$ 作为上界;LP2 松弛问题的最优解为 $x_1 = 2, x_2 = \frac{10}{3}, Z(2) = -\frac{56}{3} \approx -18.7, Z(2) > Z(0)$,因此更新下界为 $Z(2)$,则最优值 x^* 的对应函数值 $f(x^*)$ 满足 $-18.7 < f(x^*) \leq -16$。

(4) 迭代

由于 LP1 的最优解满足整数解要求,故可终止对该节点的搜索,可以对 LP2 继续分解:

$$\text{LP21} \begin{cases} \min Z = -x_1 - 5x_2 \\ x_1 - x_2 \geq -2 \\ 5x_1 + 6x_2 \leq 30 \\ x_1 \leq 4 \\ x_1 \geq 2 \\ x_2 \leq 3 \\ x_1, x_2 \geq 0 \end{cases} \tag{3-5}$$

$$\text{LP22} \begin{cases} \min Z = -x_1 - 5x_2 \\ x_1 - x_2 \geq -2 \\ 5x_1 + 6x_2 \leq 30 \\ x_1 \leq 4 \\ x_1 \geq 2 \\ x_2 \geq 4 \\ x_1, x_2 \geq 0 \end{cases} \tag{3-6}$$

LP21 的松弛问题最优解为 $x_1 = 2.4, x_2 = 3, Z(3) = -17.4$,更新下界为 $Z(3)$,则最优值 x^* 的对应函数值 $f(x^*)$ 满足 $-17.4 < f(x^*) \leq -16$;LP22 无解,剪枝。再次对 LP21 进行分解:

$$\min Z = -x_1 - 5x_2$$

$$\text{LP211} \begin{cases} x_1 - x_2 \geq -2 \\ 5x_1 + 6x_2 \leq 30 \\ x_1 \leq 4 \\ x_1 \geq 2 \\ x_2 \leq 3 \\ x_1 \leq 2 \\ x_1, x_2 \geq 0 \end{cases} \quad (3\text{-}7)$$

$$\min Z = -x_1 - 5x_2$$

$$\text{LP212} \begin{cases} x_1 - x_2 \geq -2 \\ 5x_1 + 6x_2 \leq 30 \\ x_1 \leq 4 \\ x_1 \geq 2 \\ x_2 \leq 3 \\ x_1 \geq 3 \\ x_1, x_2 \geq 0 \end{cases} \quad (3\text{-}8)$$

LP211 的松弛问题最优解为 $x_1 = 2, x_2 = 3, Z(5) = -17$，符合整数约束，为例题最优解。
LP212 的松弛问题最优解为 $x_1 = 3, x_2 = 2.5, Z(6) = -15.5$，超出当前上界，剪枝。
该问题分支树如图 3-5 所示。

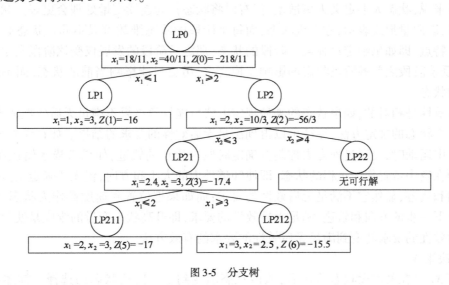

图 3-5　分支树

二、动态规划算法

1. 动态规划算法概述

动态规划算法由理查德·贝尔曼(Richard Bellman)在 20 世纪 50 年代提出，最早用于解决路线规划、资源分配等问题，后来拓展到生物信息学、控制论等领域。动态规划算法是一种精确算法,旨在寻找问题的全局最优解,其核心思想是将问题分解成多个子问题,并计算每个子问题的最优解,综合利用子问题最优解构建整体问题的最优解。由于这些子问题可能重叠,动态规划算法需要记录子问题的最优解信息,避免重复求解重叠子问题,以提高计算效率。其特点是能够保证得到问题的全局最优解,而不会错过任何潜在的最优解。动态规划算法广泛应用于解决各类优化问题,如背包问题、最短路径问题、字符串相似性计算、最长公共子序列、切割问题、硬币找零问题、旅行商问题等。

2. 动态规划算法相关基础知识

下面介绍动态规划算法的基础知识。

(1) 阶段 k

阶段 k 是问题划分的时间点或事件点,每个阶段对应问题的一个特定状态。问题的解决过程包含多个阶段,每个阶段都有其特定的子问题需要解决。阶段可以被理解为对整个过程的自然划分,即把所给问题的过程恰当地分成若干个相互联系的阶段,通过解决每个阶段特定的子问题最终求解整个问题。通常来说,过程不同,阶段数就可能不同,描述阶段的变量被称为阶段变量。一般而言,阶段变量是离散的,用 k 表示。此外,也有阶段变量连续的情形,可以在任何时刻做出决策,且在任意两个不同时刻之间允许有无穷多个决策。

(2) 状态 S_k

状态 S_k 表示每个阶段开始面临的自然状况或客观条件,过程的状态通常可以用一个或一组变量描述,称状态变量,常用 s_k 表示第 k 阶段的某一状态。第 k 阶段的状态变量 S_k 的取值集合称状态集合,记为

$$S_k = \{s_k^{(1)}, \cdots, s_k^{(r)}\} \tag{3-9}$$

通常来说,状态大多定义为离散型,但有时将状态作为连续变量处理会更好。状态可以有多个分量,以向量形式表示,称多维状态,而每个阶段的状态维数可以不同。状态必须具有无后效性的特点,即如果给定过程某一阶段的状态,那之后阶段的发展仅受该阶段给定状态的影响,而不受该阶段之前各阶段状态的影响。换言之,历史只能影响当前的状态,而不能直接影响未来的状态。

无后效性是相对的,如果状态的某种规定方式可能导致结果不满足无后效性的要求,那么适当地改变状态的规定方法,往往可以得到满足无后效性的要求的结果。如在无外力作用下,质点在空中运动时,要通过外力去控制在确定时段内质点的轨迹,如果就描述轨迹而言,把质点每一刻在空中位置作为过程的状态,即使知道外力的大小和方向,仍无法确定质点受力时运动的方向和轨迹,显然它不满足无后效性的要求;而如果把位置和速度都作为状态变量,就能确定质点下一步的方向和轨迹,满足无后效性的要求,即升高状态变量的维度是使得状态从不满足无后效性的要求转变到满足无后效性的要求的有效方法。

(3) 决策 X_k

决策 X_k 是在某阶段状态给定后,从该状态演变到下一阶段状态的选择。描述决策的变量,称决策变量,常用 $X_k(S_k)$ 表示第 k 阶段处于状态 S_k 时采取的决策,用 $A_k(S_k)$ 表示第 k 阶段处于状态 S_k 时采取的决策可行空间。显然,$X_k(S_k)$ 是状态 S_k 的函数。

(4) 状态转移

状态转移是指从一个阶段到另一个阶段的过程,它描述了问题在不同阶段之间如何演变。状态转移关系是动态规划算法的核心,通常用状态转移方程来表示:

$$S_{k+1} = T_k(S_k, X_k(S_k)) \tag{3-10}$$

状态转移如图 3-6 所示。

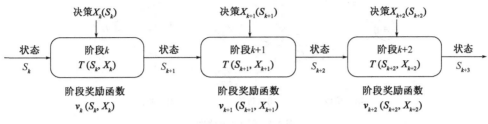

图 3-6 状态转移

(5) 策略

假设给定问题可分为 n 个阶段,$k = 0,1,\cdots,n$,那么由第 1 阶段开始到第 k 阶段终点为止的过程组成的决策函数序列称全过程策略,简称策略,记为 p_{0n}:

$$p_{0n} = \{X_1(S_0), \cdots, X_n(S_n)\} \tag{3-11}$$

由第 k 阶段开始到全过程的终点为止的过程,称原过程的后部子过程(或 k 子过程),其决策函数序列称子过程策略,简称 k 子策略,记为 p_{kn}:

$$p_{kn} = \{X_k(S_k), \cdots, X_n(S_n)\} \tag{3-12}$$

(6) 目标函数

当过程处于状态 S_k 时,采取决策 $X_k(S_k)$ 得到的奖励(或成本),被称为第 k 阶段的奖励(或成本)函数 $v_k(S_k, X_k(S_k))$。

在决策过程中,用来衡量所实现过程的优劣,定义在全过程和所有后部子过程的确定的数量函数,又叫作目标函数,最优目标函数值可表示如下:

$$f_k(S_k) = \begin{cases} \mathrm{opt}\{v_k(S_k, X_k(S_k)) + f_{k+1}(S_{k+1})\}, \text{逆序法} \\ \mathrm{opt}\{v_k(S_k, X_k(S_k)) + f_{k-1}(S_{k-1})\}, \text{顺序法} \end{cases} \tag{3-13}$$

3. 算法流程

动态规划算法通常可以概括为以下几个关键步骤。

(1) 阶段划分、定义状态和决策变量:首先,分析问题特性,将问题涉及的求解过程划分为若干个阶段,随后明确定义问题的状态变量和决策变量。

(2) 推导状态转移方程和目标函数。

(3) 确定边界条件:在动态规划中,需要定义边界条件,分别是问题求解的起点和终点。边界条件是问题递归求解的基础。

(4) 递归求解:使用递归的方式求解问题。通常从问题的起点开始,逐步计算每个阶段的状态,直到到达问题的终点,并储存中间结果;然后,根据中间结果从终点递归回起点,从而得到最优解。

【例 3-2】

从 A 地到 D 地要铺设一条煤气管道,其中需经过两级中间站,两点之间的连线上的数字表示距离,如图 3-7 所示。问:选择什么路线能使总距离最短?

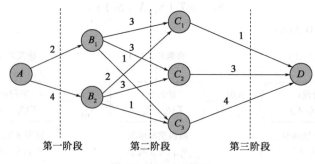

图 3-7 例 3-2 网络图

解:

由图 3-7 可得,对问题进行阶段划分,整个铺设管道过程可以被分为三个阶段,可从最后一个阶段开始计算。

(1) 第三阶段($C \rightarrow D$):C 有 3 条路线到 D

显然,$f_3(C_1) = 1, f_3(C_2) = 3, f_3(C_3) = 4$,其中 $f(x)$ 为最优值函数即指标函数,在本例题中即为路径长度。

(2) 第二阶段($B \rightarrow C$):B 到 C 有 6 条路线

$$f_2(B_1) = \min\{(r_2(B_1,C_1) + f_3(C_1)), (r_2(B_1,C_2) + f_3(C_2)), (r_2(B_1,C_3) + f_3(C_3))\}$$
$$= \min\{3+1, 3+3, 1+4\} = \min\{4, 6, 5\} = 4;$$

$$f_2(B_2) = \min\{(r_2(B_2,C_1) + f_3(C_1)), (r_2(B_2,C_2) + f_3(C_2)), (r_2(B_2,C_3) + f_3(C_3))\}$$
$$= \min\{2+1, 3+3, 1+4\} = \min\{3, 6, 5\} = 3。$$

由此可知,当前阶段最短路线为 $B_2 \rightarrow C_1 \rightarrow D$。

(3) 第一阶段($A \rightarrow B$):A 到 B 有 2 条路线

$$f_1(A) = \min\{(r_1(A,B_1) + f_2(B_1)), (r_1(A,B_2) + f_2(B_2))\}$$
$$= \min\{2+4, 4+3\} = \min\{6, 7\} = 6。$$

由此可知,本例题所求的 A 到 D 的最短路线为 $A \rightarrow B_1 \rightarrow C_1 \rightarrow D$,其总距离为 6。

第三节 元启发式算法

对于元启发式算法,可以将其想象成在一座巨大的山脉中寻找山脉最高点的探险。山脉代表问题的搜索空间,山上的每一个位置则对应一组特定的参数值。这些参数的不同组合会导致模型性能的高低起伏,类似山的不同高度。在这个比喻中,目标是找到山脉的最高点,即参数组合的最优解。

在这样一个庞大的搜索空间中,不可能对每一个可能的位置进行检查。因此,需要借助优化方法中的"粒子"或"个体"来帮助探索。最初,这些探索者会在山脉中随机分布;在探索过程中,每个探索者都会根据其当前位置的模型性能(也就是适应度函数的值)评估所在位置的优劣。

每个探索者在其移动过程中会不断更新并记录其经过的最优位置,并与其他探索者分享信息,以确定下一步最有希望的移动方向。这一过程对应于优化方法中的"迭代",每一次迭代都可以被看作探索者向山顶进发的一步,迭代的次数越多,探索者攀登得越高,找到最高峰的可能性也就越大。

探索过程中,探索者需要遵守一定的规则,如不能超出设定的参数边界,这有助于确保搜索的有效性和安全性。同时,探索者的数量(也就是种群规模)会直接影响搜索的效率和计算的复杂度,种群规模越大,搜索范围就越广泛,但计算负担也越重。

最终,元启发式算法的核心在于如何有效地指导这些探索者,使其不仅能高效地找到最优解,而且避免陷入局部最优的"陷阱"。不同的元启发式算法如同不同的领队,采用各自独特的策略和方法来引导探索者实现目标。

元启发式算法通过模拟自然或人工过程引导搜索过程,寻找良好的近似解。其特别适用于那些难以用传统方法解决的大规模和复杂问题。元启发式算法不依赖问题的具体细节,因此具有很高的灵活性和广泛的适用性。本节主要介绍常见的遗传算法(genetic algorithm,GA)和模拟退火(simulated annealing,SA)算法。

一、遗传算法

1. 遗传算法概述

遗传算法由约翰·霍兰德(John Holland)在 20 世纪 60 年代提出,并在 80 年代广泛应用于工程领域,至今仍一直沿用,并与其他机器学习技术相结合。遗传算法是一种受自然选择和遗传学原理启发的种群优化搜索算法,其模仿生物进化过程中的遗传、变异和自然选择机制来寻找问题的最优解或良好解,其主要特点在于可同时探索多个解,扩大算法的搜索空间,提高算法的搜索效率。

2. 基本概念

(1)种群和个体

遗传算法源于进化理论,进化是以种群为单位的,在生物学上,种群是在一定空间范围内同时生活着的同种生物的全部个体。而种群是由个体组成的,在遗传算法里,个体通常为某个问题的一个解。例如,求函数 $f(x,y) = x \cdot \cos(2\pi y) + y \cdot \sin(2\pi x), x,y \in [-3,3]$ 的最大值,该问题的解为一组可能的 (x,y) 取值,如 $x=2, y=-1$ 或 $x=1.7, y=-2.8$,其中任意一组取值都是该问题的一个可能解,即遗传算法里的个体,一组可能解的集合就叫作种群,若种群规模设置为 200,则该种群将由 200 个可能解 (x,y) 组成。

(2)编码、染色体与解码

编码是指根据问题特征设计一系列的数字代码,使其能映射到问题的解。常见的编码方式有二进制编码、实数编码等;染色体即为经编码后得到的二进制数字串,通常情况下,一条染色体对应一个个体(可能解);染色体便于计算机运算,但为了便于理解,还需根据编码的映射规则,将其逆转化,这一过程称为解码。如图 3-8 所示,利用二进制编码,即仅利用一组 0、1 数字串表示不同的表现型,可不必了解每一个表现型对应的二进制数具体是多少,只需要保证有一个映射能够将表现型转化为二进制数即可。

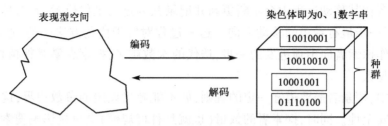

图 3-8 编码、染色体、解码示意图

(3) 适应度

适应度是指个体在种群生存的优势程度，用于区分个体的"好"与"坏"。其取决于目标函数，若目标函数求最大值则与之相同，反之需要对目标函数值进行处理，使其成为适应度值，常见的处理方法有对目标函数求倒数或者求相反数等。

适应度得分更高的个体代表优解，其优秀的基因更有可能被传递到下一代；反之，适应度得分更低的个体代表劣解，其更有可能被淘汰。因此，随着遗传算法的不断迭代，解的质量和适应度会不断提高。

(4) 选择

选择是指将当前种群的染色体按与适应度值成正比的概率复制到新的种群中，选择操作得到的新种群被称为交配池，其是父代和子代之间的中间种群，规模为初始种群规模。选择操作的作用效果是提高种群的平均适应度值（低适应度值个体趋于淘汰，高适应度值个体趋于选择），但这也会降低种群的多样性，群体中最好个体的适应度值没有改变，也没有产生新的个体。常见的选择方法有轮盘赌选择、锦标赛竞赛等方法。

(5) 交叉

交叉操作发生在两个染色体之间，由两个亲代染色体，经杂交以后，产生两个具有双亲部分基因的新染色体，从而检测搜索空间中新的点。选择操作每次作用在一个染色体上且没有新染色体产生，而交叉操作每次作用在从交配池中随机选取的两个个体上，同时生成两个新的子代染色体。常见的交叉方式有单点交叉、两点交叉以及均匀交叉等。需注意的是，并不是所有亲代均交叉，而是以一定概率（即交叉概率，取值通常为 0.6~0.9）交叉。

(6) 变异

变异是指对经过选择、交叉后的个体按一定的概率（即变异概率）以某种规则进行基因变异，若应用二进制编码，则可翻转二进制串中的一位，从 0 到 1 或者从 1 到 0。其有助于保持种群的多样性，防止陷入局部最优的"陷阱"，从而有益于获得全局最优解。常见的变异方式有单点变异、逆序变异以及翻转变异等。但需注意的是，变异概率不宜过大，一般取值为 0.0001~0.1，因为过大的变异概率会导致算法趋于随机算法，失去启发式算法的特点。

(7) 修复

当遗传算法所处理的问题约束条件较多且较为复杂时，交叉、变异的过程往往会出现违反约束的情况，即产生不可行解。为保证解的有效性，需要设计修复算子将不可行解转化为可行解。此外，也可以引入罚函数的思想，对违反约束的解进行惩罚，降低不可行个体的适应度值。

(8) 迭代终止条件

迭代终止条件决定算法何时停止运行，确保算法在达到一定的解的质量或运行时间后停止，避免无意义的计算。常见的迭代终止条件有种群中个体的最大适应度值超过预设定值、种群中个体的平均适应度值超过预设定值,以及种群中个体的进化代数超过预设定值等。

3. 算法流程

遗传算法的整体流程如图 3-9 所示,首先,输入种群规模、交叉概率及变异概率等参数;其次,初始化种群,即根据编码规则生成种群;再次,进入遗传算法迭代,反复经历计算适应度、选择、交叉以及变异等,直至满足迭代终止条件;最后,输出全局最优个体并解码。

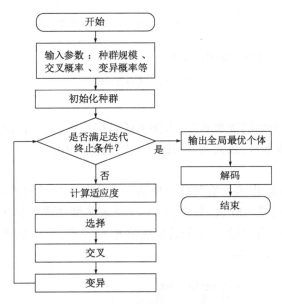

图 3-9　遗传算法整体流程

接下来将通过一个具体的案例说明遗传算法的详细流程。

【例 3-3】

求一元函数 $f(x)$ 的最大值:

$$f(x) = x\sin(10\pi x) + 2, x \in [-1, 2] \tag{3-14}$$

解:

(1) 设置编码与解码方式

在数学问题中,为方便计算机计算,可将实数转化为二进制编码,二进制编码位数决定了决策精度。在例题中 x 定义域跨度为 $2-(-1)=3$,若采取 6 位二进制编码,为保证每一个二进制编码都代表不同的实数解,需确定二进制编码与实数解的映射关系,可知 6 位二进制编码共能表示 64 个实数即 $0 \sim 2^6 - 1$,因此可将定义域划分为 64 份,每份映射实数 $3/64 = 0.0469$,如二进制编码 000001 代表实数解 $-1 + 3/64 \times 1 = -0.9531$。本题中设置 12 位编码,映射关系如图 3-10 所示。

(2) 生成初始种群

图 3-10 中每个编码方案可被视为一个独立个体,本质为自变量 x 的一种取值。由于二进制编码中每个编码位只有 0、1 两种取值可能,可以各设置 50% 可能性,依次遍历 12 个编码位即生成一个个体。由于种群规模被设置为 100,重复随机生成个体 100 次即可构建初始种群(原始解集),需要注意初始种群中可能存在相同的个体。

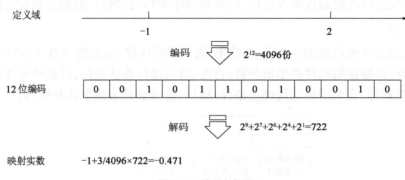

图 3-10 编码与解码

(3) 计算适应度

适应度被用于量化个体的优劣程度,本例题的目标为求最大值,因此函数值与适应度正相关,可以通过取原函数值本身、放大、归一化等方式计算适应度。

(4) 选择

本题采取轮盘赌选择,即将所有父代个体的适应度归一化后的值作为其被选择的概率,如图 3-11 所示,然后反复选择 100 次,其中,图 3-11c) 表明即使染色体 1 的适应度值很小,其也有可能被选择;图 3-11d) 表明染色体 3 适应度值相对较大,有可能被重复选择,发生复制现象,最终生成用于交叉的交配池。

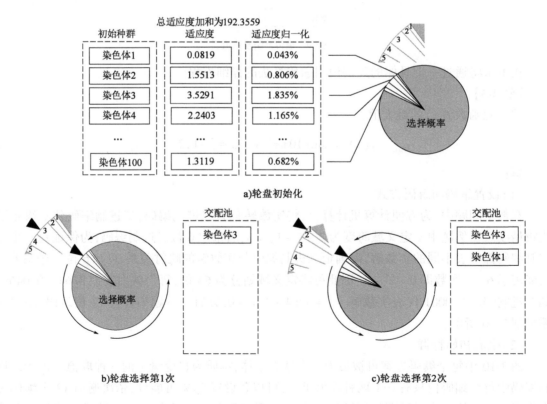

图 3-11

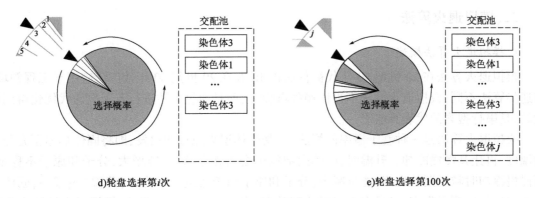

d) 轮盘选择第i次

e) 轮盘选择第100次

图 3-11 适应度计算与轮盘赌选择

（5）交叉

分别从交配池中随机挑选两个染色体作为亲代进行交叉重组，这里采用单点交叉，即在二进制编码中随机选择交叉位置，亲代交换该位置后的编码段，产生两个新子代，如图 3-12 所示。

图 3-12 交叉

（6）变异

交叉对个体的扰动较大，在交叉的基础上可以通过变异进一步微调。首先需要随机确定变异点位个数，再随机选择变异位置，亦可以通过设置每个基因位的变异概率取代以上两步，如图 3-13 所示。需要注意的是，并不是所有个体都会发生变异，需根据变异概率确定。

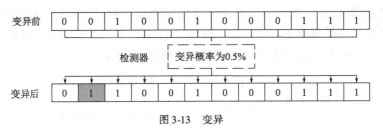

图 3-13 变异

（7）判断收敛条件

经上述交叉、变异后得到新子代种群，为得到适应度值最大的个体以及种群的适应度均值，需再次计算每个个体的适应度值。至此遗传算法经历一次完整迭代，同时，可根据是否达到最大迭代次数或前后两代适应度均值的差异是否小于阈值判断是否终止迭代并输出最终结果。

二、模拟退火算法

1. 模拟退火算法概述

模拟退火算法在20世纪50年代被首次提出,并在20世纪80年代广泛应用于工程领域。与遗传算法不同,模拟退火算法不再依赖种群搜索,而是通过个体进行若干次迭代优化得到较优解,是串行搜索的代表算法之一。

模拟退火算法是一种基于概率的算法,其受固体退火原理的启发,即将固体加温至充分高的温度,再让其慢慢冷却。升温时,固体内部粒子变为无序状,内能增大,分子和原子不稳定;而慢慢冷却时粒子渐趋有序,能量减少,分子和原子趋于稳定。在冷却(降温)过程中,固体在每个温度都达到平衡态,最后在常温时达到基态,内能减为最小。因此,模拟退火算法主要特点在于高温时允许算法接受劣解,从而在解空间中进行更广泛的搜索,避免陷入局部最优的"陷阱"。

2. 基本概念

(1)初始温度、终止温度与冷却系数

初始温度$T(0)$与终止温度T_f标志迭代的开始与结束。算法由初始温度开始,每经历一次完整迭代就以一定的降温方式使当前温度下降,直至低于终止温度T_f。下降过程一般呈指数式下降,即经历n次迭代后的温度$T(n)=\alpha^n T(0)$,冷却系数α是小于1的正数,一般取值为0.8~0.99,用于控制迭代速度。

(2)状态

为确定每个温度下的最优解,算法会对每个温度的可能解进行充分搜索,类似遗传算法中的个体,在模拟退火算法中每个解可用"状态"表示。

(3)系统能量

模拟退火算法中的系统能量类似遗传算法中的适应度值,用于量化当前解(状态)的质量。

(4)接受概率

接受概率$P_m(T(n))$是模拟退火算法跳出局部最优解的核心,如式(3-15)所示。以最小化问题为例,若在某一温度$T(n)$搜索到状态$x(m+1)$的系统能量$E(m+1)$低于当前最优状态$x(m)$的系统能量$E(m)$,则会选择记录新状态作为最优解;当新状态能量更高时,并不会直接否定,而是会根据接受概率$P_{m+1}(T(n))$与设定的接受准则随机数$\varepsilon_{m+1}(0 \leq \varepsilon_{m+1} \leq 1)$的大小确定,当$P_{m+1}(T(n)) > \varepsilon_{m+1}$时,接受较差状态,即接受$x(m+1)$。

$$P_m(T(n)) = \begin{cases} 1, & E(m+1) < E(m) \\ e^{-\frac{E(m+1)-E(m)}{T(n)}}, & E(m+1) \geq E(m) \end{cases} \tag{3-15}$$

因此,模拟退火算法实际分为外循环和内循环,外循环以降温为核心,用于确定算法的开始和终止;内循环则在每个温度进行若干次搜索,每次搜索新的状态并决定是否接受。其中可以发现接受概率受温度和系统能量差值影响的规律:当外循环刚开始时由于温度较高,即使新状态能量较高,也有较大的概率接受劣解;而当外循环接近终止温度时,接受概率趋于0,几乎不可能接受劣解。

3. 算法流程

模拟退火算法的整体流程如图 3-14 所示,首先设定初始温度、冷却系数和初解;其次,进入外循环,根据冷却系数对其降温;接着,进入内循环,根据相关规则产生新解,并判断是否接受新解,直至在该温度下充分搜索;然后,反复进入外循环、内循环,直到满足终止条件;最后,输出全局最优解。

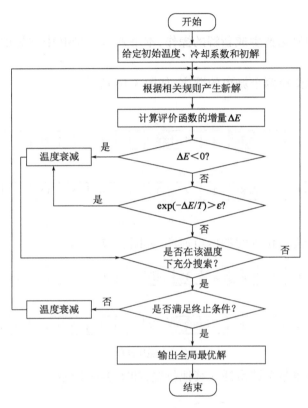

图 3-14 模拟退火算法整体流程

【例 3-4】 (本题配有代码,下载方式见"教材配套资源获取方法")

旅行商问题是一个经典的组合优化问题,目标是找到访问一系列城市并返回出发点的最短路线。假设有一个旅行商从城市 1 出发并需要访问其他 9 个城市再回到城市 1,城市 1~10 的坐标见表 3-1,求使得总旅行距离最短的路线。

城市 1~10 坐标(单位:km) 表 3-1

城市	1	2	3	4	5	6	7	8	9	10
x	41	37	54	25	7	2	68	71	54	83
y	94	84	67	62	64	99	58	44	62	69

解:
(1)设置初始温度、终止温度和冷却系数
设置外循环控制参数,包括 $T(0)=200, T_f=0.1, \alpha=0.98$。
(2)生成初始解
随机生成一个初始解,如图 3-15 所示。

下载代码至手机

图 3-15　初始解

（3）设置状态搜索量

设置每个温度搜索 50 种状态,保证充分搜索。

（4）内部迭代

①生成新解操作。

根据现有路径,随机选择生成新解的操作,本书列举了 TSP 中常见的互换、逆序以及插入等新解产生操作。

a. 互换操作:随机交换两个城市的顺序,如图 3-16 所示。

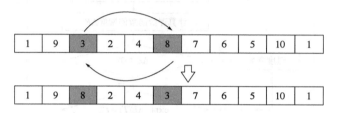

图 3-16　互换操作

b. 逆序操作:两个随机位置间的城市逆序,如图 3-17 所示。

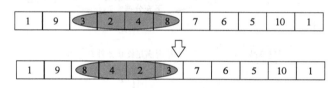

图 3-17　逆序操作

c. 插入操作:随机将某个城市插入其他位置,如图 3-18 所示。

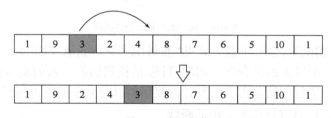

图 3-18　插入操作

②计算状态差值。

假设此次选择应用互换操作产生新解,且温度为 $T=200$,则 $E(m+1)$ 为路径 1—9—8—2—4—3—7—6—5—10—1 的总距离,$E(m)$ 为路径 1—9—3—2—4—8—7—6—5—10—1 的总距离,经计算 $E(m+1)=421.02\text{km}$,$E(m)=390.45\text{km}$,$\Delta E=E(m+1)-E(m)=30.57\text{km}>0$,故需根据模拟退火接受新解原则判断是否接受新解,经计算 $P_m=0.8581$,说明虽然新解较旧解差,但有 85.81% 的概率会接受新解。

③内循环终止条件。

重复操作①和②直至达到内部迭代终止条件,即当迭代次数达到设置的 50 次时,终止内部迭代。

(5) 外部迭代

根据冷却系数更新系统温度,判断是否终止外循环。若不终止则重复步骤(3);若终止则在各温度最优状态中选择系统能量最低的状态作为最优解。

(6) 结果

经过上述流程的计算后,最优的路径为 1—2—6—5—4—3—9—7—8—10—1,距离为 242.23km。可以发现,模拟退火再迭代寻优的过程并不是总往好的方向发展的,因为起初温度较高,有很大概率接受劣解,但随着温度逐渐降低,系统才趋于稳定,如图3-19所示。

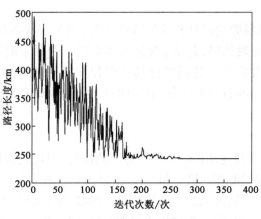

图3-19 模拟退火迭代效果图

第四节 优化求解器

优化求解器是一种专门设计的算法或软件工具,用于在给定的约束条件下找到数学函数或系统的最优解。其核心功能是通过数学建模和算法处理,将实际问题抽象成优化问题,并应用数学规划方法求解以找到最佳或近似最佳的解决方案,可解决线性规划(linear programming, LP)、整数线性规划(integer linear programming, ILP)、二次规划(quadratic programming, QP)等多种问题。

一、发展沿革

20世纪40—80年代,数学规划理论研究取得较大的进展,为优化求解器的研制奠定了理论基础。优化求解器诞生于20世纪90年代,主要服务于商用软件和开源项目,商用求解器如CPLEX和Gurobi,具有强大的优化能力,能满足日益增长的商业和工业需求,受到企业的青睐。同时,随着COIN-OR等开源软件的兴起,越来越多高质量的优化工具开始出现,使得优化技术更加普及和可利用。

进入21世纪,优化求解器的发展进一步加快,特别是在软件集成方面,优化求解器与主流编程和科学计算软件如MATLAB、Python和Excel的集成,不仅简化了用户的操作过程,还拓展了优化求解器在实际问题中的应用范围,为解决众多行业复杂的优化问题提供强大工具。

二、优化求解器分类

1. 商用求解器

商用求解器是一种付费的软件工具,专门用于解决复杂的优化问题。其提供高效的算法以求解各种数学规划问题,通常由专业软件公司开发和维护,旨在提供可靠、高性能和广泛的功能支持,如国外的 Gurobi、CPLEX、LINGO 等,国内的杉数求解器 COPT、阿里巴巴达摩院 MindOpt 等。

2. 开源求解器

开源求解器是免费提供源代码且开放的软件工具,用于解决各种优化问题。这些求解器使用户可以查看、修改和分发代码,有助于促进技术创新。开源求解器通常由一个活跃的社区维护,社区内的用户和开发者可以共同优化其功能和性能,如国外的 SCIP、COIN-OR、装箱问题专用求解器 CLP Spreadsheet Solver 等,国内的中国科学院 CMIP 混合整数规划求解器、LEAVES 优化求解器等。

3. 集成求解器

集成求解器是指被嵌入其他软件或开发环境中的优化工具,使得用户可以直接在这些环境中进行优化计算,其旨在提供便捷的接口和工具,使得非专业的用户无须详细了解背后复杂的数学原理,也能轻松地利用强大的优化算法解决问题。例如,MATLAB 集成 CPLEX 求解器、Python 集成 Gurobi 求解器、Excel 求解器等,但这些求解器在建立模型时需根据对应语言编程,并不能实现互通,而应用 GMNS 和 AMPL 等通用建模语言可直接导入当前主流编程软件,进行求解对比。

三、MATLAB 集成 CPLEX 求解器

CPLEX 求解器能解决一些非常困难的行业问题并且求解速度非常快,还可提供超线性加速功能。而 MATLAB 集成 CPLEX 求解器相比 CPLEX 求解器应用更简单,非专业用户也能轻松应用其求解问题。

1. 概况

CPLEX 是 IBM 公司中的一个优化引擎,软件 IBM ILOG CPLEX Optimization Studio 中就自带该优化引擎。IBM ILOG CPLEX Optimization Studio 执行速度快,其自带的语言简单易懂并且与众多优化软件及语言兼容(与 C++、Java、Excel、MATLAB 等都有接口),因此在各行业应用十分广泛,已经有 1000 多所大学、1000 多个公司和众多政府机构正在使用 CPLEX。

2. MATLAB 集成 CPLEX 求解器安装

以 CPLEX12.10 版本为例,在 MATLAB 中集成 CPLEX 求解器的具体操作步骤如下:

①在 IBM 官网下载 CPLEX 软件,可通过学校的 education 邮箱申请学术教育版,IBM 官网网址为:https://www.ibm.com。

②在 MATLAB 中找到"设置路径",如图 3-20 所示。

图 3-20 找到"设置路径"

③点击"添加并包含子文件夹",如图 3-21 所示。

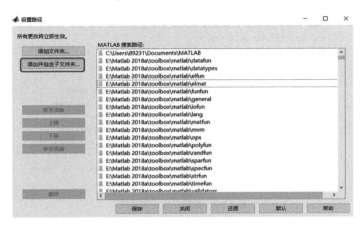

图 3-21　点击"添加并包含子文件夹"

④选择 CPLEX_Studio129\cplex\matlab 的 x64_win64,如图 3-22 所示。

图 3-22　选择 x64_win64 文件夹

⑤添加文件夹后点击"保存"即可,如图 3-23 所示。

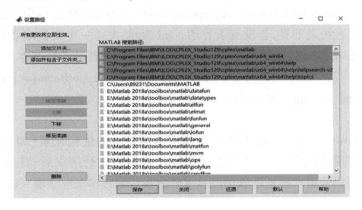

图 3-23　点击"保存"

⑥在 MATLAB 命令行输入"help Cplex",若出现图 3-24 所示的信息,则安装成功。

```
help Cplex
Cplex The math programming solver.
  This class stores MP models and provides methods for its solution
  analysis and manipulation.
Cplex properties:
  Model        The Model
  Param        The Parameters to solve the Model
  DisplayFunc  The display function handle of the Model
  Conflict     A dynamic property of the Cplex class that
               represents the Conflict of the model,
               it will be generated after refineConflict.
               If the Model is MIP, refineMipStartConflict can
               generate Conflict as well.
               Use delete(cplex.findprop('Conflict')) to remove
               this property.
```

图 3-24 验证安装是否成功

3. 常见命令

为方便读者理解常见命令,以式(3-1)为例进行讲解。

(1)建立一个求解器模型

CPLEX(modelname)表示建立一个名为 modelname 的 CPLEX 模型,本书假设建立一个名为 cplex 的模型并赋值给 CPLEX,输入命令为 CPLEX = CPLEX('cplex')。

(2)定义目标函数以及变量

modelname.addCols(obj, A, lb, ub, ctype)是用来向优化模型中添加变量以及目标函数的,其中 obj 是变量在目标函数中的系数,A 是一个矩阵,每一列代表一个新添加的变量在模型中的各个线性约束中的系数,lb 是变量的下界,ub 是变量的上界,ctype 是变量的类型,'C'代表连续变量,'I'代表整数变量,'B'代表二进制变量。那么本书应该输入命令 cplex.addCols([-1;-5],[],[0;0],[inf;inf],'I')。

modelname.Model.sense 是一个属性,用于定义优化问题的目标方向。其决定了是最小化目标函数还是最大化目标函数,即可以设置为'minimize'或者'maximize'。那么本书应该输入命令 cplex.Model.sense = 'minimize'。

(3)定义约束

modelname.addRows(lowerBound, A, upperBound)是用来向优化模型中添加线性约束的,其中 lowerBound 代表约束下界,若没有下界用 -inf 表示;A 是一个向量或者矩阵,表示各约束中变量的系数;upperBound 代表约束上界,若没有上界用 inf 表示。那么本书应该输入以下命令:lowerBound = [-2;-inf;-inf],A = [1,-1;5,6;1,0],upperBound = [inf;30;4],cplex.addRows(lowerBound, A, upperBound)。

(4)求解

modelname.solve( )触发求解过程,处理所有之前定义的优化元素(如变量的界限、类型、目标函数的系数、约束条件等),并尝试求解模型。该函数执行结束后,其会返回最终解的状态,通过这个状态可以知道求解是否成功以及求解质量。那么本书应该输入命令 cplex.solve( )。

(5)输出

modelname.Solution.objval 返回求解后的目标函数值(如果找到解),那么本书应该输入命令 cplex.Solution.objval,如图 3-25 所示。

mode. Solution. x 返回模型中所有变量的解值（如果找到解），那么本书应该输入命令 cplex. Solution. x，如图 3-25 所示。

```
>> cplex.Solution.objval          >> cplex.Solution.x

ans =                             ans =

    -17                                2
                                       3
```

图 3-25　输出最优函数值以及最优解

4. 常见参数设置

CPLEX 允许根据不同的问题类型，调整不同的参数组合，从而使得该参数组合更适应所求解的问题，达到使用者预期目标。常见的可调整参数如下：

①modelname. DisplayFunc = [ ] 用于决定是否展示求解过程信息，若增添该命令则不显示；反之显示。本书若想不显示，则应输入命令 cplex. DisplayFunc = [ ]。

②modelname. Param. timelimit. Cur 用来限制求解器求解时间（单位：s），若本书设置求解时间为 300s，则需输入命令 cplex. Param. timelimit. Cur = 300。

③modelname. Param. clocktype. Cur 用于指定计时机制的类型，常设置为 1 或者 2，1 代表 CPU 时间即仅计算 CPU 实际处理当前程序所花费的时间，2 代表墙钟时间即计算从任务开始到结束的总时间。若本书设置为 CPU 时间，则应该输入命令 cplex. Param. clocktype. Cur = 1。

④modelname. Param. mip. limits. nodes. Cur 用于在混合整数规划问题求解过程中，设置节点访问的最大数量。这是一个控制求解器搜索策略的重要参数，可以用来限制搜索树中的节点数量，从而控制求解过程的复杂度和执行时间。若本书设置节点数量为 10，则应该输入命令 cplex. Param. mip. limits. nodes. Cur = 10。

⑤modelname. Param. mip. strategy. variableselect. Cur 用于在混合整数规划问题的求解过程中，指定变量选择策略的具体方法，这直接影响求解过程的效率和最终求解所需的时间。其中常见的策略选项及对应代码有：-1，在具有最低不可行性的变量上分支；0，允许 CPLEX 根据问题及其求解进度选择最佳规则；1，在具有最高不可行性的变量上分支；2，根据伪成本进行分支；3，强分支，根据部分求解多个具有试探性分支的子问题进行变量选择，以查看哪个分支更有希望；4，根据伪缩减成本进行分支。若本书设置为强分支，则应该输入命令 cplex. Param. mip. strategy. variableselect. Cur = 3。

⑥modelname. Param. emphasis. mip. Cur 用于指定求解混合整数规划问题时的优化策略或重点。其中常见的策略选项及对应代码有：0，平衡模式，不特别偏向任何一种优化目标，试图在求解时间和解的质量之间取得平衡；1，可行性模式，优先寻求可行解，有助于更快地找到问题的第一个可行解，但可能不是最优解；2，最优性模式，更加侧重于寻找最优解，可能会牺牲求解速度；3，最佳界限模式，优先改进界限，这在某些问题中有助于快速证明当前解的优越性；4，隐藏可行性模式，这是一种特殊的可行性模式，旨在处理极其复杂的模型，适用于找到第一个可行解都非常困难的问题。若本书设置为最优性模式，则应该输入命令 cplex. Param. emphasis. mip. Cur = 2。

⑦modelname. Param. reduce. memory. Cur 用于调节求解过程中的内存使用。其可以帮助优化内存管理,特别是在处理大型优化问题时非常有用。通过调整这个参数,用户可以在内存使用和求解速度之间进行权衡。其中常见的策略选项和对应代码有:0,不尝试减少内存使用;1,将对节点使用快速压缩算法以尝试节省内存,而不寻求将节点文件写入磁盘;2,将节点文件写入磁盘;3,压缩节点(如同选项1)并将其写入磁盘(如同选项2)。若本书设置通过压缩节省内存,则应该输入命令 cplex. Param. reduce. memory. Cur = 1。

⑧modelname. Param. output. intsolfileprefix. Cur 用于指定在求解过程中,每当找到一个整数解时,应该将解保存到哪个文件夹下。若本书想要保存到当前文件夹下并以 intermediate_solutions 命名,则应该输入命令 cplex. Param. output. intsolfileprefix. Cur('intermediate_solutions')。

5. 求解过程日志

由于 MATLAB 集成 CPLEX 求解器求解整数规划问题时主要应用的是分支定界算法,求解过程中主要体现节点与分支相关信息,有助于使用者更好地了解该求解过程,如图3-26所示。

```
      Nodes                                    Cuts/
Node  Left    Objective  IInf  Best Integer  Best Bound  ItCnt   Ga
645   583     233.4693   50    697.8441      232.7049    42405   66.65%
```

图3-26 过程参数

因式(3-1)求解过程过于简单,部分参数展示不全,所以展示的是某组合优化问题的求解过程。具体参数意义如下:

①Node:表示目前算法已经探索的节点数量,如 Node:645,说明已经探索645个节点。

②Left:表示目前算法还未探索的节点数量,如 Left:583,说明还有583个节点没有探索。该指标对于监控求解进度非常有用,如果剩余节点数量迅速减少,则意味着算法接近完成;如果剩余节点数量仍然很多,则需要更多时间或者考虑调整求解策略。

③Objective:表示当前找到的解对应的目标函数值,如目标函数求最小值,Objective:233.4693,表示当前找到的解对应的目标函数值为233.4693。

④IInf(integer infeasibility):表示在当前节点的线性松弛模型中,取了小数值的整数决策变量的个数,如 IInf:50,表示有50个整数决策变量取了小数值。

⑤Best Integer:表示当前最优整数解的目标函数值,可以帮助用户跟踪求解过程,并估计最优解的可能范围,如 Best Integer:697.8441,表示当前最优整数解的目标函数值为697.8441。

⑥Best Bound:表示当前找到的最优松弛解,即不再限制变量为整数变量时的最优解。往往是整数规划的最优上界或者下界,若当前是求最小目标函数值,那么 Best Bound:232.7049代表整数解的目标函数值最优下界为232.7049。

⑦ItCnt(iteration count):表示当前累计迭代次数,如 ItCnt:42405,说明已经迭代42405次。

⑧Ga(gap):表示最优整数解和最优松弛解之间的差距占最优整数解的百分比,如式(3-16)所示。该值越小表明该整数解越优,如 Ga:66.65%,说明最优整数解和最优松弛解之间相差66.65%。

$$Ga = \left| \frac{\text{BestInteger} - \text{BestBound}}{\text{BestInteger}} \right| \times 100\% \tag{3-16}$$

6. 总结

MATLAB 集成 CPLEX 求解器是一个黑箱,不必知道里面具体使用的方法,仅需知道如何设置目标函数、约束以及变量等操作,即可简单操作并求解相应函数值。但当求解一个较为复杂的大规模问题时,请读者参考 IBM 官网提供的 CPLEX 文档,学习使用一些复杂方法或者参数调整。

四、Python 集成 Gurobi 求解器

Python 集成 Gurobi 求解器的优势在于简洁易用、灵活强大,结合了 Python 的易读性和 Gurobi 的先进算法。通过设置目标函数、约束以及变量等简单操作,即可求解相应函数值。

1. 概况

Gurobi 是由美国 Gurobi Optimization 公司开发的新一代大规模优化器(http://www.gurobi.cn/提供了 Gurobi 中文学习教程)。在理论和实践中,Gurobi 优化工具都被证明是全球性能领先的大规模优化器,具有突出的性价比,可以为客户在开发和实施中极大地降低成本,被广泛应用在金融、物流、制造、航空、石油石化、商业服务等多个领域,为智能化决策提供坚实的基础,成为上千个成熟应用系统的核心优化引擎。

2. Python 集成 Gurobi 求解器步骤

要在 Python 中集成 Gurobi 求解器,可根据不同条件按照以下步骤操作:

(1)未安装 anaconda

①安装 Gurobi Python 接口:首先,确保已经安装 Gurobi 求解器,并且已经获得有效的 Gurobi 许可证;然后,安装 Gurobi 的 Python 接口,可以执行以下命令:pip install gurobipy。

②导入 Gurobi 模块:import gurobipy as gp。

③创建优化模型。

④求解优化问题。

(2)已安装 anaconda

①导入 Gurobi 模块:condainstall gurobipy。

②创建优化模型。

③求解优化问题。

3. 常见命令

常见命令中参数具体含义可在 Gurobi 文档(https://www.gurobi.com/documentation/)中搜索相应函数查看,此处不作详细说明。

(1)创建模型对象

m = gp.Modle("模型名")。

(2)变量声明

单个变量:x = m.addVar(lb, ub, obj, vtype, name, column)。

多个变量:x = m.addVars(*indexes, lb, ub, obj, vtype, name)。

（3）目标函数

单目标：m.setObjective(expr, sense = None)。

多目标：m.setObjectiveN(expr, index, priority = 0, weight = 1.0, abstol = 0, reltol = 0, name = " ")。

（4）约束条件

单约束：m.addConstr(tc, name)。

多约束：m.addConstrs(constrs, name = " ")。

（5）运行优化

m.optimize()。

4. 常见参数设置

（1）限制求解器求解时间

例如，若限制求解器的最大求解时间为1h，则设置 m.Params.TimeLimit = 3600。

（2）设置最优性容忍度

例如，若控制求解器在找到最优解之前可以停止搜索的最大允许误差范围为1%，则设置 m.Params.MIPGap = 0.01。

（3）设置并行线程数

求解器在执行计算时使用的 CPU 核心数可以通过 m.Params.Threads 参数进行设置。例如，若要设置并行线程数为4，则设置 m.Params.Threads = 4。

5. 求解过程日志解读

以 MIP 的求解过程日志为例，其可分为以下3个部分。

（1）预求解部分（presolve section）

该部分会根据模型的特点，去除无用变量及约束，统计前后变量及约束个数和预处理时间，旨在优化模型以加快计算速度。

（2）进程部分（progress section）

该部分会记录整个计算过程，包括以下内容：

①Nodes 部分：Expl 是分支切割树中已经探索的节点。Unexpl 表示还未被探明的叶子节点。

②Current Node 部分：该部分提供分支切割树中当前正在探索的节点的信息。Obj 是当前节点线性松弛模型的目标函数。Depth 表示当前节点在分支切割树中的深度。IntInf 表示在当前节点的线性松弛模型中，取小数值的整数决策变量的个数。

③Objective Bounds 部分：Incumbent 展示到目前为止已经获得的最优可行解的目标函数。BestBd 是分支切割算法搜索树中的叶子节点提供的目标函数的当前最好界限。MIP 的最优值一定介于 Incumbent 和 BestBd 之间。Gap 则是 Incumbent 和 BestBd 的相对间隙。

④Work 部分：It/Node 表示平均每个节点处单纯形法迭代的次数。Time 是当前累计搜索时间。

（3）汇总部分（summary section）

这个部分是展示目前结果的信息，比如，求得的最优解、达到最大搜索时间或容许误差、无解等。

【练习与讨论】

1. 请简述优化方法的分类,并针对每个分类列举一些相应算法。
2. 分支定界算法在求解时,选择不同的分支变量对结果有影响吗?
3. 遗传算法在求解最优化问题时,如何选择合适的适应度函数?适应度函数的设计对算法的性能有什么影响?
4. 在遗传算法中,种群规模和迭代次数应该如何设置?种群规模和迭代次数的设置会如何影响算法的求解效果?
5. 遗传算法中不同的交叉和变异概率会对算法的搜索能力和收敛速度造成何种影响?
6. 模拟退火算法中如何选择合适的邻域搜索策略?不同的邻域搜索策略对算法的搜索能力和效率有何影响?
7. 针对不同规模的优化问题,集成求解器该如何进行参数设置,从而均衡求解时间和求解效率?

扫码查看参考答案

【经典案例】

优化算法为美团智能配送助力

美团配送业务场景复杂,单量规模大。其在 2019 年,服务超过 360 万个商家,拥有超 60 万名骑手,服务用户 4 亿多人次,日完成订单量 2500 万多笔,其中更直观的数据为美团每年给骑手发放的工资达到百亿级别。因此,在如此大规模的业务场景下,智能配送显得尤为重要,而优化算法是其前提。下面分别从智能骑手排班和智能骑手路径规划两个方面介绍优化算法的重要作用。

1. 智能骑手排班

骑手排班是随着外卖配送的营业时间越来越长而衍生的需求。早期,外卖只服务午高峰到晚高峰,后来人们慢慢可以在外卖平台上点早餐、点夜宵。至今,很多配送站点已经提供全天候服务。但是,骑手不可能全天候开工,所以骑手排班势在必行。

另外,外卖配送场景的订单"峰谷效应"较为明显。午高峰和晚高峰两个时段单量非常多,而闲时和夜间单量相对少一些。因此,不能简单地把一天 24h 根据每个人的工作时长做平均切分,需要进行合理排班。

起初针对骑手排班,站长往往根据经验提供两种方案:一种为考虑到每个人的诉求的方案,为每个人规划工作时段;另一种为按组排班的方案,把所有骑手分成几组,规定每个组的开工时段,且按组轮岗,那么每个人每个班次都会轮到。无论选择哪种方案,仅依靠人工经验很难在短时间内将其设计得合理。因此,亟须一个优化算法取代人工设计排班方案。同时,站长在使用排班工具的时候,希望能马上给出排班方案,再快速做后续微调,因此对算法运行时间要求也比较高。

综合考虑以上因素,美团团队根据启发式算法制订初始方案,再利用局部搜索迭代优化法,使求解时间达到毫秒级,且可以为任意站点提供令人满意的排班方案。通过优化算法设计的排班方案与经验丰富的站长所设计的排班方案的效果基本持平,但前者可以节省时间,一般每站点每次可节省2h,可以让站长有更多的时间处理其他工作。

2. 智能骑手路径规划

骑手路径规划问题,不是简单地从甲地到乙地该走哪条路的问题,而是一个骑手有很多配送任务,且配送任务存在各种约束,怎样选择最优配送顺序去完成所有任务。这是一个NP-hard问题,当有5个订单、10个任务点的时候,就存在11万多条可能的路径。受问题本身特征所限,设计的优化算法,不仅要求解效果好,而且要满足实时性要求。

美团团队起初采用类似遗传算法的迭代搜索算法,但是随着业务的单量变大,发现算法耗时。然后,改用大规模邻域搜索算法,但算法依然有很强的随机性,虽可很快获得较优解,但带来很强的不确定性,在问题规模大的场景可能会出现较差解。究其原因,随机迭代算法是把组合优化问题仅当成排列问题去求解,很少结合问题特征,即求解旅行商问题时这样操作,求解车辆路径问题时也这样操作,这种没有针对性的求解方式很难有出色的优化效果。

因此,在对骑手路径进行规划时,基本可以确定这样的技术路线:首先,只能做启发式定向搜索,不能在算法中加随机扰动,即不能允许同样的输入在不同运行时刻给出不一样的优化结果;然后,不能用普通迭代搜索,必须结合问题结构特性做定制化搜索。

最终,美团团队把它看作流水线调度问题:将每个订单视为一项工作,将一个订单的两个任务取餐和送餐视为一项工作的流程。将任意两个任务点之间的通行时间视为序列相关的准备时间。每一单承诺的送达时间,包括预订单和即时单,可以映射到流水线调度问题中的提前和拖期惩罚。

经过建模转换后,借鉴流水线调度问题的启发式算法,美团团队把一个经典的基于问题特征的启发式算法进行适当适配和改进,相比于之前的算法,耗时下降70%,且优化效果较好。同时,由于其是确定性算法,运行多少次的结果都一样。

问题讨论

1. 优化算法在美团智能配送中如何发挥作用?
2. 利用优化算法解决问题时,应如何考虑问题特征?

第四章
设施选址

【本章提要】

本章主要介绍设施选址模型的基本概念、应用场景,以及各种连续型选址模型和离散型选址模型。

【学习要求】

通过学习本章,了解设施选址模型的定义和目的,系统性掌握交叉中值模型、精确重心模型、覆盖模型、P-中值模型、P-扩散模型和鲍摩-瓦尔夫模型的特征以及对应设施选址问题的基本解法,从而深入了解不同设施选址模型的基本原理和适用场景。

第一节 设施选址概述

科学合理的设施选址是优化物流系统的关键。设施选址问题是指在某一特定背景下,根据一定的目标和约束条件,在候选地点中选择一个或多个最佳位置的决策问题。为构建优化算法可求解的选址数学模型,应明确设施选址问题所需考虑的因素及其客观影响。

一、设施的构成

任何企业都需要设施完成业务,这些设施可以是工厂、仓库,也可以是设备、材料,还可以是工作人员等。一般情况下，设施可以分为以下四个部分。

（1）实体建筑

不论企业规模大小，其所拥有设施中的最外层也是最重要的部分之一是建筑物本身。建筑物的规划设计、现行的设施需求及未来的弹性发展之间具有密切的关联性。设计良好的建筑物不仅能保证其内部设施得以正常作业，更是一个企业外在形象的体现。

（2）机器设备

企业个体的经营属性不同，机器设备的需求也常不同，而机器设备的数量、安置、排列、作业弹性和空间配置等，将对生产或服务系统的整体运作产生关键性影响。

（3）物品物料

对于制造业或服务业而言，物品物料也是设施的一部分，其进出控制方式、储存方式、移动方式等均与设施布局密切关联。

（4）工作人员

完整的设施规划也将工作人员纳入设施的内容中，因工作人员具有弹性最大和活动面最广的特征，同时也是上述三种设施的使用者和管理者。

对于某些生产业务系统，设施是历史的产物，随着时间的推移、条件的变化，原有设施可能已不适应业务需求；而对于另一些建立不久的生产业务系统，则需要建立设施，完成业务。这两种系统均需要进行设施的长期决策，包括对业务设施新建、扩建或改建方案的选择。设施选址是确定在何处建厂或建立服务。

二、设施选址的意义

设施选址决策即确定所要分配的设施数量、布局方案，货物运输中设施选址直接影响货运网络的总体布局，对货运成本、效率、服务水平乃至企业的发展有重要意义。设施选址的意义主要体现在以下三个层面。

1. 战略层面

（1）发展规划和战略布局

设施选址对于企业的发展规划和战略布局起到关键作用。通过合理的设施选址，企业可以根据市场需求和竞争形势，决定未来的网络发展、投资规模和资源布局，为企业的长远发展提供战略支持和决策依据。

（2）竞争优势

合理的设施选址能为企业带来竞争优势。通过准确评估市场需求和竞争形势，选择合适的位置，企业可提供更好的货运网络质量和用户体验，获取更多的市场份额和更高的用户忠诚度，从而在与对手竞争时占据有利地位。

2. 服务层面

（1）覆盖范围和市场份额

设施选址决策直接影响企业的服务覆盖范围和市场份额。选择适当的位置可以使企业的服务更好地覆盖人口密集区、商业中心和交通枢纽等地点，方便用户接入网络，吸引用户办理业务。

(2)网络质量和容量

设施选址决策对于保证网络质量和容量尤为重要。选取适当的位置可以有效均衡网络部署,提高网络覆盖率和容量,满足用户对高质量服务的需求。

3.经济层面

(1)降本

合理地选择靠近供应商、客户和交通枢纽的位置,可以缩短货物运输的距离和时间,降低运输成本;优质的设施选址方案还可以减少转运和中转次数,提高运输效率,降低物流成本;当设施选址需考虑劳动力市场时,可以选择优质、成本低的劳动力供应地,从而降低人力成本;选址决策需要综合考虑土地价格和租金等因素,选择地理位置合适、土地成本相对较低的地点,以减少物业租金和降低土地购买成本,进而降低企业的固定成本;设施选址决策还需考虑能源资源的可用性和价格,选择靠近能源供应源的地点,降低能源运输成本和购买成本,从而降低企业的能源费用。此外,合理的设施选址还可以缩短员工的通勤时间和距离,提高员工的工作效率和满意度。

(2)增效

通过选择优质的市场位置,企业可以提高产品竞争力和市场服务覆盖率,从而满足客户需求,提高销售效益。设施选址决策对生产效率和供应链管理有直接影响,合理的设施选址可以提高生产效率和供应链的响应速度,缩短生产周期,提高资金回转率。

三、设施选址的影响因素

在现实环境中,设施选址的影响因素是多维度的,可根据影响来源、决策视角、影响性质、重要程度等特征进行分类。

1.根据影响来源划分

(1)外部因素

外部因素包括宏观政治因素、宏观经济因素、基础设施状况、自然环境、社会环境、市场环境等。其中,宏观政治因素主要关注地区实行的政权、政策,聚焦于如何利用当地政策实现降本增效;宏观经济因素则主要关注税收、关税、汇率等;基础设施状况方面,良好的交通设施、通信设施是实现高效运输的保障;自然环境与社会环境方面,劳动力成本与质量直接影响企业实际效益,一些地区因生态保护要求严格,限制重污染企业的选址;市场环境方面,竞争对手、供应商、客户等因素与设施选址强相关。

(2)内部因素

影响设施选址的内部因素与企业发展战略息息相关,如制造业企业选劳动密集或技术密集发展战略,商务服务业企业选择连锁便利店、超市的发展战略。企业制定的发展战略属于设施选址的上层规划,对设施选址起指导性作用。

2.根据决策视角划分

(1)地区选择

地区选择中考虑的因素包括政策导向、市场情况、社会环境、资源条件、基础设施、配套供应和上下游企业关系等。

(2) 地点选择

地点选择中考虑的因素不仅包括区域规划和外部衔接等社会因素,还包括地形地貌、设施占地面积与外形、地质条件、气象、辐射、地下水、洪水和地震等自然因素。

3. 其他划分

设施选址的影响因素按照影响性质可分为成本因素和非成本因素,根据重要程度可分为关键因素、重要因素、次要因素等(表4-1)。

设施选址影响因素分类 表4-1

成本因素	重要性等级	非成本因素	重要性等级
原料供应及其成本	关键	地区政府政策	关键
动力、能源供应及其成本	关键	政治环境	关键
水资源及其成本	关键	环境保护要求	关键
劳工成本	重要	气候和地理环境	重要
产品运至分销点成本	重要	文化习俗	重要
零配件从供应点运来成本	重要	城市规划和社区情况	重要
建筑和土地成本	重要	发展机会	次要
税率、利率和保险	次要	同一地区的竞争对手	次要
资本市场和流动资金	次要	地区的教育服务	次要
各种服务及维修费用	次要	供应、合作环境	次要

四、设施选址模型分类

根据候选位置选择的自由度不同,设施选址模型分为连续型选址模型和离散型选址模型,如图4-1所示。

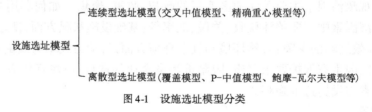

图4-1 设施选址模型分类

1. 连续型选址模型

连续型选址模型不限制候选位置在特定的节点上,候选位置可以在一个连续的空间范围内任意选择,例如,在规划电信网络的基站位置时,可能需要在一个连续的区域内寻找最优点。常见的连续型选址模型有交叉中值模型和精确重心模型。

距离计算是连续型选址模型的关键,针对不同的应用场景,应选择合适的方法计算候选位置和需求地之间的距离。常用的距离计算方法包括直线距离(欧氏距离)、折线距离(曼哈顿距离、城市距离)等,如图4-2所示。

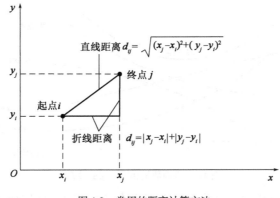

图4-2 常用的距离计算方法

2. 离散型选址模型

离散型选址模型的候选位置通常是预先定义的有限集合,决策者需从这些候选位置中选择一个或多个最优地点。因此,其适用于位置选项明确且有限的设施选址问题,例如,零售店铺、仓库或服务设施的位置一般从城市的特定地点中选取。常见的离散型选址模型有覆盖模型、P-中值模型以及鲍摩-瓦尔夫模型等。

根据设施的数量不同,设施选址模型可分为单设施选址模型和多设施选址模型。

1. 单设施选址模型

单设施选址模型用于解决规划区域内设置数目唯一的设施选址问题,常用于工厂、车站及零售服务设施选址。该模型中的选址因素一般只包括运输费和货物运输量,因此方法相对简单,如某餐饮公司要新开一间餐馆,但餐馆是独立运营的,与现有的其他餐馆的运营无关联,可看作单一设施选址。常见的单设施选址模型有交叉中值模型以及精确重心模型等。

2. 多设施选址模型

多设施选址模型用于解决企业要同时面临多处设施的选址,决定两个或多个设施位置的问题,应用场景广泛。但比单设施选址模型更复杂,因其在决定新设施的位置时,还须同时考虑新设施之间的相互影响和作用。如果规划得好,各个设施之间会相互促进,否则就会起到负面作用。常见的多设施选址模型有覆盖模型、P-中值模型和鲍摩-瓦尔夫模型等。

五、设施数量的被影响与影响因素

设施数量的多少会影响各项成本,同时受到客户服务水平、运输服务水平、中转供货的比例、计算机的应用、单个设施的规模等因素的影响。

1. 成本

一般来说,随着设施数量的增加,运输成本和缺货损失成本会降低,而存货成本和仓储成本将上升。图4-3描述了设施数量与成本额之间的关系。

首先,由于设施数量的增加,企业可以进行大批量运输,所以运输成本会下降。此外,在销售方面,设施数量的增加使设施更靠近客户和市场,减少了商品的运输里程,这不仅会降低运输成本,而且由于能及时满足客户需求而提高了客户服务水平,降低了缺货损失成本。

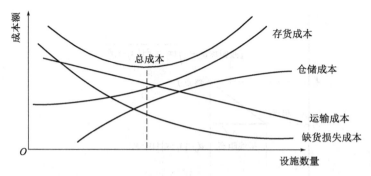

图 4-3 设施数量和成本额的关系

其次,由于设施数量的增加,总的存储空间也会相应扩大,仓储成本会上升。在设施的设计中,需要一定比例的空间用于维护、办公、摆放存储设备等,而且通道也会占用一定空间,因此,小设施比大设施的利用率要低得多。

最后,当设施数量增加时,总存货量就会增加,相应的存货成本就会上升。

由此可以看出,随着设施数量的增加,运输成本和缺货损失成本的迅速下降导致货运总成本下降。但是,当设施数量增加到一定规模时,存货成本和仓储成本的上升额会超过运输成本和缺货损失成本的下降额,于是货运总成本开始上升。当然,不同企业的货运总成本曲线不尽相同。

2. 客户服务水平

较高的客户服务水平需要较高的成本支持,其中的措施之一就是设立较多的设施网点。对于企业来讲,商品的销售量与客户服务水平之间存在着很强的相关性。当企业的服务响应时间远远多于竞争对手时,其销售量就会大受影响,其中服务响应时间与设施数量的关系如图 4-4 所示。如果客户在需要的时候不能买到产品,那么再好的广告和促销活动都不会起作用。当客户对服务标准要求很高时,就需要更多的设施来及时满足客户需求。

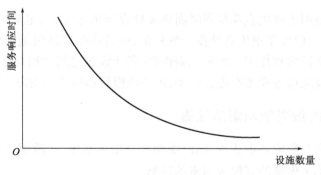

图 4-4 设施数量与服务响应时间的关系

3. 运输服务水平

如果需要快速的客户服务,那么就要选择快速的运输服务。如果不能提供合适的运输服务,就要增加设施来满足客户对交货期的要求。

4. 中转供货的比例

中转供货的比例对设施数量的影响非常大,当一个地区或企业中转供货的比例小而直达供货的比例大时,这个地区或企业需要的设施数量就会比较少,而单个设施的规模则会比较大;反之,当这个地区或企业中转供货的比例大而直达供货的比例小时,这个地区或企业需要的设施数量就会比较多。

5. 计算机的应用

计算机的普及和使用成本的降低使应用模型及配套软件在现代化设施中得以应用,利用计算机可以改善设施布局、控制库存、处理订单,从而提高设施资源的利用率和运作效率,使设施网点规划中空间位置与数量之间的矛盾得以缓解,实现以较少的设施满足现有用户需求的目标。

6. 单个设施的规模

单个设施的规模越大,其单位投资就越少,而且可以采用处理大批量货物的设备,则单位仓储成本也会越低。因此,当单个设施的规模较大时,设施数量可以少一些;反之,则应增加设施数量以弥补容量及业务能力的不足。

六、设施选址一般流程

设施选址的一般流程主要分为选址约束条件分析、搜集和整理资料、地址筛选、定量分析、结果评价、复查和确定选址,如图 4-5 所示。

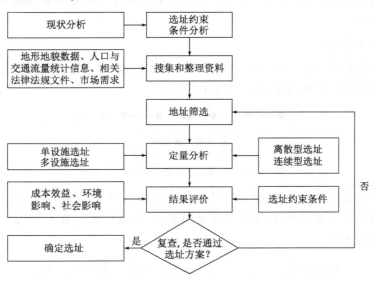

图 4-5 设施选址一般流程

(1)选址约束条件分析

在选址初期,关键是要综合考虑交通运输的便捷性、土地成本与可用性、目标顾客的分布、当地政策法规、基础设施支持以及其他特殊需求,确保候选地址既符合当前需求,又具备发展潜力。

(2)搜集和整理资料

通过 GIS 等技术手段搜集地形地貌数据,整理人口与交通流量统计信息,搜集相关法律法规文件,并开展市场需求调查,为选址提供翔实的数据支持。

(3)地址筛选

基于搜集的资料,初步筛选出符合主要约束条件的地址。

(4)定量分析

关键是要根据问题的具体特征和需求,选择或构建合适的选址模型。

(5)结果评价

进行成本效益、环境影响和社会影响的评价,以确定经济效益较佳、环境影响较小、社会接受度较高的选址方案。此外,选址方案要严格满足选址约束条件。

(6)复查和确定选址

整合所有评估结果形成综合报告,邀请专家复查选址方案,必要时征求公众意见,若选址方案未通过,则重复进行第三步;若选址方案通过,确定选址。

第二节 交叉中值模型

一、交叉中值模型分类

交叉中值模型是基于中位数的概念,通过交叉中值的方法,最小化单一设施平面选址问题的加权折线距离,适用于求解小范围城市内选址问题,分为一维交叉中值模型(简单模型)和二维交叉中值模型。

1. 一维交叉中值模型

一维交叉中值模型是在一条直线上选择一个有效位置,即一个设施位置,让这条直线上的所有需求点到设施的加权距离最短,如图4-6所示。

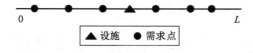

▲ 设施　● 需求点

图4-6 一维交叉中值模型示意图

根据需求点位置连续与否,目标函数可分别表示为式(4-1)和式(4-2)。请读者注意不要与连续型选址模型的定义混淆,在连续型选址模型中,设施位置 x_s 在平面内可任意选取,与需求点位置是否连续无关。

$$\min Z = \sum_{i=0}^{s} w_i(x_s - x_i) + \sum_{i=s}^{n} w_i(x_i - x_s) = \sum_{i=0}^{n} w_i |x_s - x_i| \tag{4-1}$$

$$\min Z = \int_0^s w(x)(x_s - x)\mathrm{d}x + \int_s^L w(x)(x - x_s)\mathrm{d}x = \int_0^L w(x)|x - x_s|\mathrm{d}x \tag{4-2}$$

式中:Z——加权城市距离;

　　w_i——需求点 i 对应的权重(依据需求量、客户人数或重要性等);

　　x_i——需求点 i 的坐标;

　　x_s——设施的坐标;

　　n——需求点的总数目;

　　s——需求点坐标小于设施坐标的数目;

　　$w(x)$——需求点权重分布;

　　x——需求点的坐标;

L——需求点分布的长度。

上述模型用于求解无约束的极值问题。为使所有需求点到设施的加权距离最小,需对变量 x_s 求导,再令其导函数为 0,结果如式(4-3)和式(4-4)所示。

$$\frac{\partial Z}{\partial x_s} = \sum_{i=0}^{s} w_i - \sum_{i=s}^{n} w_i = 0 \tag{4-3}$$

$$\frac{\partial Z}{\partial x_s} = \int_0^s w(x)\,\mathrm{d}x - \int_s^L w(x)\,\mathrm{d}x = 0 \tag{4-4}$$

计算结果表明,设施应在左右两边的需求点权重和相等的位置。

2. 二维交叉中值模型

二维交叉中值模型是利用城市距离来进行距离计算,目标是在平面内选择一个设施位置,使平面上所有需求点到设施的平均距离最短。相应的目标函数如式(4-5)所示。

$$Z = \sum_{i=1}^{n} w_i (|x_i - x_s| + |y_i - y_s|) \tag{4-5}$$

式中:x_i、y_i——第 i 个需求点的坐标;

x_s、y_s——服务设施的坐标。

由于是城市距离,上述目标函数可以用两个相互独立的部分来表示,即选址问题可以分解成 x 轴上的选址决策与 y 轴上的选址决策:

$$Z = \sum_{i=1}^{n} w_i |x_i - x_s| + \sum_{i=1}^{n} w_i |y_i - y_s| \tag{4-6}$$

因此,x_s 是 x 方向所有权重 w_i 的中值坐标,y_s 是 y 方向所有权重 w_i 的中值坐标,考虑到 x_s,y_s 两者可能是唯一值或某一范围,相应地,最优位置可能是一个点、一条线段或一个区域(表4-2)。

二维交叉中值模型选址结果　　　　　　表4-2

x_s	y_s	
	唯一值	某一范围
唯一值	点	线段
某一范围	线段	区域

二、交叉中值模型的计算流程

下面以一道例题详细介绍交叉中值模型的计算流程。

【例 4-1】

某报刊连锁公司计划在某地区开设一个新的报刊零售点,主要的服务对象是附近的 5 个小区的居民。图 4-7 坐标系中确切地表示了这些需求点的位置,表 4-3 为各个需求点对应的权重。权重代表每个月潜在的顾客需求总量,基本可用小区中总的居民数量近似表示。经理希望通过这些信息确定一个合适的报刊零售点的位置,要求每个月顾客到报刊零售点的路程总和最小。

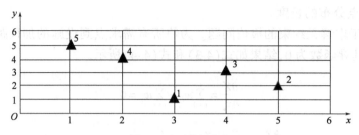

图 4-7 小区位置分布

各需求点权重表　　　　　　　　　　　　表 4-3

需求点	x	y	权重
1	3	1	1
2	5	2	7
3	4	3	3
4	2	4	3
5	1	5	6

(1) 计算权重中值

对各需求地的权重求中值,如式(4-7)所示。在本题中,对 5 个小区的权重求中值,如式(4-8)所示。

$$\omega = \frac{\sum_{i=1}^{n} w_i}{2} \tag{4-7}$$

$$\omega = \frac{1}{2}(1 + 7 + 3 + 3 + 6) = 10 \tag{4-8}$$

(2) 分别确定 x 方向和 y 方向权重中值坐标

以求 x 方向权重中值坐标为例,首先按照需求点 x 坐标从右到左的顺序对其权重进行叠加,直至当前权重等于或近似权重中值,此时该需求点的横坐标为设施选址最优横坐标的右边界;同理,按照需求点 x 坐标从左到右的顺序对其权重进行叠加,直至当前权重等于或近似权重中值,可获得设施选址最优横坐标的左边界。y 方向权重中值坐标确定方法与 x 方向相同,在此不再赘述。在本题中用表 4-4 和表 4-5 表示上述过程。

x 方向权重中值坐标确定　　　　　　　　表 4-4

需求点	沿 x 轴	$\sum w$
从左到右		
5	1	6
4	2	6 + 3 = 9
1	3	6 + 3 + 1 = 10
3	4	
2	5	

续上表

需求点	沿 x 轴	Σw
	从右到左	
2	5	7
3	4	7+3=10
1	3	
4	2	
5	1	

y 方向权重中值坐标确定　　　　　　　　　　表 4-5

需求点	沿 y 轴	Σw
	从上到下	
5	5	6
4	4	6+3=9
3	3	6+3+3=12
2	2	
1	1	
	从下到上	
1	1	1
2	2	1+7=8
3	3	1+7+3=11
4	4	
5	5	

由表 4-4 可知,当沿 x 轴从左到右对各需求点权重进行叠加,当前权重等于权重中值时,刚好到达需求点 1;而当沿 x 轴从右到左对各需求点权重进行叠加,当前权重等于权重中值时,刚好到达需求点 3。因此,在 x 轴上,设施在需求点 1、3 之间选址都是一样的,如图 4-8 阴影部分所示。同理可知,在 y 轴上只能选取在需求点 3,如图 4-8 中加粗直线所示。

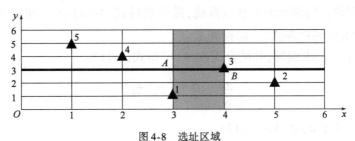

图 4-8　选址区域

(3) 确定最佳选址位置

当设施选址为最优横坐标范围和纵坐标范围内的任意一点时,求解所有需求点与设施选址的加权距离,其中最小值对应的设施选址坐标即为最佳位置。在本题中,综合考虑 x,y 方向的权重中值坐标,并假设设施坐标必须为整数,则最终可选址地点为图 4-8 中的 $A(3,3)$ 和 $B(4,3)$,再分别对可选位置的目标函数进行计算,如表 4-6 所示。

距离计算							表4-6
位置 $A(3,3)$				位置 $B(4,3)$			
需求点	距离	权重	总和	需求点	距离	权重	总和
1	2	1	2	1	3	1	3
2	3	7	21	2	2	7	14
3	1	3	3	3	0	3	0
4	2	3	6	4	3	3	9
5	4	6	24	5	5	6	30
			56				56

因此在该题中,位置 $A(3,3)$ 和 $B(4,3)$ 均可作为报刊零售点选址。

第三节　精确重心模型

一、精确重心模型的基本定义

精确重心模型的基本原理是基于精确重心法(一种布置单个设施的方法),考虑现有设施之间的距离和运输的货物量,找到最能代表整体区域特征的重心位置作为设施选址。与交叉中值模型使用折线距离不同,精确重心模型使用直线距离,如式(4-9)所示,适合求解大范围城市间选址问题,其目标函数为式(4-10)。

$$d_{is} = \sqrt{(x_i - x_s)^2 + (y_i - y_s)^2} \tag{4-9}$$

$$\min Z = \sum_{i=1}^{n} w_i [(x_i - x_s)^2 + (y_i - y_s)^2]^{1/2} = \sum_{i=1}^{n} w_i d_{is} \tag{4-10}$$

式中符号意义同前。

二、精确重心模型的计算流程

精确重心模型的目标函数为双变量系统,需分别对式(4-10)中 x_s 和 y_s 求偏导,并令导函数为零,求得隐含最优解的等式,下面推导 x_s:

①对式(4-10)中 x_s 求偏导,并结合式(4-9)可得式(4-11):

$$\frac{\partial Z}{\partial x_s} = \sum_{i=1}^{n} \frac{w_i(x_i - x_s)}{d_{is}} \tag{4-11}$$

②令式(4-11)等于0,可得式(4-12):

$$\sum_{i=1}^{n} \frac{w_i(x_i - x_s)}{d_{is}} = 0 \tag{4-12}$$

③将带有 x_s 项的部分移到等式右边,可得式(4-13):

$$\sum_{i=1}^{n} \frac{w_i x_i}{d_{is}} = \sum_{i=1}^{n} \frac{w_i x_s}{d_{is}} \tag{4-13}$$

④等式右侧提取公因式 x_s 可得式(4-14):

$$\sum_{i=1}^{n}\frac{w_i x_i}{d_{is}} = x_s \sum_{i=1}^{n}\frac{w_i}{d_{is}} \tag{4-14}$$

⑤等式两边同时除以 $\sum_{i=1}^{n}\frac{w_i}{d_{is}}$,可得式(4-15),同理可推导 y_s,如式(4-16)所示:

$$x_s = \frac{\sum_{i=1}^{n}\frac{w_i x_i}{d_{is}}}{\sum_{i=1}^{n}\frac{w_i}{d_{is}}} \tag{4-15}$$

$$y_s = \frac{\sum_{i=1}^{n}\frac{w_i y_i}{d_{is}}}{\sum_{i=1}^{n}\frac{w_i}{d_{is}}} \tag{4-16}$$

由式(4-15)和式(4-16)可知,等式右端 d_{is} 中仍然含未知数 x_s, y_s,故不能一次求得显示解,但可以导出关于 x 和 y 的迭代公式(4-17):

$$\begin{cases} x_s(k) = \dfrac{\sum_{i=1}^{n}\dfrac{w_i x_i}{d_{is}(k-1)}}{\sum_{i=1}^{n}\dfrac{w_i}{d_{is}(k-1)}} \\ y_s(k) = \dfrac{\sum_{i=1}^{n}\dfrac{w_i y_i}{d_{is}(k-1)}}{\sum_{i=1}^{n}\dfrac{w_i}{d_{is}(k-1)}} \end{cases} \tag{4-17}$$

式中:$d_{is}(k-1)$——第 $k-1$ 次迭代后服务设施位置与需求点 i 的距离。

其中,$d_{is}(k-1) = [(x_i - x_s(k-1))^2 + (y_i - y_s(k-1))^2]^{\frac{1}{2}}$。

应用式(4-17)通过迭代法进行求解,具体分为以下三个步骤。

1. 确定初始值

初始值一般有两种确定方法,第一种为任意选择一个点作为初始值,第二种为按照简化公式确定初始值,简化公式如下:

$$\begin{cases} x_s(0) = \dfrac{\sum_{i=1}^{n} w_i x_i}{\sum_{i=1}^{n} w_i} \\ y_s(0) = \dfrac{\sum_{i=1}^{n} w_i y_i}{\sum_{i=1}^{n} w_i} \end{cases} \tag{4-18}$$

式中:$x_s(k)$、$y_s(k)$——第 k 次迭代后确定的服务设施坐标,如 $x_s(0)$,$y_s(0)$ 为初始迭代时的服务设施坐标。

2. 迭代

利用已知的点 $(x_s(k-1), y_s(k-1))$，求出 $d_{is}(k-1)$，再应用式（4-17）求出新的点 $(x_s(k), y_s(k))$，直到求得符合要求的解。

3. 设置终止准则

迭代是否终止通过终止准则判断，终止准则的常规设置方法一般有下列三种。

（1）简化设置

直接设置一个确定的迭代次数 k，达到最大迭代次数时停止迭代，优点在于能够避免不确定因素，但迭代 k 次后结果并不一定收敛。

（2）差值判断

差值判断终止准则，原理为当两次迭代差值小于设定阈值时，即认为迭代趋近收敛，如式（4-19）所示。

$$\begin{cases} \Delta x_s(k) = |x_s(k) - x_s(k-1)| \leqslant \Delta x_{\text{slimit}} \\ \Delta y_s(k) = |y_s(k) - y_s(k-1)| \leqslant \Delta y_{\text{slimit}} \end{cases} \quad (4\text{-}19)$$

式中：$\Delta x_s(k)$、$\Delta y_s(k)$——第 k 次迭代服务设施的坐标与第 $k-1$ 次迭代服务设施的坐标差值；

Δx_{slimit}、Δy_{slimit}——预先设定的坐标差阈值。

（3）趋势和差值判断

在差值判断的基础上，该终止准则通过总加权距离是否往增大方向发展或者总加权距离差值是否小于设定阈值判断是否收敛，如式（4-20）所示。

$$Z(k) = \sum_{i=1}^{n} \omega_i \left[(x_i - x(k))^2 + (y_i - y(k))^2 \right]^{\frac{1}{2}}$$
$$Z(k) \geqslant Z(k-1) \text{ 或者 } \Delta Z(k) = |Z(k) - Z(k-1)| \leqslant \Delta Z_{\text{limit}} \quad (4\text{-}20)$$

式中：$Z(k)$——第 k 次迭代的总加权距离；

$\Delta Z(k)$——第 k 次迭代总加权距离与第 $k-1$ 次迭代总加权距离差值；

ΔZ_{limit}——预先设定的总加权距离差阈值。

【例 4-2】

有 4 个零售点，其坐标、物资需求量及运输费用见表 4-7，$\Delta x_{\text{slimit}} = \Delta y_{\text{slimit}} = 0.5$，请用精确重心模型为配送中心选址。

例 4-2 数据　　　　　　　　　　　　　　　　表 4-7

零售点	物资需求量 q_i	运输费用 r_i	坐标	
			x_i	y_i
1	2	5	2	2
2	3	5	11	3
3	2.5	5	10	8
4	1	5	4	9

第一步：按照式(4-18)确定初始值。

$$\begin{cases} x_s(0) = \dfrac{\sum_{i=1}^{4} w_i x_i}{\sum_{i=1}^{4} w_i} = \dfrac{\sum_{i=1}^{4} q_i r_i x_i}{\sum_{i=1}^{4} q_i r_i} = \dfrac{5 \times (2 \times 2 + 3 \times 11 + 2.5 \times 10 + 1 \times 4)}{5 \times (2 + 3 + 2.5 + 1)} = 7.8 \\ \\ y_s(0) = \dfrac{\sum_{i=1}^{4} w_i y_i}{\sum_{i=1}^{4} w_i} = \dfrac{\sum_{i=1}^{4} q_i r_i y_i}{\sum_{i=1}^{4} q_i r_i} = \dfrac{5 \times (2 \times 2 + 3 \times 3 + 2.5 \times 8 + 1 \times 9)}{5 \times (2 + 3 + 2.5 + 1)} = 4.9 \end{cases} \quad (4\text{-}21)$$

第二步：以点(7.8,4.9)为配送中心,计算距离与总费用。

$$\begin{cases} d_{1s}(0) = [(7.8-2)^2 + (4.9-2)^2]^{1/2} = 6.5 \\ d_{2s}(0) = [(7.8-11)^2 + (4.9-3)^2]^{1/2} = 3.7 \\ d_{3s}(0) = [(7.8-10)^2 + (4.9-8)^2]^{1/2} = 3.8 \\ d_{4s}(0) = [(7.8-4)^2 + (4.9-9)^2]^{1/2} = 5.6 \end{cases} \quad (4\text{-}22)$$

$$Z(0) = (2 \times 6.5 + 3 \times 3.7 + 2.5 \times 3.8 + 1 \times 5.6) \times 5 = 196$$

第三步：计算改善的配送中心选址坐标。

$$\begin{cases} x_s(1) = \dfrac{\sum_{i=1}^{4} \dfrac{w_i x_i}{d_{is}(0)}}{\sum_{i=1}^{4} \dfrac{w_i}{d_{is}(0)}} = \dfrac{2 \times 2/6.5 + 3 \times 11/3.7 + 2.5 \times 10/3.8 + 1 \times 4/5.6}{2/6.5 + 3/3.7 + 2.5/3.8 + 1/5.6} = 8.6 \\ \\ y_s(1) = \dfrac{\sum_{i=1}^{4} \dfrac{w_i y_i}{d_{is}(0)}}{\sum_{i=1}^{4} \dfrac{w_i}{d_{is}(0)}} = \dfrac{2 \times 2/6.5 + 3 \times 3/3.7 + 2.5 \times 8/3.8 + 1 \times 9/5.6}{2/6.5 + 3/3.7 + 2.5/3.8 + 1/5.6} = 5.1 \end{cases} \quad (4\text{-}23)$$

第四步：以点(8.6,5.1)为配送中心,计算距离与总费用。

$$\begin{cases} d_{1s}(1) = [(8.6-2)^2 + (5.1-2)^2]^{1/2} = 7.3 \\ d_{2s}(1) = [(8.6-11)^2 + (5.1-3)^2]^{1/2} = 3.2 \\ d_{3s}(1) = [(8.6-10)^2 + (5.1-8)^2]^{1/2} = 3.2 \\ d_{4s}(1) = [(8.6-4)^2 + (5.1-9)^2]^{1/2} = 6 \end{cases} \quad (4\text{-}24)$$

$$Z(1) = (2 \times 7.3 + 3 \times 3.2 + 2.5 \times 3.2 + 1 \times 6) \times 5 = 188.5$$

$$\Delta x_s(k) = |8.6 - 7.8| = 0.8 > \Delta x_{s\text{limit}}$$

$$\Delta y_s(k) = |5.1 - 4.9| = 0.2 < \Delta y_{s\text{limit}}$$

不满足终止条件,因此继续迭代。

第五步：再次计算改善的配送中心选址坐标。

$$\begin{cases} x_s(2) = \dfrac{\sum\limits_{i=1}^{4}\dfrac{w_i x_i}{d_{is}(1)}}{\sum\limits_{i=1}^{4}\dfrac{w_i}{d_{is}(1)}} = \dfrac{2\times 2/7.3 + 3\times 11/3.2 + 2.5\times 10/3.2 + 1\times 4/6}{2/7.3 + 3/3.2 + 2.5/3.2 + 1/6} = 9.0 \\ \\ y_s(2) = \dfrac{\sum\limits_{i=1}^{4}\dfrac{w_i y_i}{d_{is}(1)}}{\sum\limits_{i=1}^{4}\dfrac{w_i}{d_{is}(1)}} = \dfrac{2\times 2/7.3 + 3\times 3/3.2 + 2.5\times 8/3.2 + 1\times 9/6}{2/7.3 + 3/3.2 + 2.5/3.2 + 1/6} = 5.1 \end{cases} \quad (4\text{-}25)$$

第六步：以点 (9.0,5.1) 为配送中心，计算距离与总费用。

$$\begin{cases} d_{1s}(2) = [(9.0-2)^2 + (5.1-2)^2]^{\frac{1}{2}} = 7.7 \\ d_{2s}(2) = [(9.0-11)^2 + (5.1-3)^2]^{\frac{1}{2}} = 2.9 \\ d_{3s}(2) = [(9.0-10)^2 + (5.1-8)^2]^{\frac{1}{2}} = 3.1 \\ d_{4s}(2) = [(9.0-4)^2 + (5.1-9)^2]^{\frac{1}{2}} = 6.3 \end{cases} \quad (4\text{-}26)$$

$$Z(2) = (2\times 7.7 + 3\times 2.9 + 2.5\times 3.1 + 1\times 6.3)\times 5 = 190.75$$

$$\Delta x_s(k) = |9.0 - 8.6| = 0.4 < \Delta x_{s\text{limit}}$$

$$\Delta y_s(k) = |5.1 - 5.1| = 0 < \Delta y_{s\text{limit}}$$

此时，$Z(2) > Z(1)$，且差值满足终止条件。因此可认为最佳位置为二者中使得总费用更小的点，即点 (8.6,5.1)。

第四节 覆盖模型

一、覆盖模型分类

覆盖模型是对于需求已知的一些需求点，确定一组服务设施来满足这些需求点的需求，常用于求解零售点选址、加油站选址、配送中心选址等问题。其根据服务设施数量是否存在上限分为集合覆盖模型和最大覆盖模型，如图 4-9 所示。

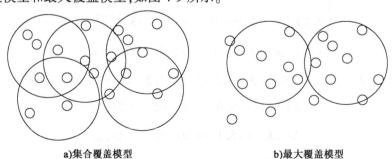

a) 集合覆盖模型　　　　　　　　b) 最大覆盖模型

图 4-9　覆盖模型分类

1. 集合覆盖模型

集合覆盖模型是可以覆盖特定目标集合的选址模型，其目标集合可以是一组需求点、服务区域或其他需要被覆盖的地理区域，主要目标是选择最少的候选位置，以覆盖特定目标集合。在模型中，通常还会考虑一些约束条件，例如，可用预算、服务范围、容量限制等，以限制候选位置的选择。

集合覆盖模型的目标是用尽可能少的设施去覆盖所有的需求点，数学模型为

$$\min \sum_{j \in M} x_j \tag{4-27a}$$

s.t.
$$\sum_{j \in B(i)} y_{ij} = 1, i \in N \tag{4-27b}$$

$$\sum_{i \in A(j)} q_i y_{ij} \leq D_j x_j, j \in M \tag{4-27c}$$

$$x_j \in \{0,1\}, j \in M \tag{4-27d}$$

$$y_{ij} \geq 0, i \in N, j \in M \tag{4-27e}$$

式中：N——区域内的需求点（客户）集合；

M——区域内可建设设施的候选点集合；

q_i——第 i 个需求点的需求量；

D_j——设施点 j 的服务能力；

$A(j)$——设施点 j 可以覆盖的需求点 i 的集合；

$B(i)$——可以覆盖需求点 i 的设施点 j 的集合；

x_j——0-1 变量，$x_j=1$ 表示在 j 点建立设施，$x_j=0$ 表示不在 j 点建立设施；

y_{ij}——需求点 i 需求中被分配给设施点 j 的部分（比例）。

其中，式(4-27b)保证需求点 i 的需求全部被满足；式(4-27c)保证由设施点 j 服务的所有节点需求不能大于其服务能力；式(4-27d)和式(4-28e)限制决策变量的取值范围。

2. 最大覆盖模型

与集合覆盖模型相同，在最大覆盖模型中，目标集合同样可以是一组需求点、服务区域或其他需要被覆盖的地理区域。但最大覆盖模型的主要目标为尽可能多地覆盖目标集合，且所选取的候选位置不能超出规定数量。这有助于在满足需求的同时降低成本、提高效率。该模型通常可以被看作一个如何选择最佳的候选位置以使覆盖目标集合的程度最大化的优化模型。

已知若干个需求点（客户）的位置和需求量，需从一组候选的地点中选择 p 个位置作为物流设施网点（如配送中心、仓库等），使得尽可能多地满足需求点的服务需求。最大覆盖模型的目标是对有限的服务网点进行选址，为尽可能多的对象提供服务，数学模型为

$$\max \sum_{j \in M} \sum_{i \in A(j)} q_i y_{ij} \tag{4-28a}$$

s.t.
$$\sum_{j \in B(i)} y_{ij} \leq 1, i \in N \tag{4-28b}$$

$$\sum_{i \in A(j)} q_i y_{ij} \leq D_j x_j, j \in M \tag{4-28c}$$

$$\sum_{j \in M} x_j \leq p \tag{4-28d}$$

$$x_j \in \{0,1\}, j \in M \tag{4-28e}$$

$$y_{ij} \geq 0, i \in N, j \in M \tag{4-28f}$$

式中：p——允许建设的设施的数目。

其中，式(4-28b)表示需求点 i 被设施点服务的需求和不能超过其需求量；式(4-28c)与式(4-27c)含义相同；式(4-28d)表示建设的设施点的数量不能超过 p 个；式(4-28e)和式(4-28f)限制决策变量的取值范围。

二、覆盖模型的应用

【例4-3】

为改善某地区的医疗卫生水平，卫生部门计划在该地区的 9 个村增加一系列诊所。表4-8展示了各村卫生所可被服务及可服务的村集合。由于卫生所就建在村里，其可被服务的村集合(A)等于其可服务的村集合(B)。此外，假定每个村的医疗需求是相同的。

各村卫生所可被服务及可服务的村集合　　　表4-8

村编号	A	B
1	1,2	1,2
2	1,2,3	1,2,3
3	1,2,3,4	1,2,3,4
4	1,3,4,5,6,7	1,3,4,5,6,7
5	3,4,5,6	3,4,5,6
6	4,5,6,7,8	4,5,6,7,8
7	4,6,7,8	4,6,7,8
8	6,7,8	6,7,8
9	8,9	8,9

(1)求：至少在哪几个村建立卫生所，可以实现全覆盖？
(2)若当前最多能建立 2 个卫生所，在哪几个村建立卫生所可使覆盖的村最多？

解：

(1)本题根据问题特征设计贪心算法，其基本思路为：通过每一步选择当前最优的村庄构建最终的解，从而以最少的卫生所实现所有村庄的全覆盖。

第一步： 对 i 村的可服务集合进行判定，若 $A(i)$ 不是任何一个其他村可服务集合的子集，则保留 $A(i)$。例如，$A(1)$ 是 $A(2)$ 的子集，则不保留 $A(1)$。若 $A(3)$ 不是任何村可服务集合的子集，则保留 $A(3)$。最终，确定候选集合为 $A(3)$、$A(4)$、$A(6)$、$A(9)$。

第二步： 从候选集合中选取一个服务能力最大的集合，可知该集合为 $A(4)$，因此选取 4 村到解集合 $S = [4]$。此时，还剩下未覆盖村集合 $C = [2,8,9]$。

第三步： 在剩余的候选集合中选取与未覆盖村集合交集最大的村，其中 $A(3)$ 与 C 的交集为 $[2]$，$A(6)$ 与 C 的交集为 $[8]$，而 $A(9)$ 与 C 的交集为 $[8,9]$，因此，选取 9 村到解集合 $S = [4,9]$。此时，更新未覆盖村集合 $C = [2]$。

重复第二步和第三步，直到把所有村全覆盖。而在本题中，由于仅剩下 2 村，无须再比较，直接将 2 村填入新解 $S = [4,9,2]$，即至少在 4,9,2 村建立卫生所才可以实现全覆盖。

(2) 本题同样根据问题特征设计贪心算法,与问题(1)同理。

第一步:对 i 村的可服务集合进行判定,若 $A(i)$ 不是任何一个其他村可服务集合的子集,则保留 $A(i)$。例如 $A(1)$ 是 $A(2)$ 的子集,则不保留 $A(1)$。若 $A(3)$ 不是任何村可服务集合的子集,则保留 $A(3)$。最终,确定候选集合为 $A(3)$、$A(4)$、$A(6)$、$A(9)$。

第二步:从候选集合中选取一个服务能力最大的集合,可知该集合为 $A(4)$,因此选取 4 村到解集合 $S=[4]$。此时,还剩下未覆盖村集合 $C=[2,8,9]$。

第三步:在剩余的候选集合中选取与未覆盖村集合交集最大的村,其中 $A(3)$ 与 C 的交集为 $[2]$,$A(6)$ 与 C 的交集为 $[8]$,而 $A(9)$ 与 C 的交集为 $[8,9]$,因此,选取 9 村到解集合 $S=[4,9]$。此时,更新未覆盖村集合 $C=[2]$。

重复第二步和第三步,直到达到限制数量为止。本题限制数量为 2。因此,在第三步时,已求得最终解 $S=[4,9]$,其覆盖 1、3、4、5、6、7、8、9 村。

第五节 P-中值模型

一、P-中值模型的基本定义

1. 基本概念

如图 4-10 所示,P-中值模型是指在一个给定数量和位置的需求集合和一个设施候选位置的集合下,分别为 p 个配送中心找到合适的位置并指派每个需求点到一个特定的配送中心,使得设施服务供求点间运输费用之和最小。

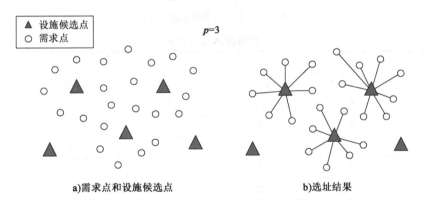

a)需求点和设施候选点   b)选址结果

图 4-10 P-中值模型示意图

2. 数学模型

P-中值模型的数学模型可表示为

$$\min \sum_{i \in N} \sum_{j \in M} q_i c_{ij} y_{ij} \tag{4-29a}$$

s.t.
$$\sum_{j \in M} y_{ij} = 1, i \in N \tag{4-29b}$$

$$\sum_{j \in M} x_j = p \tag{4-29c}$$

$$y_{ij} \leq x_j, i \in N, j \in M \quad (4\text{-}29\text{d})$$

$$x_j \in \{0,1\}, j \in M \quad (4\text{-}29\text{e})$$

$$y_{ij} \in \{0,1\}, i \in N, j \in M \quad (4\text{-}29\text{f})$$

式中：c_{ij}——从需求点 i 到设施点 j 的单位运输费用。

其中，式(4-29b)与式(4-27b)所表达的含义相同；式(4-29c)确保被选择的设施点数量为 p 个；式(4-29d)确保只有设施点 j 被选中才可以服务需求点 i；式(4-29e)和式(4-29f)限制决策变量的取值范围。

二、P-中值模型的应用

【例 4-4】

某饲料公司在某新地区经过一段时间的广告宣传后，获得了 8 个超市的订单，由于该新地区离总部较远，该公司拟在该新地区新建 2 个仓库，以最低的运输成本来满足该新地区的需求。经过一段时间的实地调查之后，已有 4 个候选位置，如图 4-11 所示。各候选位置到不同超市的运输成本、各个超市的需求量见表 4-9。

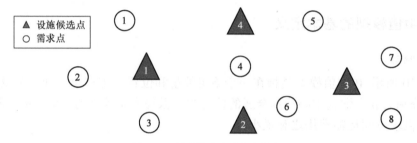

图 4-11　候选位置及需求点分布

运输成本及需求量　　　　　　　表 4-9

i	c_{ij}				q_i
	$j=1$	$j=2$	$j=3$	$j=4$	
1	4	12	20	6	100
2	2	10	25	10	50
3	3	4	16	14	120
4	6	5	9	2	80
5	18	12	7	3	200
6	14	2	4	9	70
7	20	30	2	11	60
8	24	12	6	22	100

本题根据问题特征设计贪婪取走启发式算法，其指导思想为：在每一步选择中都采取当前最优（或最满意）的行动策略，以期求得一个全局最优解或近似最优解。

第一步：初始化，令循环数 $l=m$，将所有 m 个候选位置都选中，然后将每个需求点分配给离其最近（运输成本最小）的一个候选位置，如图 4-12 所示。

此时总费用为 $860+140+720+760=2480$。

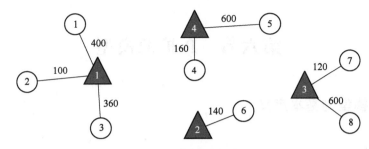

图 4-12 初始化结果

第二步:选择并取走一个候选位置点,满足以下条件:假如将它取走并将它的需求点重新指派后,总费用增加量最小,然后令 $l = l - 1$。

取走候选位置点 1、2、3、4 的结果如图 4-13 所示,移走候选位置点 2 总费用增加量为 140,是 4 个方案中增加量最小的一个,因此总费用为 2620。

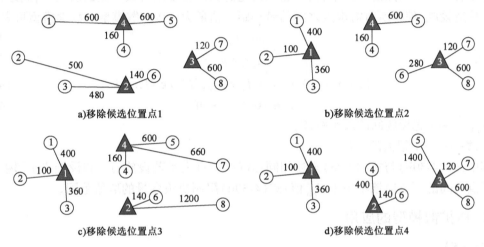

图 4-13 删除一个候选位置点后的成本变化

第三步:重复第二步。

分别取走候选位置点 1、3、4 的结果如图 4-14 所示,移走候选位置点 4 总费用增加量为 1120,是 3 个方案中增加量最小的一个,因此总费用为 3740。令 $l = l - 1 = 2$,此时 $l = p$,计算结束。

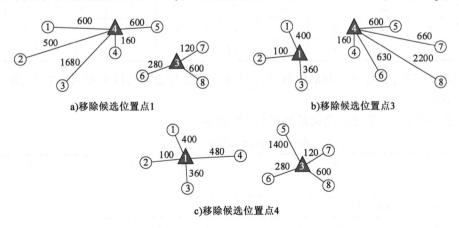

图 4-14 删除两个候选位置点后的成本变化

第六节 P-扩散模型

一、P-扩散模型的基本定义

1. 基本概念

P-扩散(p-dispersion)模型的主要目标是在选择设施位置时,最大化所选设施间的最小距离。其适用于需要最大限度地分散设施位置以减少聚集风险或优化资源分布的场景,如防灾中心的布局、军事基地的设置或任何需要避免单点故障的情况。

2. 数学模型

假设有一个需求点的位置集合,且已知设施总数。在设施总数一定的前提下,确定在哪些需求点建造设施,使得所有需求点之间的最小距离值最大。P-扩散模型的数学模型可表示为

$$\max d_{\min} \tag{4-30a}$$

s.t.
$$\sum_{j \in M} x_j = p \tag{4-30b}$$

$$(2 - x_i - x_j) \cdot \mathcal{M} + d_{ij} \geq d_{\min}, \forall i, j \in M, i \neq j \tag{4-30c}$$

$$x_j \in \{0, 1\}, j \in M \tag{4-30d}$$

式中:$d_{\min}$——所选设施间的最小距离;

$\mathcal{M}$——一个很大的正数。

其中,式(4-30b)与式(4-29c)表述相同;式(4-30c)表示若设施点 i 和设施点 j 都被选中,则这两点之间的距离应该不小于 $d_{\min}$ 值;式(4-30d)限制决策变量的取值范围。

二、P-扩散模型的应用

【例 4-5】

某国防部门需在已确定的 10 个备选点中,选出 3 个作为发射井,如何选址才能保证敌人在一次攻击时摧毁多个发射井的概率最小?各个备选点坐标见表 4-10。

备选点坐标(单位:km) 表 4-10

备选点	1	2	3	4	5	6	7	8	9	10
x	-6	14	3	2	17	-9	11	10	-5	3
y	-17	-18	1	11	18	-15	3	-1	-20	-7

根据题意可知,满足题意的最优解应使得每个发射井之间的最小距离值最大,并以此设计贪婪选点算法。

第一步:计算每个备选点之间的距离值,见表 4-11。

备选点之间的距离(单位:km) 表 4-11

备选点	1	2	3	4	5	6	7	8	9	10
1	0.0									
2	20.0	0.0								
3	20.1	22.0	0.0							

续上表

备选点	1	2	3	4	5	6	7	8	9	10
4	29.1	31.4	10.1	0.0						
5	41.9	36.1	22.0	16.6	0.0					
6	3.6	23.2	20.0	28.2	42.0	0.0				
7	26.3	21.2	8.3	12.0	16.2	26.9	0.0			
8	22.6	17.5	7.3	14.4	20.3	23.6	4.1	0.0		
9	3.2	19.1	22.5	31.8	43.9	6.4	28.0	24.2	0.0	
10	13.5	15.6	8.0	18.0	28.7	14.4	12.8	9.2	15.3	0.0

第二步：根据表4-11，确定每个备选点与其他备选点的最大距离值，如表4-12所示，并从中选取最大距离值最大的两个点作为发射井，即备选点5、9。

备选点与其他备选点的最大距离（单位：km） 表4-12

备选点	1	2	3	4	5	6	7	8	9	10
最大距离	41.9	36.1	22.5	31.8	43.9	42.0	28.0	24.2	43.9	28.7

第三步：计算其余备选点与备选点5、9的距离，见表4-13。

其余备选点与备选点5、9的距离（单位：km） 表4-13

备选点	1	2	3	4	6	7	8	10
5	41.9	36.1	22.0	16.6	42.0	16.2	20.3	28.7
9	3.2	19.1	22.5	31.8	6.4	28.0	24.2	15.3

第四步：分别选取表4-13中其余各个备选点与备选点5、9的最小距离值（表4-14）。

其余备选点与备选点5、9的最小距离（单位：km） 表4-14

备选点	1	2	3	4	6	7	8	10
最小距离	3.2	19.1	22.0	16.6	6.4	16.2	20.3	15.3

第五步：选取表4-14中最小距离值最大的备选点作为发射井，即备选点3。此时，已选出3个发射井，满足题意，如图4-15所示，发射井之间的最小距离为22.0km。

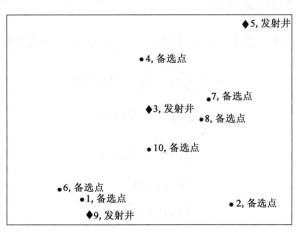

图4-15 发射井选址结果

但需注意的是,本题所应用的方法每一步仅能保证局部最优,可能最后的解并不是全局最优解,若读者想寻求全局最优解,可应用本书第三章的优化求解器或者启发式算法。

第七节　鲍摩-瓦尔夫模型

一、鲍摩-瓦尔夫模型的基本定义

1. 基本概念

鲍摩-瓦尔夫模型(Baumol-Wolfe model)目标是从 h 个候选地点中选取部分作为配送中心,使得从 u 个供给点通过配送中心向 n 个需求点运送同一种产品时,运费、可变成本以及固定成本之和最小,如图 4-16 所示,其既是离散型选址模型又是多设施选址模型。该模型的实质是求解各个供给点需向配送中心运输多少货物,各个配送中心再向各个需求点运输多少货物,其中,若所有供给点都不向某个地点运输货物,则该地点没有被选为配送中心。

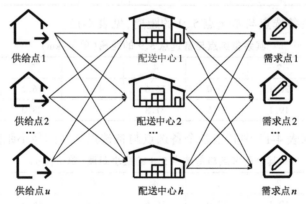

图 4-16　鲍摩-瓦尔夫模型示意图

2. 数学模型

鲍摩-瓦尔夫数学模型可表示为

$$\min F = \sum_{k=1}^{h}\sum_{i=1}^{u} c_{ik} x_{ik} + \sum_{k=1}^{h}\sum_{j=1}^{n} c_{kj} y_{kj} + \sum_{k=1}^{h} \tau_k (w_k)^\theta + \sum_{k=1}^{h} \delta_k G_k \tag{4-31a}$$

s.t.
$$w_k = \sum_{i=1}^{u} x_{ik} = \sum_{j=1}^{n} y_{kj}, \forall k \in H \tag{4-31b}$$

$$\sum_{k=1}^{h} x_{ik} = a_i, \forall i \in U \tag{4-31c}$$

$$\sum_{k=1}^{h} y_{kj} = q_j, \forall j \in N \tag{4-31d}$$

$$\delta_k = \begin{cases} 0, w_k = 0 \\ 1, w_k \neq 0 \end{cases}, \forall k \in H \tag{4-31e}$$

$$x_{ik} \in \{0,1\}, \forall i \in U, k \in H \tag{4-31f}$$

$$y_{kj} \in \{0,1\}, \forall k \in H, j \in N \tag{4-31g}$$

式中：F——货运网络的总成本；
　　U——供给点集合；
　　H——配送中心集合；
　　N——需求点集合；
　　a_i——供给点 i 所能提供的货物量；
　　q_j——需求点 j 所需的货物量；
　　c_{ik}——从供给点 i 到配送中心 k 的单位运输费用；
　　x_{ik}——从供给点 i 到配送中心 k 的货运量；
　　c_{kj}——从配送中心 k 到需求点 j 的单位运输费用；
　　y_{kj}——从配送中心 k 到需求点 j 的货运量；
　　τ_k——配送中心 k 单位货运量的可变费用（与货运量有关）；
　　w_k——配送中心 k 的货运量；
　　G_k——配送中心 k 的固定费用（与货运量无关）；
　　θ——规模系数，在 $0\sim1$ 之间；
　　δ_k——选址决策变量，若候选点被选上则为 1，反之为 0。

可以看到，目标函数中的第一部分表示从供给点到配送中心的所有方案的运输费用；第二部分表示从配送中心到需求点的所有方案的运输费用；第三部分为配送中心的可变费用，随着货运量的增大，该费用曲线变平坦，如图 4-17 所示；最后一部分表示配送中心的固定费用。

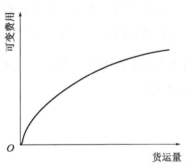

图 4-17　可变费用与货运量呈非线性关系

其中，式(4-31b)确保货流平衡，即由供给点 i 送往配送中心 k 的货运量等于从配送中心 k 送到需求点 j 的货运量；式(4-31c)确保供给点 i 送往配送中心 k 的货物量等于其所能提供的货物量；式(4-31d)确保由配送中心 k 送往需求点 j 的货物量等于其所需的货物量；式(4-31e)、式(4-31f)和式(4-31g)限制决策变量的取值范围。

二、鲍摩-瓦尔夫模型的计算流程

由于可变费用与货运量之间存在着非线性关系，计算求解变得复杂。为使问题简化，在鲍摩-瓦尔夫模型迭代求解过程中对该非线性函数采取分段线性化的方法，即在每一次迭代过程中应用边际成本表示单位货物存储费率，如式(4-32)所示。这样做的好处在于，边际成本可与运输费用直接相加，方便应用运输规划方法计算求解。

$$c_k = \frac{\tau_k (w_k)^\theta}{2 w_k} \tag{4-32}$$

式中：c_k——配送中心 k 货运量为 w_k 时的边际成本。

1. 求初始方案

初始假定所有配送中心的货运量均为 0，即令其可变成本 c_k^0（其中上角标 0 代表迭代次数)为0,则可获得每个供给点到每个需求点的最小费用为 c_{ij}^0,如式(4-33)所示。同时,式(4-31)目标函数中的固定成本 G^0 也为0。因此,原模型变成式(4-34)所示的运输规划模型,对其进行求解,根据 c_{ij}^0 与配送中心 k 的关系,可以求得 w_k^0。

$$c_{ij} = \begin{cases} \min c_{ik} + c_{kj} + c_k, w_k = 0, \forall k \in H, i \in U, j \in N \\ \min c_{ik} + c_{kj} + c_k + \dfrac{G_k}{w_k}, w_k \neq 0, \forall k \in H, i \in U, j \in N \end{cases} \quad (4\text{-}33)$$

$$\min F^0 = \sum_{i=1}^{u}\sum_{j=1}^{n} c_{ij}^0 x_{ij}^0 \quad (4\text{-}34\text{a})$$

s.t.
$$\sum_{j=1}^{n} x_{ij}^0 = a_i, i \in U \quad (4\text{-}34\text{b})$$

$$\sum_{i=1}^{u} x_{ij}^0 = q_j, j \in N \quad (4\text{-}34\text{c})$$

式中:x_{ij}^0——初始方案,供给点 i 到需求点 j 的货物量。

其中,式(4-34b)确保由供给点 i 运往需求点 j 的货物量等于供给点所能提供的货物量;式(4-34c)确保由供给点 i 运往需求点 j 的货物量等于需求点所需的货物量。

2. 更新配送中心的边际成本

按照式(4-32)求解在 w_k^0 货运量的方案下,各个配送中心的边际成本 c_k^1。同时可根据 w_k^0 是否为0求得固定成本 $G^1 = \sum_{k=1}^{h} \delta_k G_k$,并再次应用式(4-33)求解 c_{ij}^1。更新运输规划模型得到式(4-35)。

$$\min F^1 = \sum_{i=1}^{u}\sum_{j=1}^{n} c_{ij}^1 x_{ij}^1 \quad (4\text{-}35\text{a})$$

s.t.
$$\sum_{j=1}^{n} x_{ij}^1 = a_i, i \in U \quad (4\text{-}35\text{b})$$

$$\sum_{i=1}^{u} x_{ij}^1 = q_j, j \in N \quad (4\text{-}35\text{c})$$

3. 求解改进方案

应用同样的方法求解式(4-35),并得到新的 x_{ij}^1 以及 w_k^1。

4. 比较初始方案和改进方案

将改进方案的结果和初始方案的结果进行比较,如果两个方案完全相同,则改进方案为最终解;否则,反复迭代步骤2~4,直到结果相同为止,方可获得最终解。

接下来通过一道例题详细说明鲍摩-瓦尔夫模型的计算流程。

【例4-6】

有两个资源厂 A_1、A_2,可供资源量分别为 $a_1 = 40, a_2 = 50$;有8个需求点 $B_j(j=1,2,\cdots,8)$,各需求点需求量见表4-15。候选5个配送中心 $D_k(k=1,2,\cdots,5)$;每个配送中心的规模系数 θ 为0.5;每个配送中心的可变费用见表4-16;每个配送中心的固定费用 G_k 为 $2w_k$,资源厂到各个配送中心的单位运费见表4-17,配送中心到需求点的单位运费见表4-18。应该如何选择配送中心以及安排运输方案?

各需求点的需求量 表4-15

需求点	B_1	B_2	B_3	B_4	B_5	B_6	B_7	B_8
需求量	10	10	10	15	5	15	10	15

配送中心的可变费用 表4-16

配送中心	D_1	D_2	D_3	D_4	D_5
可变费用	$75\sqrt{w_1}$	$80\sqrt{w_2}$	$75\sqrt{w_3}$	$80\sqrt{w_4}$	$70\sqrt{w_5}$

资源厂到配送中心的单位运费 表4-17

资源厂	配送中心				
	D_1	D_2	D_3	D_4	D_5
A_1	7	7	8	12	11
A_2	14	12	9	6	8

配送中心到需求点的单位运费 表4-18

配送中心	需求点							
	B_1	B_2	B_3	B_4	B_5	B_6	B_7	B_8
D_1	5	11	3	8	5	10	11	11
D_2	14	16	8	9	4	7	4	4
D_3	10	11	3	5	2	5	9	6
D_4	15	13	9	6	7	2	10	2
D_5	9	7	3	2	6	5	12	8

(1)生成初始方案

第一步:令每个配送中心的边际成本以及固定成本均为0,可根据式(4-33)求得资源厂到每个需求点的最小单位运费,见表4-19;同时,获得表4-20所示的供需平衡的运输规划模型。

初始方案最小单位运费 表4-19

资源厂	需求点							
	B_1	B_2	B_3	B_4	B_5	B_6	B_7	B_8
A_1	12,D_1	18,D_5	10,D_1	13,D_5	10,D_3	13,D_3	11,D_2	11,D_2
A_2	17,D_5	15,D_5	11,D_5	10,D_5	11,D_3	8,D_4	16,D_4	8,D_4

其中,每个单元格分别为资源厂到需求点的最小单位运费和经过的配送中心,如(A_1,B_1)单元格表明,资源厂1到需求点1的最小单位运费为12,经过配送中心1。

初始方案运输规划 表4-20

资源厂	需求点								资源量
	B_1	B_2	B_3	B_4	B_5	B_6	B_7	B_8	
A_1	12	18	10	13	10	13	11	11	40
A_2	17	15	11	10	11	8	16	8	50
需求量	10	10	10	15	5	15	10	15	

第二步:对表 4-20 所示的运输规划模型求解,得到表 4-21 和表 4-22 所示的结果。

初始方案的运输方案   表 4-21

资源厂	需求点								资源量
	B_1	B_2	B_3	B_4	B_5	B_6	B_7	B_8	
A_1	$10,D_1$	—	$10,D_1$	—	$5,D_3$	—	$10,D_2$	$5,D_2$	40
A_2	—	$10,D_5$	—	$15,D_5$	—	$15,D_4$	—	$10,D_4$	50
需求量	10	10	10	15	5	15	10	15	

其中 (A_1, B_1) 单元格表明,由资源厂 1 运输 10 单位货物经过配送中心 1 到需求点 1。

初始方案的配送中心结果   表 4-22

配送中心	D_1	D_2	D_3	D_4	D_5
中转量	20	15	5	25	25
可变费用	335	310	168	400	350
固定费用	40	30	10	50	50

(2)第一次迭代

第一步:根据表 4-22 的结果,求解每个配送中心的边际成本,并更新资源厂到每个需求点的最小单位运费,如表 4-23 所示,同时获得表 4-24 所示的供需平衡的运输规划模型。

第一次迭代最小单位运费   表 4-23

资源厂	需求点							
	B_1	B_2	B_3	B_4	B_5	B_6	B_7	B_8
A_1	$22,D_1$	$27,D_5$	$20,D_1$	$22,D_5$	$22,D_1$	$24,D_4$	$23,D_2$	$23,D_2$
A_2	$26,D_5$	$24,D_5$	$20,D_5$	$19,D_5$	$23,D_4$	$18,D_4$	$26,D_4$	$18,D_4$

第一次迭代运输规划   表 4-24

资源厂	需求点								资源量
	B_1	B_2	B_3	B_4	B_5	B_6	B_7	B_8	
A_1	22	27	20	22	22	24	23	23	40
A_2	26	24	20	19	23	18	26	18	50
需求量	10	10	10	15	5	15	10	15	

第二步:对表 4-24 的运输规划模型求解,得到表 4-25 和表 4-26 所示的结果。

第一次迭代的运输方案   表 4-25

资源厂	需求点								资源量
	B_1	B_2	B_3	B_4	B_5	B_6	B_7	B_8	
A_1	$10,D_1$	—	$10,D_1$	$5,D_5$	$5,D_1$	—	$10,D_2$	—	40
A_2	—	$10,D_5$	—	$10,D_5$	—	$15,D_4$	—	$15,D_4$	50
需求量	10	10	10	15	5	15	10	15	

第一次迭代的配送中心结果　　　　　　　　　　　　　　　　表 4-26

配送中心	D_1	D_2	D_3	D_4	D_5
中转量	25	10	0	30	25
可变费用	375	253	0	439	350
固定费用	50	20	0	60	50

由于第一次迭代的结果和初始方案结果不一致,故需要再次迭代。

(3) 第二次迭代

第一步:根据表 4-26 的结果,求解每个配送中心的边际成本,并更新资源厂到每个需求点的最小单位运费,如表 4-27 所示,同时获得表 4-28 所示的供需平衡的运输规划模型。

第二次迭代最小单位运费　　　　　　　　　　　　　　　　表 4-27

资源厂	需求点							
	B_1	B_2	B_3	B_4	B_5	B_6	B_7	B_8
A_1	22,D_1	27,D_5	20,D_1	22,D_5	22,D_1	23,D_4	26,D_2	23,D_2
A_2	26,D_5	24,D_5	20,D_5	19,D_5	22,D_4	17,D_4	25,D_4	17,D_4

第二次迭代运输规划　　　　　　　　　　　　　　　　　　表 4-28

资源厂	需求点								资源量
	B_1	B_2	B_3	B_4	B_5	B_6	B_7	B_8	
A_1	22	27	20	22	22	23	26	23	40
A_2	26	24	20	19	22	17	25	17	50
需求量	10	10	10	15	5	15	10	15	

第二步:对表 4-28 的运输规划模型求解,得到表 4-29 和表 4-30 所示的结果。

第二次迭代的运输方案　　　　　　　　　　　　　　　　　表 4-29

资源厂	需求点								资源量
	B_1	B_2	B_3	B_4	B_5	B_6	B_7	B_8	
A_1	10,D_1	—	10,D_1	5,D_5	5,D_1	—	10,D_2	—	40
A_2	—	10,D_5	—	10,D_5	—	15,D_4	—	15,D_4	50
需求量	10	10	10	15	5	15	10	15	

第二次迭代的配送中心结果　　　　　　　　　　　　　　　　表 4-30

配送中心	D_1	D_2	D_3	D_4	D_5
中转量	25	10	0	30	25
可变费用	375	253	0	439	350
固定费用	50	20	0	60	50

最终,发现第二次迭代的结果和第一次迭代结果相同,说明已经获得最优解,无须再次迭

代。因此,最佳方案为选择 D_1、D_2、D_4、D_5 作为配送中心的运输方案,见表4-29。

【练习与讨论】

1. 什么是设施选址模型？请简要描述其基本原则和应用。
2. 常见的设施选址模型有哪些？请分别根据连续型设施、离散型设施选址模型以及单设施选址模型和多设施选址模型概述。
3. 请简述交叉中值模型、覆盖模型、P-中值模型的区别。
4. 请简述精确重心模型的基本原理。
5. 在实际应用中,如何选择合适的设施选址模型？请讨论设施选址模型选择的影响因素及其重要性。

扫码查看参考答案

【经典案例】

盒马鲜生选址的成功之道

盒马鲜生在全国的业务扩展十分显著,截至2019年8月底,门店数量从2018年同期的64家增加至175家,而服务的城市数量也从14个增加到22个。尤其在上海,盒马鲜生已经实现了对所有主城区的全面覆盖。除此之外,盒马鲜生在全国范围内共设有33个常温和低温仓库、11个食品加工中心以及4个水产暂养中心,总计48个仓库。目前,盒马鲜生正计划进一步增密门店网络,并向更多的下沉市场深入渗透,以覆盖更广泛的消费者群体。

作为一家新兴的超市连锁企业,盒马鲜生在近几年里取得了显著的业绩增长。门店的税息折旧及摊销前利润已经实现了转正,这意味着每家门店都能够独立盈利,无须依赖其他门店。而盒马鲜生的成功关键在于其精准的门店选址策略。

在选址方面,盒马鲜生有一套独到的评估体系。盒马鲜生不仅会考虑周边3km范围内的人口数量和质量,还会评估地产商的配合能力、物业的地理位置和特性等多个因素,而非单纯追求地理位置好和人流量大。盒马鲜生还会利用大数据技术对潜在消费者进行精确画像,例如,盒马鲜生的典型用户群体是年龄在25~40岁之间的女性,这部分用户年均家庭收入超过27万元。据统计,这些用户在一年内的消费包括5000t车厘子、300万只龙虾、20万只帝王蟹以及 800 万个椰子,人均年消费额超过 3000 元。此外,选址时盒马鲜生还会考虑周边支付宝用户的活跃度和购买力,从而突破传统商业选址的局限。

盒马鲜生提供了线上下单、快速配送的服务,顾客可以在网上下单后,享受 3km 范围内 30min 完成的配送服务,这种模式极大地提升了顾客购物的便利性。因此,盒马鲜生的门店不仅需要有足够的空间来容纳线下消费者,还必须有高效的仓储和物流系统以支持线上订单的快速处理。这对设施选址提出了更高的要求,不仅要有合适的店面布局,还需要有利于仓储和配送的地理位置。

总之,盒马鲜生通过其创新的业务模式和先进的技术应用,在中国的零售市场上迅速崭露头角。通过精心的选址、高效的运营以及优质的顾客服务,盒马鲜生正在不断扩大其市场影响力,为更多的消费者提供方便、快捷的购物体验。随着盒马鲜生在更多城市的布局,其在零售领域的竞争力将进一步加强,未来的发展前景值得期待。

问题讨论

1. 盒马鲜生选址时考虑了哪些因素?
2. 盒马鲜生的门店选址策略是否适合其他商超?

第五章
货运网络规划

【本章提要】

本章首先主要介绍了货运网络的概念及组成,接着介绍了货运网络的规划内容、规划与设计的原则及影响因素,同时,重点介绍了常见货运网络结构表现形式,最后介绍了货运网络结构表现形式常涉及的简单模型以及经典案例。

【学习要求】

通过学习本章,了解货运网络的特点,能够以此为切入点观察身边货运网络实例,指出其结构表现形式,并根据已知条件,设计一个较为合理的货运网络。

第一节 货运网络概述

货运网络是指通过公路连接分布在一定区域的不同货运节点所形成的系统,其是为适应货物运输的系统化和社会化而产生的,用于支持货物运输活动。

一、货运网络的组成

在运筹学图论的理论框架下,可以将货运网络抽象成由节点和边构成的网络,其中节点代表货物的存储、转运或者分发位置,边表示连接节点的运输路径或者通道。节点和边相互联系、相互影响,从而形成了复杂的货运网络。

1. 货运节点

货运节点是指在货运网络系统中连接各运输线路的关键位置,同时也是运输线路的起点、中转和终点,如货场、车站、转运站、枢纽等,其具备与所承担的货运功能相匹配的基础设施和运营能力,主要完成包装、装卸、保管、分货、配货、流通加工等活动,是整个货运系统顺利运行的关键。

2. 货运道路

货运道路是指专门用于货物运输的道路,旨在支持货物高效、安全地运输,如高速公路、主干道、次干道和支路等,以满足不同规模和距离的货物运输需求,其通常具有一定的承载能力、平整度并且具有安全设施,以确保货物能够顺利、迅速地运输,并保障交通安全。

二、货运节点的类型及功能

1. 货运节点的类型

货运节点按照其主要功能主要分为以下几种。

(1)储存型节点

储存型节点是以存放货物为主要功能的节点,货物在此的停滞时间一般较长。主要包括中转仓库、储备仓库、营业仓库等,中转仓库通常位于网络的关键位置,如交通枢纽、货运中心等地,以便货物在不同运输线路之间进行转运和分拣;储备仓库用于存放备用货物或应急物资,位于战略位置,以满足突发事件或紧急需求;营业仓库为客户提供存储和分配服务,以满足其商业需求。

(2)流通型节点

流通型节点是连接干线物流与末端物流,以货物配备和组织送货为主要职能的节点,在社会系统中则是以组织物资流通为主要职能的节点。主要包括转运站、配送中心等,转运站是用于货物转运和集散的中心,配备货物装卸设施和运输工具,以实现不同运输线路之间的转运;配送中心通常位于城市或地区中心,通过货车和配送员将货物从仓库或转运站配送至终端用户,从而实现"最后一公里"配送。

(3)综合型节点

综合型节点是指在货运系统中可实现储存型节点和流通型节点主要功能的节点,并且这些功能在该节点中并非独立运作,而是有机结合于一体,因此,综合型节点是有完善设施、有效衔接和协调工艺的集约型节点。例如,综合货运中心整合了仓储、转运和配送等多种服务功能,为货运各环节提供全方位的支持,促进了货运系统效率的提升。

2. 货运节点的功能

货运节点作为货运网络的核心组成部分,具有处理、衔接、通信、管理、配套、延伸等多重功能。具体功能表述如下。

(1)处理功能

货运节点承担着仓储保管、货物集疏、流通加工、配送、包装等重要职能。其处理功能使其能提高在货运流程中的效率和增加容量,以更好地满足日益增长的货运需求,包括增加仓储容量、引入先进的货物处理设备和技术、优化流程管理、提高配送速度和准确性等,确保货物高效、安全地流通,并为客户提供更优质的货运服务。

(2) 衔接功能

货运节点将各个运输线路联结成系统,使各个线路通过节点相互连通。因此,其能够更有效地整合不同线路的运输资源,实现线路之间的无缝衔接和协同运作;通过优化衔接功能,货运节点还可以提高运输效率,缩短货物运输时间,降低运输成本,从而提高货运系统的整体运作效率和服务水平。

(3) 通信功能

每一个货运节点同时又是一个信息点,节点是连接线路的枢纽,各方面的信息都在节点流进、流出,因此货运节点是整个货运系统信息传递、收集、处理、发送的集中地。包括引入先进的信息技术和系统,以实现实时货物监控、信息共享、数据分析等功能,同时,更及时地响应市场需求,优化货物流通路线,提高货运系统的灵活性和适应性。

(4) 管理功能

货运系统的管理设施和指挥机构通常设立在货运节点,其具有管理、指挥、调度、通信、衔接以及货物处理功能。管理功能是货运节点的关键功能,决定着整个货运系统能否有序运转和正常化,直接影响着整个货运系统的效率和水平。

(5) 配套功能

货运节点的配套功能不仅包括提供车辆停靠及辅助服务,还包括提供金融生活配套服务,如金融结算、保险等,以满足企业和个人的金融需求;此外,还包括提供工商、税务、海关等服务,以支持企业的注册、税务申报和跨境贸易等业务。这些配套功能的完善可以为货运企业提供更全面的支持,以促进货运网络的健康发展。

(6) 延伸功能

除了上述功能外,货运节点还可通过延伸功能提升其价值,包括建设货物调集中心,优化货物集散流程,提高效率;提供咨询培训服务,帮助企业提高货运管理水平和员工技能。这些延伸功能的引入,可以使货运节点更具竞争力,为企业提供更全面的支持和服务。

三、货运网络的特征

1. 货运网络的服务性

货运网络的运作目标是通过精准、及时地响应客户需求,将物品以最低成本、最优服务质量,在合理的时间内完好无损地从供给方送达需求方。理想的货运网络状态是"按需精准送达,零库存,短在途时间,无间歇传送"。此目标不仅关注成本控制,还注重提供灵活、可靠、便捷的服务,确保客户能够在任何时刻获得高质量的物流体验,并及时满足市场的动态需求。

2. 货运网络的开放性

货运网络的运作应建立在开放的网络基础上,每个节点可以与其他任何节点发生联系且快速交换信息,协同处理业务。互联网的开放性决定了货运节点的数量可以无限多,单个节点的变动不会影响其他节点。

3. 货运网络信息流的先导性

信息流在货运网络运作过程中起引导和整合作用。通过货运信息网络的构建,真正实现每个节点及时回答其他节点的询问,向其他节点发出业务请求,并根据其他节点的请求和反馈提前安排货运作业。信息流在货运过程中起到了事前测算流通路径、即时监控输送过程、事后反馈分析的作用,引导并整合整个货运过程。

4. 货运网络的规模效应和外部性

货运网络通过将分散的节点连接为一个有机整体,改变了传统以单一节点为中心的模式,系统功能得以在多个节点之间分布处理,并通过交叉联系形成灵活的网状结构。大规模的网络化运作不仅提升了整体运营效率,还通过规模效应降低了系统的运行成本。随着网络的不断扩展和节点的增多,各节点之间的协同作用增强,外部性效应逐渐显现,系统的运行能力和资源配置更加优化。同时,依赖单一节点的风险得到有效分散,抗风险能力也得到了显著提升,使得网络能够在更大范围内应对多变的市场需求和突发情况。

四、货运网络规划与设计

1. 主要规划与设计内容

在制定货运网络规划时,需要综合考虑货运节点规划和货运线路规划两个方面。节点规划涉及确定不同类型、数量和地理位置的货运节点,如配送中心、仓库等,以便有效地管理货物的流动和储存;线路规划是针对货物运输路径和运输方式的优化设计,以确保货物能够以最经济、高效的方式从起点到达目的地。综合考虑节点规划和线路规划,可以建立一个有机的货运网络以满足不同地区之间的货物流动需求。

(1) 节点规划的主要内容

①确定合适的节点类型;②确定恰当的节点数量;③确定每个节点的位置;④确定每个节点的规模;⑤确定分派给各节点的产品和客户。

(2) 线路规划的主要内容

①确定运输方式;②确定运输路线;③确定运输方案;④确定装载方案。

2. 规划与设计原则

货运网络规划与设计的目标是在全面有效利用社会资源的基础上,优化货运节点布局和线路规划。合理规划与设计货运网络,可以减少货物运输过程中不必要的重复和浪费,从而降低能源消耗、减少排放,最终提高货运效率;同时能够降低货运成本,提升企业竞争力,促进经济的可持续发展,为社会创造更多的价值和福利。为实现上述目标,货运网络规划与设计需要遵循以下原则。

(1) 高效率与经济性

确保货运网络的设计能够在保证货物流动的高效率的同时最大限度地降低成本,提高运营经济性。

(2) 灵活性与适应性

考虑到市场变化和需求波动,设计的货运网络应具备灵活的调整能力,以适应不断变化的环境。

(3) 最优化

运用科学的方法和技术,优化货运节点的布局和线路的选择,以实现整体货运网络的最佳效果。

（4）安全与可靠性

确保货运网络设计具备安全、可靠的特性，以保障货物运输过程中的安全和稳定性。

（5）环保与可持续性

考虑到环境保护和可持续发展的重要性，货运网络规划与设计应尽量减少对环境的负面影响，并采取可持续的发展模式。

（6）客户需求导向

根据客户的需求和反馈，设计货运网络以提供更优质的服务，满足客户的需求和期望。

3．规划与设计的影响因素

在实际中，货运网络规划与设计是一个复杂而综合的过程，其涉及多种因素的综合考量，而不同场景下不同因素的重要性也不尽相同，以下是货运网络规划与设计的影响因素。

（1）市场需求

市场需求的变化将直接影响货运网络的规划和设计，不同地区、不同产品的需求量和特点将决定货运网络的节点布局和线路选择，如某地区对某类货物的需求量大且增长迅速，在规划和设计时可能就需要考虑增加运输线路或节点以满足市场需求。

（2）地理环境

地形、气候和交通直接影响货运网络的布局，货运道路往往需要尽可能避开地形复杂的山区，选择相对平缓的平原地带；同时，恶劣气候条件以及道路交通情况会影响货物运输线路的选择。

（3）技术水平

随着新技术的应用，货运网络可以实现更高水平的智能化和自动化，从而提高运营效率并优化布局，如物联网技术的应用可以实现对货物的实时跟踪和监控，使得货运过程更加透明和可控；自动驾驶技术的成熟和应用可以降低运输成本，提高运输效率，减少人为因素对运输安全的影响。

（4）政策法规

政策法规在货运网络的规划与设计中扮演着关键角色，其制定和执行直接影响着货运网络的运作方式和成本，以环保政策为例，政府规定了排放标准、部分区域限制通行，或者推动绿色运输方式的发展，如鼓励使用电动车辆或者生物燃料，以减少对环境的影响。因此在进行货运网络规划和设计时，需要考虑相应的技术和设施，以确保其符合环保法规的要求。

（5）经济因素

经济因素主要体现在成本、价格和市场竞争力等方面，成本包括建设、维护和人力成本，必须合理控制；价格必须能覆盖运输成本且具有竞争力。

（6）客户需求

货运网络须尽可能满足客户多样化的需求，包括但不限于时效性、可靠性、灵活性等，如部分客户对货物的准时交付有着极高的要求，因此货运网络需要确保运输的时效性；同时，可靠性也是客户非常关注的一个方面，其希望货运网络能够稳定地运送货物，并且保证货物的安全性；此外，随着市场需求的不断变化，客户可能希望货运网络具有灵活性，如快速调整运输路线或运输方式，以适应其需求的变化。

五、货运网络化意义

网络技术的普及为货运服务的网络化提供良好的外部环境,货运网络化势在必行。在经济发达国家,货运业已经形成了规模化、自动化、信息化、综合化的货运网络体系。结合国外的发展趋势和我国的实际情况,我国未来的货运服务模式主要为货运网络化服务模式,是基于网格等新型网络技术,实现全社会货运资源随需调配、充分共享的新型服务模式。货运网络化的意义如下。

（1）创新货运服务模式

货运网络化的不断发展对货运服务提出了更广泛的联盟化及更深的专业化要求,未来的货运服务模式将是基于信息技术建立的企业间分工与协作共存的网络化服务模式。货运系统内的各个方面将在网络技术的支持下形成一个资源共享、快速反应、成本最优的综合性服务体系。

（2）促进网络经济发展

在网络经济中,从原材料的采购、供应到成品的销售、运输再到最终的配送服务,都需要完善的货运系统支撑,货运网络化能以简洁快速的配送流程、较低的费用和良好的顾客服务实现即时准确的货运服务,从而促进网络经济发展。

（3）构筑综合货运网络

目前我国货运发展中的主要问题是线路和节点不匹配、各种运输方式衔接不当、区域布局不尽合理等,导致货运资源不能得到充分有效利用。如何按照现代货运发展的客观要求,构筑我国大货运网络,实现区域之间、线路和节点之间、各种运输方式之间的协调,是我国交通和货运基础设施建设需要解决的重大问题。而通过货运网络理论和实践研究的深入开展,借助高效的货运信息和组织网络,对基础设施、资源进行网络化重组和优化,将提高货运资源配置的效率和货运业的总体水平。

总之,现代货运业的发展关键在于建设一套系统指导货运业发展的理论体系,充分利用后发优势对现代货运管理进行研究,指导我国现代货运的良性发展。我国正在成为世界制造业强国和贸易强国,运用货运网络理论对整个货运系统的服务模式和运行机制进行创新,是我国迫切需要解决的重要问题。

第二节 货运网络结构表现形式

根据功能目标的不同,货运系统可以采用不同的货运网络结构。综合来看,货运网络结构一般有三种基本的表现形式,其他货运网络结构表现形式可以被看作这三种基本表现形式的组合或衍生形式。不同货运网络结构表现形式可以根据具体需求组合和调整,以实现降本增效。

一、货运网络结构基本表现形式

1. 直送模式（满载）

直送模式是指货物直接从供应地送达需求地,如图5-1所示。从货运优化的角度分析,直

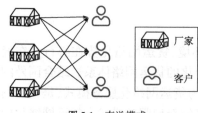

图 5-1 直送模式

送模式的基本条件是其需求量接近或大于可用车辆的额定载质量,需专门派一辆或多辆车一次或多次送货。因此,直送模式下,可以采取满装快运和选择最短配送线路,以节约时间、费用,提高配送效率,如鲜花直送可以确保鲜花的新鲜度和质量,再如汽车经销商的销售网络中,车厂将生产的车辆直接配送到各个城市。

直送模式的优势主要体现在:环节少,无需中转节点,省略仓储和分拨环节,简化货运流程,缩短货物运输时间;同时,由于不需要货运枢纽节点,可降低货运枢纽节点和货运网络的建设运营成本,减少了设施和人力资源的投入;操作和协调简单易行,效率较高;一次运输决策不影响其他货物运输,每次货物运输的决策只影响该次货物的运输,不会对其他货物运输产生影响,有利于灵活调配运输资源。

但其也存在一定的缺陷:若各个需求地的需求量过小,则无法分摊运输成本,导致运输成本过高;当直送模式由一对一转化为多对多,即需要从多个供应地点向多个需求地点配送货物时,需要考虑多个不同目的地之间的运输路线和时间安排,会导致运输成本的上升和运输效率的下降。

2. 迂回模式(送奶模式)

迂回模式是指一辆货车从一个供应商提取货物,然后将货物分别送达多个零售商的网络,或者从多个供应商提取货物,然后将这些货物送至一个零售商的网络,如图 5-2 所示。该网络通常由供应商或零售商安排,并且根据实际需求和情况进行调整。从货运优化的角度分析,迂回模式的货物配送追求拼装快运以及最短配送线路,以节约时间、费用,提高配送效率,如奶厂向各个零售店配送鲜奶,由于每个零售店的需求量远小于一辆货车的运载能力,常需要采取拼装配送的方式满足区域内一系列零售店的需求,以充分利用货车的运载能力,提高运输效率,类似的还有一次性餐具厂配送以及回收一次性餐具等。

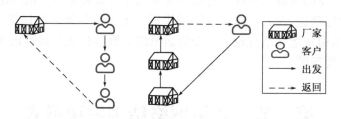

图 5-2 迂回模式

迂回模式的主要优点体现在:无需中转仓库,由货车直接从多个供应商或零售商处提取货物,节省中转环节和成本;多个供应商或零售商的货物装载在一辆车上进行联合运输,有效降低每单位货物的运输成本。

但其也存在一定的缺陷:需要精细规划路线,由于涉及多个供应商和零售商,需要对每条配送路线进行详细规划,还需考虑各种因素如距离、交通情况、客户时间窗等,提高了货运管理的复杂度;难以应对需求变化,一旦供应商或零售商的需求发生变化,需要及时调整配送路线和计划,这对货运管理提出更高的要求,可能导致调整困难和运输延误。

3. 节点模式(collection,exchange,delivery,CED)

节点模式是指供应商并不直接将货物运至零售商,而是先运至配送中心,再送达零售商。

货运控制中心根据空间位置将零售商划分至不同区域,并在每个区域建立一个配送中心。供应商将货物送至配送中心,然后由配送中心选择合适的运输方式,再将货物送达零售商。这种货运网络结构模式的核心集中表现在收集(collection)、交换(exchange)和发送(delivery)。

其中配送中心主要具有存储和对接两个功能,如图5-3所示,当需求地的需求量小于能够产生规模效益的批发量时,配送中心就运用存储功能,如沃尔玛在从海外供应商处进货的同时,把产品保存在配送中心,因为配送中心的批量进货规模远比附近的沃尔玛零售商的进货规模要大;相反,当需求地的需求量大于能够产生规模效益的批发量时,配送中心则运用对接功能,即每一辆进货卡车上装有来自同一个供应地并将运送至多个需求地的货物,而每一辆送货卡车上则装有来自不同供应地并将被运送至同一需求地的货物。

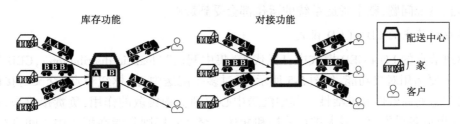

图5-3 节点模式

节点模式的主要优点体现在:可以灵活运用货物对接和存储功能,当货物对接时,无须进行库存,并加快货运中产品的流通速度,同时也降低了产品处理成本,因为其无须从仓库中搬进搬出;当货物存储时,可以通过分批次送货方式和库存数据分析,更灵活地满足零售商的需求,提高货运效率,降低库存管理的风险。

但其也存在一定的缺陷:与直接从供应商到零售商的直送模式相比,节点模式涉及更多的中间环节,使运营成本上升,例如,配送中心的建立和运营成本,以及配送到零售商的额外运输成本。

二、货运网络结构组合表现形式

1.通过配送中心的迂回模式

如果每家商店的进货规模较小,配送中心就可以使用迂回线路向零售商送货,迂回线路通过联合小批量降低了送货成本,如图5-4所示。在这种情况下,配送中心一般是专业的第三方物流公司,例如,当同一时间段内,多名消费者网购同一家店的衣服时,商家会把衣服打包发给快递中心,再由快递中心使用迂回线路配送给消费者。

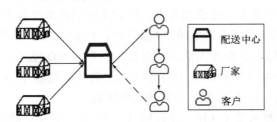

图5-4 通过配送中心的迂回模式

其主要优点体现在:其可以更好地匹配运输选择与单个产品和商店的需求,因为配送中心可以根据各个零售商的实际需求进行货物分拣和配送,从而确保货物运输更加高效、精准;配送中心可以集中管理和监控库存,根据零售商的需求进行库存调度和补货,从而降低库存积压和过期损失的风险,提高库存管理的效率和精度;通过集中配送中心的模式,可以实现批量运输和多点配送,从而降低运输成本,可以更有效地利用运输资源,减少空载和往返运输的情况,提高运输效率。

但其也存在一定的缺陷:尽管配送中心可以更好地匹配运输选择与需求,但也提高了协调的复杂性,需要协调供应商、配送中心和零售商之间的合作,确保货物能够及时、准确地送达;配送中心集中管理大量的货物,面临着货物损坏、过期或被盗窃等存货风险问题,尤其是对于易腐烂或变质的产品,如牛奶等,需要更严格的库存管理和保护措施,以确保产品的质量和安全;需要建立和维护高效的货运管理系统,以确保货物的准确跟踪和及时配送,一旦出现技术故障或信息系统问题,整个货运系统的运作都会受到影响。

2. 多枢纽节点的 LD + CED 模式

多枢纽节点的 LD + CED 模式中,LD 代表"集中配送"(logistic distribution),CED 代表"节点模式",主要运用对接功能,如图 5-5 所示,通过多个配送中心(枢纽节点)交叉对接的方式,实现货物配送的高效性和灵活性。其中配送中心起到货物集散的作用,负责接收来自供应商的货物,并根据各零售商的需求进行分拣和配送。交叉对接则是指在配送中心间进行货物的转运和转载,使得货物可以在不同的配送路线上快速交换和转运,从而实现货物的快速流通和配送。

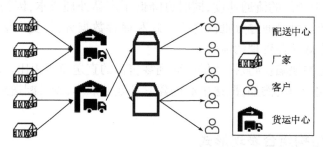

图 5-5 LD + CED 模式

其主要优点体现在:通过集中配送中心,可以实现货物的集中管理和分拣,从而降低配送成本和提高配送效率;通过交叉对接,可以实现货物在不同配送路线上的快速转运和转载,提高了配送的灵活性和响应速度;减少库存积压,这是因为货物可以直接从供应商到达集中配送中心,并在配送中心进行快速分拣和配送。

但其也存在一定的缺陷:LD + CED 模式需要先进的信息技术系统来支持货物跟踪、分拣和配送;协调复杂,由于涉及多个环节和节点,LD + CED 模式需要各个环节之间密切合作和协调,其中任一环节出现问题都可能影响整个配送流程,因此增加了管理难度;建设和运营多个集中配送中心和交叉对接环节需要大量的资金投入;LD + CED 模式虽然可以提高配送的效率和灵活性,但是在交叉对接环节和配送中心之间的货物转运过程中,可能会造成一定的延迟,增加了货物的交付时间,最终影响客户的满意度和体验。

亚马逊的货运网络便采用了 LD + CED 模式。亚马逊作为全球最大的电子商务平台之一,采用高度集中化的货运配送模式,同时结合交叉对接策略,以满足不同地区和客户的需求。

亚马逊在各地建立大型的货运中心并将其作为集中配送中心负责接收来自供应商的货

物,然后根据订单和需求进行分拣和配送。同时,采用先进的技术系统对货物进行管理和跟踪,以确保货物能够准确地送达目的地。

亚马逊采用交叉对接的策略,在货运网络中设置多个交叉对接点,使得货物可以在不同的配送路线上快速转运和转载,使其可以更加灵活地调配货物,并根据实际需求和订单情况进行快速的配送。

通过 LD + CED 模式,亚马逊实现高效的货物配送,快速响应客户的需求,并且在保证配送效率的同时降低配送成本,使其能够在全球范围内提供快速、可靠的配送服务,成为许多消费者首选的电子商务平台之一。

3. 轴辐式货运网络

轴辐式货运网络是一种常见的货物配送模式,其设计灵感来自轮子的结构,其中货运网络的设计类似轮子,其中心点是集中的分拣中心,而周围则是各个分布在不同地区的配送点或仓库,形成辐射状的布局,即周围的非枢纽站节点都与枢纽站节点相连。根据枢纽站节点的数量,可以分为单枢纽站轴辐式网络以及多枢纽站轴辐式网络;根据非枢纽站节点之间是否相连,可以分为纯轴辐式网络与复合轴辐式网络。具体分类如图 5-6 所示。例如,美国联邦快递位于美国田纳西州的孟菲斯超级枢纽是其全国的集中分拣中心,货物在这里被分拣并发送到全国各个配送中心。

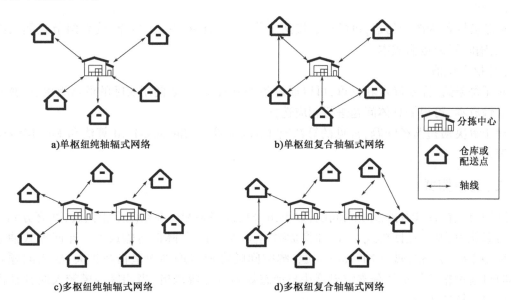

图 5-6　轴辐式货运网络

其主要优点体现在:分拣和配送高效,即使在覆盖广泛区域的情况下,仍能保持快速、准确的货物运输;网络布局灵活性强,能够根据需求随时调整并扩展配送点,满足不同地区和季节需求的变化;集中化资源管理,集中分拣中心的存在有助于统一管理资源,优化货运流程,并确保货物接受统一的质量控制和跟踪管理,从而提高整体的服务质量。

但其也存在一定的缺陷:单点故障的风险,如果集中分拣中心出现问题,整个网络的运作都可能会受到严重影响;长距离的运输路径导致一些配送点的服务速度较慢,尤其是位于辐射末端的地区;由于需要大量的运输车辆将货物从集中分拣中心运到各个配送点,可能会增加交通拥堵和环境污染的风险;轴辐式货运网络主要适用于平稳的流量分布,可能无法满足某些地区或特定时间段的高峰需求。

第三节 常见货运网络结构表现形式模型

一、直送模式

在直送模式中,往往会涉及最短路径问题,如长春一汽等公司,需要把生产的车辆运往全国各地,订单需求都足以满载,且不同需求地之间距离较远,故均需要单独配送,需考虑如何选择公司与需求地之间的配送路线,使得路线最短。

最短路径问题,即在一个加权图中,每条边都有一个权重(通常表示为距离、时间或成本),其目标是找到连接两个指定节点的路径,使得路径边的权重之和最小化,因此,货运网络也可以完全抽象为加权图,具体如下。

(1)节点

道路交叉口、道路连接的端点、配送中心以及客户点可以被表示为图的节点。

(2)边

道路被抽象为图中的边,每条边连接两个节点,并且具有一个权重,代表两节点间的路段距离、运输时间或运输成本。

(3)权重赋值

对于每条边,需要确定其权重,可以通过各种方式实现,如使用实际的道路距离、行驶时间或者运输成本,可根据具体问题进行相应选择。

对于解决最短路径问题,常见的算法有 Dijkstra 算法、Bellman-Ford 算法和 Floyd-Warshall 算法等。

二、迂回模式

迂回模式往往涉及路线规划问题,如丰田公司许多装配厂在空间上很接近,其充分利用单车的装载能力,基于迂回模式,一次性将货物运至多个工厂,降低运输成本。迂回模式抽象为数学模型主要为 TSP,属于 NP-hard 问题,解空间随客户点增加而呈指数扩大,故当问题规模较小时可通过精确算法如分支定界算法与动态规划算法等求解,当问题规模较大时往往需要借助启发式算法求解。

三、节点模式及通过配送中心的迂回模式

经前文介绍可知,节点模式和通过配送中心的迂回模式主要区别在于配送中心到客户点的路线规划,节点模式是直送模式,通过配送中心的迂回模式则是迂回模式,此处不再赘述。但这两种网络形式,往往还涉及配送中心的选址问题,如作为全球最大的电子商务公司之一,亚马逊货运网络的高效运作对公司的成功至关重要,往往需要决定在哪里建立新的配送中心,以提高货运网络效率、降低运输成本,该问题往往受到客户分布、交通网络、地区成本等因素影响,具体设施选址模型见第四章。

四、多枢纽节点的 LD + CED 模式

多枢纽节点的 LD + CED 模式是一种综合考虑设施选址、需求分配及集货配送的复杂货运网络模型,广泛应用于全球供应链和多层级配送网络。其主要涉及多枢纽网络优化模型,依据成本、效率和地理位置选择最佳枢纽位置,实现货物的集中处理、分拣、打包及再配送。该模式帮助企业高效地建立和管理跨地域的货运枢纽,如国际快递公司联邦快递、敦豪等全球枢纽网络便是其典型应用,通过战略性地选择枢纽位置并优化物流路线,实现快速、低成本、高效率的全球集货与货物配送服务。

五、轴辐式网络

轴辐式网络因其独特的优势,不仅适用于货运网络,而且在客运网络中也较为常见,如在货运网络中,联合包裹运送服务公司(UPS)利用其位于美国肯塔基州路易斯维尔的世界枢纽实现全球范围内的包裹处理和分拣,其每天能够处理数百万件包裹,有效支持全球快递服务;如在客运网络中,美国航空(American Airlines)在达拉斯-沃斯堡国际机场(DFW)的运营模式,DFW 作为美国航空的主要枢纽,连接了国内外众多目的地,使旅客能够方便地转机到达最终目的地。之所以能达到以上效果,是因为其产生轴线的规模效益,而为确定轴线,往往需要先确定枢纽中心,这将涉及枢纽中心的选址问题以及覆盖问题,如多分配枢纽站中位问题(multi-allocation hub median problem,MAHMP)、多分配枢纽站最大覆盖问题(multi-allocation hub maximal covering problem,MAHMCP)以及多分配枢纽站集覆盖问题(multi-allocation hub set covering problem,MAHSCP)。但仅仅解决选址问题,并不能完全达到轴辐式网络设计的目的,因为产生规模效应的同时必然会产生绕道行为,即本可以直送,但需要通过枢纽中心整合再配送,会产生多余成本,因此产生成本-路线优化的轴辐式网络问题(cost & route optimization problem for hub-and-spoke network,CROPHN)。

CROPHN 模型与以往选址模型显著不同,其并不强制要求所有的货物流量必须经过枢纽站,货物可以部分直通运输并且枢纽站之间的连线不一定是轴线。正因如此,其能更好地均衡绕路成本和规模效益,使得整个货运网络效率更高、成本更低。

六、复杂网络模型——多式联运网络

目前所提及的货运网络往往局限于国内地区以及公路运输,而从更宏观的角度分析,各国之间通过多种运输方式以及运输线路连接,形成一个巨大的国际货运网络。其中枢纽节点通常是各国的重要城市或枢纽中心,常扮演着货物集散地和转运地的关键角色,确保货物能够通过最优化的路线高效、准时地被运至全球各地。不同于传统观念中单一结构的货运网络,国际货运网络是一个综合体,其融合了海陆空多种运输方式以及多种货运网络。

我国为适应和配合对外贸易运输发展,对某些国家和地区已开始采用国际多式联运方式(详细内容可见第十章第一节),如连接中欧大陆的西伯利亚大陆桥以及新亚欧大陆桥,其中新亚欧大陆桥全长 10900km,拉近了我国远东地区与欧洲的"距离",相对于经苏伊士运河的全程海运航线缩短 8000km,相对于经巴拿马运河的全程海运航线缩短 11000km,同时有利于缓解西伯利亚大陆桥运力紧张的情况。

1. 问题背景

中国作为世界工厂和发展最快的发展中国家,基于"一带一路"(the Belt and Road,B&R)倡议,一直在努力加强与其他国家的货运网络结构以及多式联运系统的建设。传统的中欧贸易运输方式主要依赖海运,随着"一带一路"的建设,中国开始更注重亚欧物流的整合,铁路运输通道得到极大发展,中欧班列迅速发展,形成亚欧地区的交通网络,为全球供应链变革作出贡献。与此同时,中欧地区还形成海上运输、海铁联运的多种运输通道。浙江义乌为全球最大的小商品集散地,在中欧班列开通之前,其货物大多走海运加铁路运输,或者走公路到新疆的口岸再换铁路出口,而海运需要60多天,卡车运输也要两个星期左右,中欧班列开通之后,由于铁路运输成本较低且时间也较短,义乌商贸活动变得日益繁荣。不仅义乌如此,国内诸多城市都开通了中欧班列,如西安、成都、重庆、合肥、上海、连云港等,可以发现除了内陆城市,像上海及连云港等大型港口城市也开通了中欧班列,而这些城市往往更需要对水路和铁路运输方式以及运输路线进行评估,从而获得更合适的运输时间和可接受的运输成本。中欧班列的建设完善了中欧之间的货运网络结构,给予中国与欧洲各国家更多的运输方式和运输线路选择,使得中欧的联系更加紧密。

2. 建立模型

依据问题背景,可将问题大致抽象为假设有一批集装箱从国内起点城市 O 运往多个欧洲目的地城市 D,需规划一条既经济又快速的运输路线,其中有多处中转城市可作为货运节点,且货物运输主要采取以下两种路径:①中欧班列路径,货物首先通过国内运输网络被运至中欧班列的发车城市 N_1,并从三大主要口岸(满洲里、二连浩特、阿拉山口)出境,抵达中欧班列的终点城市 N_2,最后运至各个欧洲城市 D。②海运路径,首先将集装箱运送至邻近的国内港口城市 N_3,并通过国际班轮运输至国外港口城市 N_4,最后运至各个欧洲城市 D。

在各个节点之间,货物可以灵活选择铁路、公路和水路三种不同的运输方式,从而优化货运效率和成本控制。多式联运网络示意图如图5-7所示。

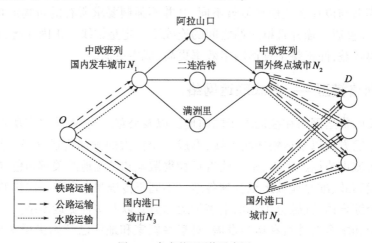

图5-7 多式联运网络示意图

(1)模型假设

①每种运输方式的运输能力都能满足运量需求;

②在运输过程中运量不可分割,且在每个节点最多只能中转一次;

③中欧班列和国际班轮有固定的班期,其他运输方式可以随时出发;
④节点之间最多只可以选择一种运输方式;
⑤在节点处考虑转运期间的装卸费用,忽略仓储费用。

(2)目标函数

①运输成本最小化。

运输成本是指所有集装箱运输过程中所产生的费用,包括节点之间的在途运输费用以及在节点处的中转费用。

$$\min C = \sum_{m \in D} (C_1^m + C_2^m) \tag{5-1}$$

式中:C——运输总成本,元;

C_1^m——运往销地 m 的节点间在途运输费用,元;

C_2^m——运往销地 m 的节点处中转费用,元;

D——销地 m 的集合,$D = \{1, 2, \cdots, m\}$。

其中节点间在途运输费用:

$$C_1^m = \sum_{i \in B} \sum_{j \in B} \sum_{k \in K} c_{ij}^k x_{ij}^{mk} Q^m \tag{5-2}$$

式中:B——多式联运网络城市节点集合,$i, j \in B$;

c_{ij}^k——城市 i 和城市 j 之间运输方式 k 的运输费用,元/箱;

x_{ij}^{mk}——发往销地 m 的货物从城市 i 运输到城市 j 采用运输方式 k 时则为 1,否则为 0;

Q^m——发往销地 m 的运输量,箱;

K——各种运输方式的集合,其中 b 为中欧班列运输,w 为国际班轮运输。

其中节点处中转费用:

$$C_2^m = \sum_{i \in B} \sum_{j \in B} \sum_{k \in K} y_{mi}^{kl} c^{kl} Q^m \tag{5-3}$$

式中:y_{mi}^{kl}——发往销地 m 的货物在城市 i 由运输方式 k 转换为运输方式 l 时则为 1,否则为 0;

c^{kl}——由运输方式 k 转换为运输方式 l 的单位中转费用,元/箱。

②运输时间最小化。

运输时间是指从起点 O 出发到各个终点 D 的时间的总和,包括节点间的在途运输时间、在节点处的中转时间以及在节点处等待班期的时间。

$$\min \sum_{m \in D} (T_1^m + T_2^m + T_3^m) \tag{5-4}$$

式中:T_1^m——运往销地 m 的节点间在途运输时间,h;

T_2^m——运往销地 m 的节点处中转时间,h;

T_3^m——运往销地 m 的节点处等待班期时间,h。

其中节点间在途运输时间:

$$T_1^m = \sum_{i \in B} \sum_{j \in B} \sum_{k \in K} t_{ij}^k x_{ij}^{mk} \tag{5-5}$$

式中:t_{ij}^k——城市 i 和城市 j 之间采用运输方式 k 的运输时间,h。

其中节点处中转时间：

$$T_2^m = \sum_{i \in B}\sum_{j \in B}\sum_{k \in K} y_{mi}^{kl} t^{kl} Q^m \tag{5-6}$$

式中：t^{kl}——由运输方式 k 转换为运输方式 l 的单位中转时间，h/箱。

其中节点处等待班期时间：

$$T_3^m = \sum_{i \in B} W_i^m \tag{5-7}$$

式中：W_i^m——发往销地 m 的货物在城市 i 的等待时间，h。

(3) 约束条件

①节点流量平衡约束，该约束保证发往销地 m 的货物都要有运输起点和终点，而且中间节点流量守恒。

$$\sum_{k \in K}\sum_{i \in B} x_{ij}^{mk} - \sum_{k \in K}\sum_{z \in B} x_{jz}^{mk} = -1; \forall m \in D, j = O \tag{5-8}$$

$$\sum_{k \in K}\sum_{i \in B} x_{ij}^{mk} - \sum_{k \in K}\sum_{z \in B} x_{jz}^{mk} = 0; \forall m \in D, j \in B\setminus\{O,D\} \tag{5-9}$$

$$\sum_{k \in K}\sum_{i \in B} x_{ij}^{mk} - \sum_{k \in K}\sum_{z \in B} x_{zj}^{mk} = 1; \forall m \in D, j \in D \tag{5-10}$$

式中：$B\setminus\{O,D\}$——不包括运输起点和终点的中间节点。

②运输方式约束，即发往销地 m 的货物在两城市之间运输最多只能选择一种运输方式。

$$\sum_{k \in K}\sum_{j \in K} x_{ij}^{mk} \leq 1; \forall i \in B \tag{5-11}$$

③转运次数约束，即发往销地 m 的货物在城市至多转运一次。

$$\sum_{k \in K}\sum_{l \in K} y_{mi}^{kl} \leq 1; \forall i \in B\setminus\{O,D\} \tag{5-12}$$

④转运约束，即发往销地 m 的货物在城市转运时对运输路径的要求。

$$y_{mi}^{kl} = \min\{\sum_{j \in B} x_{ij}^{mk}, \sum_{j \in B} x_{ij}^{ml}\}; \forall i \in B\setminus\{O,D\}, \forall k,l \in K \tag{5-13}$$

⑤发往销地 m 的货物离开城市时刻约束，即对每批货物离开城市时刻的要求。

$$A_j^m = \sum_{k \in K}\sum_{i \in B} A_i^m x_{ij}^{mk} + \sum_{k \in K}\sum_{i \in B} t_{ij}^k x_{ij}^{mk} + \sum_{k \in K}\sum_{l \in K} y_{mj}^{kl} t^{kl} Q^m + W_j^m; \forall j \in B\setminus\{O\} \tag{5-14}$$

$$A_j^m = t^m + W_j^m; j = O \tag{5-15}$$

式中：A_j^m——发往销地 m 的货物离开城市 j 的时间，h；

t^m——发往销地 m 的货物的起点运输时刻，h。

⑥班期约束，若使用中欧班列或者国际班轮离开，则离开时间为最近可搭乘的班列或班轮发运时间。

$$A_i^m \geq \sum_{j \in B} x_{ij}^{mk} t_{ij}^{ak} - (1 - \sum_{j \in B} x_{ij}^{mk}) M; \forall i \in B\setminus D, k = \{b,w\} \tag{5-16}$$

$$A_i^m \leq \sum_{j \in B} x_{ij}^{mk} t_{ij}^{ak} + (1 - \sum_{j \in B} x_{ij}^{mk}) M; \forall i \in B\setminus D, k = \{b,w\} \tag{5-17}$$

式中：M——一个很大的常数；

t_{ij}^{ak}——使用运输方式 k 从城市 i 到达城市 j 最近可搭乘的中欧班列或国际班轮发运时间，h。

⑦等待时间不能为负数。

$$W_i^m \geq 0; \forall i \in B \tag{5-18}$$

【例 5-1】

南通市某外贸企业路线决策

(1) 实例背景

南通一家外贸企业的产品主要销往欧盟地区,目前每周一9:00,该公司需要各送 5 个 40ft 标准集装箱到维也纳、杜伊斯堡、汉堡、柏林以及法兰克福等地。该公司需要根据运输费用以及运输时间,在复杂的中欧货运网络中确定较优的路线。此外,由于南通并没有开通中欧班列及国际班轮,均需要先将货物送至国内的起送点,其中中欧班列国内起送点为西安、郑州、成都、重庆、济南、义乌、长沙、合肥、连云港、沈阳、武汉和苏州等城市,满洲里、阿拉山口、二连浩特为内陆铁路口岸节点,维也纳、华沙、汉堡、杜伊斯堡、布列斯特、明斯克、马拉舍维奇、罗兹、蒂尔堡、纽伦堡为中欧班列的终点城市;国际班轮起送点主要为上海和宁波,终点为汉堡、鹿特丹、热那亚等欧洲港口城市,如图 5-8 所示。其中相关费用及时间参数见表 5-1 和表 5-2。

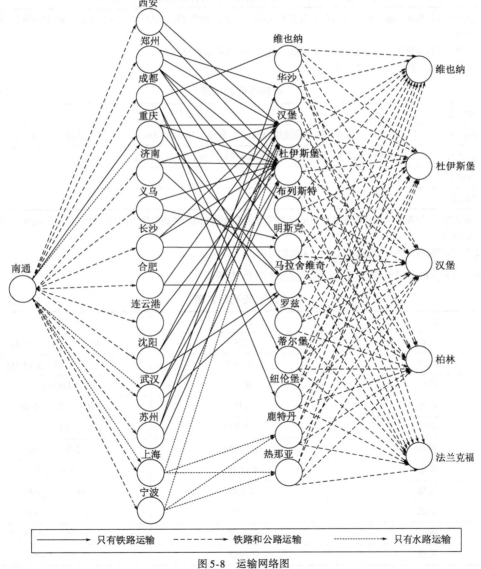

图 5-8 运输网络图

运输费用组成表 表 5-1

符号	费用组成	价格
c_{ji}^{k}	公路运输费用	国内:9 元/(箱·km);欧盟:2 美元③/(箱·km)
	铁路运输费用	国内段:费用 = 532 + 3.357×运输距离,欧洲段:1 美元/(箱·km)。 宽轨段:阿拉山口,0.694 美元/(箱·km); 二连浩特,0.441 美元/(箱·km); 满洲里,0.413 美元/(箱·km)
	水路运输费用	内河运输:0.7 元/(箱·km);远洋运输:0.8 元/(箱·km)
c^{kl}	中转费用	公铁转换:150 元/箱;公水转换:200 元/箱;铁水转换:250 元/箱
	换装费用①	阿拉山口:180 元/箱;满洲里:280 元/箱; 二连浩特:200 元/箱;欧盟:250 元/箱
	关务费用②	中欧班列:1225 元/箱;远洋运输:618 元/箱

注:①换装费用:指在中欧班列运输过程中由于不同国家或地区之间的铁路轨距不同而需要进行的货物转运、换装所需的费用。
②关务费用:指货物在跨境运输过程中需要支付的与海关有关的费用。
③货币兑换:1 美元 = 6.8412 元人民币。

运输时间组成表 表 5-2

时间组成	时间计算
在途运输时间	总路程/速度;公路运输速度:55km/h,铁路运输速度:35km/h,水路运输速度:25km/h
中转时间	公铁转换:0.5h/箱;公水转换:0.6h/箱;铁水转换:0.8h/箱
换装时间①	6h
通关时间②	8h

注:①换装时间:指在中欧班列运输过程中由于不同国家或地区之间的铁路轨距不同而需要进行的货物转运、换装所需的时间。
②通关时间:指货物在跨境运输过程中需要的时间。

中欧各班列时刻见表 5-3,国际班轮时刻见表 5-4。

中欧各班列时刻表 表 5-3

起始点	终点	时刻
西安	汉堡	周二、三、四、五15:00
西安	杜伊斯堡	周二、三、四、五18:00
郑州	华沙	周日6:00
郑州	汉堡	周二、四、六9:00
郑州	杜伊斯堡	周二、四、六13:00
郑州	布列斯特	周四、日9:00
郑州	明斯克	周五2:00
成都	维也纳	周二、五7:00
成都	罗兹	周二、四、六9:00
成都	蒂尔堡	周二、四、六、日15:00
成都	纽伦堡	周三15:00

续上表

起始点	终点	时刻
重庆	汉堡	周一、四、六11:00
重庆	杜伊斯堡	周一、四、六13:00
重庆	马拉舍维奇	周一、四、六19:00
济南	汉堡	周日17:00
济南	杜伊斯堡	周日4:00
济南	马拉舍维奇	周日22:00
义乌	杜伊斯堡	周六7:00
义乌	明斯克	周日21:00
长沙	汉堡	周日12:00
长沙	杜伊斯堡	周日20:00
长沙	明斯克	周二19:00
合肥	汉堡	周四18:00
合肥	马拉舍维奇	周三、四19:00
连云港	杜伊斯堡	周六12:00
沈阳	汉堡	周二、五23:00
沈阳	杜伊斯堡	周三、五10:00
沈阳	马拉舍维奇	周三20:00
武汉	汉堡	周四、五、六11:00
武汉	杜伊斯堡	周三、四、六5:00
武汉	马拉舍维奇	周三、五23:00
苏州	华沙	周六2:00
苏州	汉堡	周六19:00
苏州	杜伊斯堡	周六1:00

国际班轮时刻表 表5-4

起始点	终点	时刻
上海	汉堡	周一12:00、周四23:00、周日18:00、周日22:00
上海	鹿特丹	周一12:00、周四23:00、周六18:00、周日18:00、周日22:00
上海	热那亚	周三12:00、周四20:00、周四00:00、周日15:00
宁波	汉堡	周二8:00、周二23:00、周三16:00、周四9:00
宁波	鹿特丹	周一8:00、周二8:00、周二23:00、周三16:00、周四9:00
宁波	热那亚	周五12:00、周六5:00、周六10:00

(2) 求解算法

根据构建的中欧集装箱多式联运路径优化模型[式(5-1)~式(5-18)], 针对2个目标函数的多目标优化问题设计 NSGA-Ⅱ算法求解,其中初始种群规模、迭代次数都为 200,交叉、变异概率分别为 0.7 和 0.1,得出南通到柏林、汉堡两个销地货物运输的帕累托解集分布情况如图 5-9 和图 5-10、表 5-5 和表 5-6 所示,其他三个销地的帕累托解集由于篇幅有限就不再列出,感兴趣的读者可以自行尝试求解。

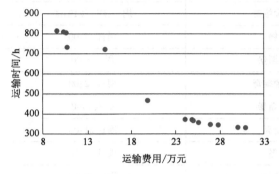

图 5-9 南通至柏林货物运输帕累托解集

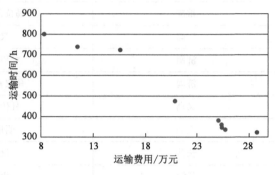

图 5-10 南通至汉堡货物运输帕累托解集

南通至柏林货物运输帕累托解集　　　　表 5-5

路径	运输路线	运输费用/万元	运输时间/h
1	南通—[公]—西安—[铁]—汉堡—[公]—柏林	30.95	330.45
2	南通—[水]—上海—[水]—汉堡—[铁]—柏林	9.62	814.53
3	南通—[水]—上海—[水]—热那亚—[公]—柏林	15.06	721.48
4	南通—[铁]—济南—[铁]—马拉舍维奇—[铁]—柏林	19.89	467.09
5	南通—[水]—上海—[水]—热那亚—[铁]—柏林	10.78	732.92
6	南通—[铁]—郑州—[铁]—汉堡—[公]—柏林	27.85	344.39
7	南通—[公]—西安—[铁]—汉堡—[铁]—柏林	30.08	332.46
8	南通—[水]—上海—[水]—鹿特丹—[铁]—柏林	10.66	804.94
9	南通—[水]—上海—[水]—汉堡—[公]—柏林	10.38	809.02
10	南通—[铁]—合肥—[铁]—马拉舍维奇—[铁]—柏林	25.05	366.03
11	南通—[铁]—西安—[铁]—汉堡—[铁]—柏林	25.65	356.46
12	南通—[铁]—郑州—[铁]—汉堡—[铁]—柏林	26.98	346.40
13	南通—[水]—武汉—[铁]—马拉舍维奇—[铁]—柏林	24.12	372.14
14	南通—[铁]—郑州—[铁]—布列斯特—[铁]—柏林	24.91	370.94

南通至汉堡货物运输帕累托解集　　　　表 5-6

路径	运输路线	运输费用/万元	运输时间/h
1	南通—[水]—上海—[水]—汉堡	8.33	800.84
2	南通—[公]—西安—[铁]—汉堡	28.92	322.77
3	南通—[铁]—西安—[铁]—汉堡	25.49	346.77
4	南通—[铁]—郑州—[铁]—汉堡	25.83	336.71
5	南通—[水]—上海—[水]—热那亚—[公]—汉堡	15.61	722.95
6	南通—[铁]—济南—[铁]—马拉舍维奇—[铁]—汉堡	20.92	475.69
7	南通—[水]—上海—[水]—热那亚—[铁]—汉堡	11.50	738.92

续上表

路径	运输路线	运输费用/万元	运输时间/h
8	南通—[水]—武汉—[铁]—马拉舍维奇—[铁]—汉堡	25.15	380.74
9	南通—[铁]—沈阳—[铁]—马拉舍维奇—[公]—汉堡	25.46	360.73

当从公司的角度出发时,往往会更加看重运输费用,会选择南通—[水]—上海—[水]—汉堡—[铁]—柏林和南通—[水]—上海—[水]—汉堡路线,如图5-11所示;而当从客户的角度出发时,往往会更加看重运输时间,会选择南通—[公]—西安—[铁]—汉堡—[公]—柏林和南通—[公]—西安—[铁]—汉堡路线,如图5-12所示。因此,当追求运输速度时往往会选择中欧班列,而当追求成本时,会选择水路联运。在实际情况中,公司往往需要进行多重衡量,根据不同的情形,在复杂的货运网络中选择较为合适的运输路线。

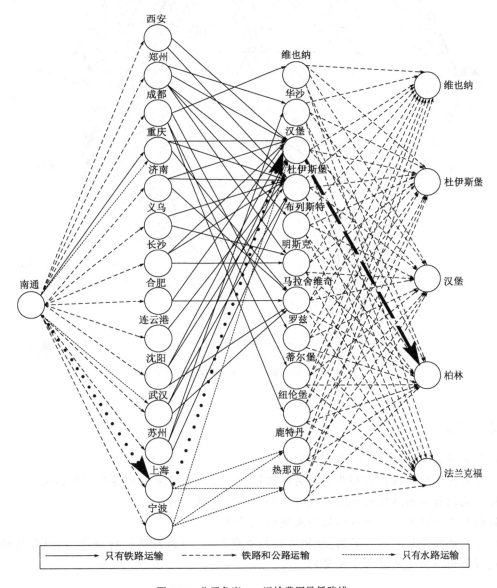

图5-11 公司角度——运输费用最低路线

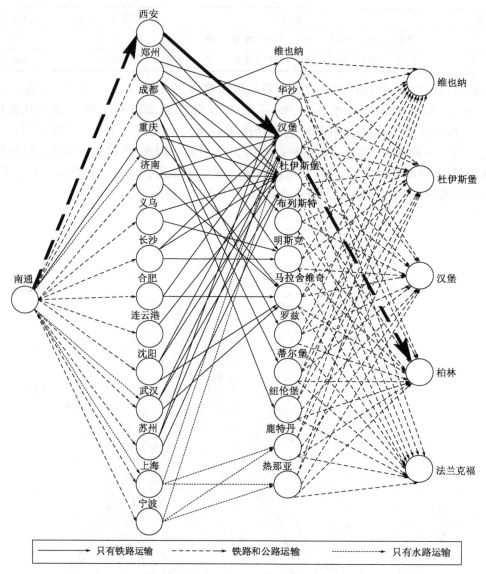

图 5-12 客户角度——运输时间最短路线

【练习与讨论】

1. 什么叫货运网络?其组成有哪些?
2. 货运网络规划内容有哪些?货运网络规划与设计需要考虑哪些原则和影响因素?
3. 常见的货运网络结构表现形式有哪些?请对其进行对比。
4. 请列举一些常见货运网络结构表现形式模型。
5. 请搜集相关货运网络实例,分析其结构表现形式,对该网络进行评价,判断其结构表现形式是否适用该货运网络的建设目的。

扫码查看参考答案

【经典案例】

河南烟草:新网络模式

目前,烟草商业的货运配送网络是在现有行政区划下的货运网点布局,货运建设还是分散、单个的配送中心的自我建设,多个相邻地市之间配送重叠度较高,且存在某些区域从本地配送中心配送距离较远,反而从相邻地市配送更合理的现象。在工业产地、烟叶产区的同城设置的多个仓库、多个卸货场地、多套系统、多个组织各为其主,利用率较低。相互之间还需要短途驳运,多次入库、组盘、上架,额外增加成本。因此,烟草商业物流中心建设应该首先从全省范围、全行业范围进行网络规划,从各自建设向协同建设转变。

随着河南省"两烟"(烤烟、卷烟)经营形势的发展,为改变河南省卷烟配送中心建设基础薄弱的落后局面,烟草行业加大了对卷烟配送中心建设项目的投资力度,目前已形成由18个地市级卷烟配送中心、32个二级中转站、1131台送货车辆和3800多名物流从业人员组成的烟草货运网络,为全省33万卷烟零售商户提供卷烟配送服务。

此外,随着河南省企业物流非法人实体化建设的不断推进,物流业务体系逐步实现完整统一,形成了以省级物流管理处和地市级公司配送中心为主体的物流运行管控体系,物流资源和业务在企业内部得到进一步整合优化,基本形成了涵盖卷烟仓储、分拣、配送等环节的物流业务体系,为行业生产经营的稳定运行作出积极贡献。为不断提升烟草物流的市场竞争力和不可替代性,基于目前以地市级卷烟配送中心为运营主体进行资源的优化整合,中国烟草总公司提出了要由企业物流向行业物流转变的工作要求。

因此,河南省编制了烟草建设规划,并制定了网络布局整合实施方案,对现有货运网络布局进行持续优化,逐渐形成"$N+1$"的全新物流网络模式,其中"1"代表区域配送中心,"N"则代表各地市配送中心、分中心及县级中转站等。

具体做法是:结合全省地理、交通、工业企业所在地、烟叶主产区、复烤企业所在地等基本情况,基于现有管理体制,选取交通便利、区位优势明显的中心城市作为配送中心建设试点单元,其余地市配送中心在保持既有格局不变的基础上,通过技术创新和管理创新,成为重点地市配送中心,全省逐步形成"$13+1$"模式到"$10+1$"模式再到"$7+2$"模式的区域货运+重点地市货运的战略布局。

其中,"$13+1$"模式和"$10+1$"模式中的"1"均指首先在省内成立以省会郑州为核心的区域中心,并覆盖周边5个地市;而"$10+1$"模式则是为了充分发挥区域中心的规模效应和规模效益,在"$13+1$"模式运行基本顺畅的基础上,把3个地市分拣配送业务纳入郑州区域中心一体化运作。届时,郑州区域配送中心年总销量和配送量将超100万箱。

"7+2"模式指的是基于"10+1"模式,再整合3个地市资源,组建全省第2个预计年总销量和配送量超过35万箱的区域中心,其余7个直属单位仍作为重点地市中心,为将来全省烟草行业货运专业化实体运作和多元化运营进一步奠定基础。

综上所述,河南省烟草商业配送网络的转型与发展计划体现了对现有体系进行深刻反思后的积极调整。实施全省范围的网络规划,旨在解决现有配送网络中存在的效率低下、资源重复配置和成本高问题。从分散、单一的自我建设模式向协同、规模化的网络建设模式转变发展,有助于提高货运效率,降低成本,增强服务能力。

问题讨论

1. 试总结河南省烟草新网络模式。
2. 货运网络布局优化对卷烟配送服务的质量和时效性有何影响?

第六章
库存管理

【本章提要】

本章主要对库存管理理论进行介绍,并详细讲解了确定环境下的库存管理模型,并对不确定环境下的库存管理模型进行简单说明,另外还介绍了较为经典的几类库存管理模式。

【学习要求】

通过学习本章,了解库存的定义和供应链中库存管理的实际应用,能够从基础库存管理模型展开,进一步学习应对不确定性环境的库存管理模型,以及几种常用的库存管理模式。

第一节 供应链库存管理理论

库存与货物运输密切相关,库存直接影响货物运输。当企业需要补充库存时,货物运输需求增加,推动货物运输;反之,若库存过剩,企业减少货物运输需求。因此,合理控制库存,保持供需平衡,对维护货运市场的稳定至关重要。

一、库存概述

1. 库存产生的原因

零库存即"供给等于需求",是每个企业追求的目标。但是,零库存的实现需要相当高的管理水平,一般企业很难做到这一点。同时,由于在需求量、交货时间、供应商的配合程度上存在较多的不确定因素,企业需要通过库存避免断货造成的生产运营损失。

2. 库存的定义

库存是指未按预定目的使用而处于闲置或非生产状态的物品。狭义上库存是在仓库中处于暂时停滞状态的物资,是指仅存在于仓库中的原材料、零部件和产成品;广义上库存可视为用于将来目的、暂时处于闲置状态的资源,除了仓库中的原材料、零部件和产成品外,生产线上的半成品及运输途中的物品均属于库存。

3. 库存的作用

库存使采购、生产、销售等各个环节的独立经济活动成为可能,并在各个环节间起到连接和润滑的作用。具体如下:

①稳定生产、经营的规模,使企业获得规模经济的效益;

②协调供求关系,维持均衡生产;

③促进制造的专业化和物流系统的合理化;

④减少需求和订货周期的不确定性对企业的影响;

⑤在供需的某些关键环节中发挥缓冲、调节作用。

企业持有或维持库存的主要目的是降低成本、优化服务。但库存并不是越多越好,维持适当的库存,对于保证生产经营活动稳健运行、获得良好的经济效益和提高客户满意度是十分必要的。需注意的是,库存控制不是为增加库存,而是不断减少库存,在尽可能低的库存水平下满足生产和客户的需要。

4. 库存的分类

根据经营过程可以将库存分为经常库存、安全库存、促销库存、投机库存、战略库存、季节性库存。

(1) 经常库存

经常库存通常被称为周转库存,是指企业为了维持正常的经营活动、满足日常的需要而必须持有的库存。当经常库存低于某一水平(订货点)时,就要及时补充。

(2) 安全库存

安全库存主要是为了应对需求和订货点发生短期的随机变动而设置的缓冲库存。它的持有是由于需求预测的不确定性和因实际需求超过预期需求而产生的物品短缺。安全库存水平取决于需求的波动幅度和企业的现货供应水平,精确的预测是降低安全库存水平的关键。

(3) 促销库存

促销库存是指为了应对企业促销活动所引起的预期销售量的增加而建立的库存。

(4) 投机库存

投机库存是指企业为了防止原材料价格上涨或者为了从产成品的价格上涨中牟利而愿意保有的库存。

(5) 战略库存

战略库存是指企业为了维持整条供应链的稳定运行而持有的库存。战略库存会导致产成品积压,提高库存成本,但从整条供应链管理角度而言,却是经济合理的。

(6)季节性库存

季节性库存是为了满足特定季节出现的特定需求而建立的库存。通常企业会对季节性出产的商品在应季时期大量收购。

此外,根据库存所在的状态可以将其分为静态库存和动态库存。

(1)静态库存

静态库存即狭义库存,是指长期或暂时处于储存状态的库存。这类库存往往存放于物流节点的仓库中。

(2)动态库存

动态库存即广义库存,也被称为在途库存,通常是指处于制造加工状态或者在汽车、火车、轮船、飞机等交通工具上处于运输状态的库存。

二、库存的两面性

库存在企业运营中扮演着双重角色,既有好的一面,也有坏的一面。例如,施乐公司通过对库存的合理应用成功地消除其供应链中价值7亿美元的积压商品,展现了库存管理的积极作用;沃尔玛则以其卓越的库存管理成为最大零售公司之一,有效地运用库存为企业赢得了市场竞争优势。合理的库存管理不仅可以提高效率,还能够降低成本,为公司创造更好的经济效益。然而,在1994年,IBM因ThinkPad产品线供货问题而陷入困境,Liz Claiborne称其在1993年收入意外下降是过量库存导致的,凸显库存管理不善对企业造成的负面影响。因此,企业需要在库存管理上取得平衡,以充分发挥库存的积极作用,同时避免潜在的负面影响。

成功的库存管理首先能够有效缩短订货提前期,使得企业能够更迅速地响应市场需求变化,提高运营的灵活性;其次,有助于维持生产的稳定,降低生产过程中的不确定性,防止缺货现象的发生,保证产品供应的连续性,提高客户信任度和满意度;然后,还能分摊订货费用,降低企业的采购成本,提高整体获利水平;最后,可以帮助企业更好地应对市场货物价格波动,减少价格波动带来的不利影响。

反之,失败的库存管理将给公司经营带来诸多困难。首先,资金积压是一个突出的问题,过多的库存意味着资金被锁定,难以流动,影响企业的资金周转能力;其次,产品成本和管理成本的上升是不可忽视的负面效应,失控的库存会导致更高的仓储、运输和管理费用,降低企业的盈利能力;最后,还会掩盖企业内部管理问题,进一步加剧经营的困境。

因此,良好的库存管理不仅是企业高效运营的关键,也是维持企业竞争力和保证企业可持续发展的重要因素。只有借助一定的管理手段,最大限度地发挥库存的正面作用,同时最小化负面影响,才能帮助企业更有效地应对库存的两面性。

三、库存管理的相关概念

库存管理问题随处可见,举例而言:某杂货店老板每次进货均需要开车或者租车,若进货量太多,部分商品可能卖不出去,食物变质,提高成本;若进货量太少,则需要多次进货以满足需求,从而产生额外的运输成本。因此,杂货店老板需要通过库存管理合理确定进货量,使得总成本最小。为确定一个合理的进货量,杂货店老板需要理解库存管理的基本原理,包括库存过程、库存管理目标以及库存成本。

1. **库存过程和库存管理目标**

库存管理是以管理库存为目的的方法、手段、技术以及操作过程的总称,对企业的库存量(包括原材料、零部件、半成品以及产品等)进行计划、协调和控制的工作。库存量的变化取决于库存过程,一个完整的库存过程可以分为订货过程、进货过程、保管过程、出库过程,企业主要通过管理前两个过程控制库存量。

库存管理的目标有两个:一是降低库存成本,二是提高客户服务水平。二者之间相互制约、相互权衡。

2. **库存成本**

库存成本分为三种类型:采购成本、库存持有成本和缺货成本。

采购成本包括订货成本和购买成本。订货成本是订购货物而产生的成本,其基本上与每批产品的订购数量无关,而只与订货次数有关;购买成本是获得产品的所有权和使用权而花费的费用,其与产品的数量呈正相关,而且购买成本会随着所存储产品的市场价格变化而变化。

库存持有成本是指在一定时期内随存储产品的数量变化而改变的成本,其大致上与所持有的平均库存量呈正相关,通常用单位时间内(每天、每周、每月、每年等)产品价值的百分比表示。一般而言,其包括库存资金成本、库存服务成本、库存空间成本和库存风险成本,如图6-1所示。

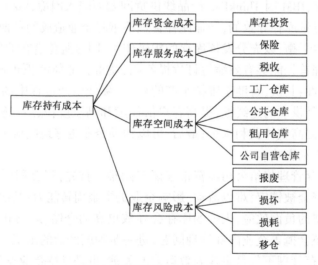

图6-1　库存持有成本标准划分图

库存资金成本,又称库存利息或机会成本,是指将库存占用的资金投入其他途径所能得到的回报,即"能用在其他值得做的项目上但却用在库存上的资本的潜在价值"。库存资金成本通常在库存持有成本中占绝大部分,占比可超80%,但却是最具主观性的一项。库存服务成本由税收以及保护库存产品而产生的火灾和盗窃保险组成。库存空间成本是指产品占用存储建筑内的立体空间,以及把产品运进运出仓库所产生的成本,其因企业使用不同种类的仓库而不同。库存风险成本反映了库存的现金价值下降的可能性,而这往往是不可控的。

缺货成本是指库存不足,无法满足顾客的需求造成的业务损失、企业信誉的下降以及利润的减少等所产生的成本,其包括失销成本和延期交货成本。缺货成本的高低与储备量的大小有关,当储备量大时,缺货的次数和数量相对较少,缺货成本可能较低,但库存持有成本必然升高;当储备量小时,缺货成本可能很高,但库存持有成本却可能降低。由于客户的需求随机性较大,缺货成本的具体衡量比较困难。

第二节 ABC 分 类 法

一、ABC 分类法的来源与原理

1879年意大利著名经济学家帕累托在研究个人收入的分布状态时发现:在美国,少数人(20%)的收入占全部人收入的大部分(80%),而多数人(80%)的收入却只占全部人收入的一小部分(20%)。这也被称为"帕累托原则"。该分析方法的核心思想是在决定一个事物的众多因素中分清主次,识别出少数的但对事物起决定作用的主要因素和多数的但对事物影响较小的次要因素。

1951年美国通用公司经理戴克将"关键的少数和次要的多数"这一规律应用到库存管理,因此,诞生了 ABC 分类法,又称 ABC 分析法。ABC 分类法运用数理统计的方法,对企业库存物料、在制品、制成品等按重要程度、价值高低、资金占有和销售情况进行分类、排序,以分清主次、抓住重点,并分别采用不同的控制方法。

A 类货物享有最高的优先级,需要重点控制,其主要措施有:精确计算每次的订货数量和再订货点;严格按照预定的数量、时间、地点组织订货;认真进行市场预测和经济分析,尽可能使每次订货量符合实际需求。B 类货物,需要适中控制,可采用定期控制方式。C 类货物的控制可以粗略一些,采用较大的订货批量进行订货,安全库存量可适当降低。

ABC 分类法表明库存上相对较少的库存品或库存单位,却有可能具有较大的影响和价值。其核心是对不同的对象采取不同的管理方法,即找出主要的少数(A 类)和次要的多数(B 类和 C 类),并对主要的少数进行重点管理。ABC 分类法具有适用层面广泛的优点,但其仅能找出问题,并不能揭示问题的根源且提出解决问题的方案。

二、ABC 分类法的步骤

ABC 分类法的一般步骤:

①在一个分析期内,统计出该时期内每种存货的需求、供应、销售、储存数量,单价,出入库频度和平均库存时间等。

②按照一定的原则对存储货物进行排序。一般按库存价值高低排序。

③计算和整理各个数据,包括计算货物品种累计数和累计百分比、货物总价值、各类货物的价值占货物总价值的百分比和累计百分比。

④按标准对货物进行 A、B、C 分类。划分的标准一般与库存管理所注重的方面有关,并没有严格的规定,其中常用的 ABC 划分标准见表6-1。

⑤对 A、B、C 三类货物采取不同的管理措施。

常用的 ABC 划分标准　　　　　　　　表6-1

库存类型	A 类货物	B 类货物	C 类货物
所占数量百分比	15% ~20%	20% ~25%	60% ~65%
所占价值百分比	75% ~80%	10% ~15%	5% ~10%

三、ABC 分类法的应用

【例 6-1】

小王是某大学毕业生,毕业后到武汉某仓储公司担任仓库主管一职,刚进仓库,就有员工反映仓库内原材料不足,小王看到仓库库存明细表并得知仓库内所有产品均统一进货后,发现仓库管理中存在问题,问题发现过程如下。

(1)搜集数据

按分析对象和分析内容,搜集有关数据。例如,若要分析产品成本,则应搜集产品成本因素、产品成本构成等方面的数据;若要分析某一系统的价值,则应搜集系统中各局部功能、各局部成本等数据。

小王已经得到该仓库库存明细表(表6-2),即已经完成数据搜集。

仓库库存明细表　　　　　表 6-2

产品序号	产品数量/个	产品单价/元
1	20	20
2	20	10
3	20	10
4	10	680
5	12	100
6	10	20
7	25	20
8	15	10
9	30	5
10	20	10

(2)处理数据

对搜集的数据进行加工,并按要求进行计算,包括计算特征数值、特征数值占总计算特征数值的百分比及累计百分比;因素数目及其占总因素数目的百分比、累计百分比。

小王首先根据产品序号计算每种产品的总价值:

产品 1:20×20=400(元),产品 2:20×10=200(元),依次类推,产品 3:200 元,产品 4:6800 元,产品 5:1200 元,产品 6:200 元,产品 7:500 元,产品 8:150 元,产品 9:150 元,产品 10:200 元。

再计算仓库中产品总金额:400+200+200+6800+1200+200+500+150+150+200=10000(元)。

(3)制作分析表

ABC 分析表栏目构成如下:第一栏产品名称或产品序号;第二栏产品数量;第三栏产品单价;第四栏产品总价;第五栏产品总价占总金额百分比;第六栏产品总价占总金额累计百分比;第七栏产品数量占总数量累计百分比;第八栏分类结果。

注意在排序时,要按照该产品总价从高到低排序;当总价相等时,再由产品单价从高到低排序。

小王根据上述工作,得到案例产品分析表,见表6-3。

案例产品分析表　　　　　　　　　　　　　　　　　　　　　　　　　　　　表6-3

产品序号	产品数量/个	产品单价/元	产品总价/元	产品总价占总金额百分比	产品总价占总金额累计百分比	产品数量占总数量累计百分比	产品分类
4	10	680	6800	68%	68%	5.5%	A
5	12	100	1200	12%	80%	12.1%	A
7	25	20	500	5%	85%	25.8%	B
1	20	20	400	4%	89%	36.8%	B
6	10	20	200	2%	91%	42.3%	C
2	20	10	200	2%	93%	53.3%	C
3	20	10	200	2%	95%	64.3%	C
10	20	10	200	2%	97%	75.3%	C
8	15	10	150	1.5%	98.5%	83.5%	C
9	30	5	150	1.5%	100%	100%	C
合计	182		10000	100%	100%	100%	

(4)制订管理方法

小王根据表6-3的结果,分别提出以下各类物品管理方法,对比见表6-4。

各类物品管理方法对比　　　　　　　　　　　　　　　　　　　　　　　　　　表6-4

管理物品类别	A	B	C
消耗定额的办法	技术计算	现场核定	经验估算
检查频率	每天	每周	每月
统计	详细	一般	不必详细,按金额记录
控制程度	严格	一般	简单
安全库存量	较低	一般	较高
是否允许缺货	不允许缺货	允许一定范围内缺货	允许缺货

A类物品可按照需求、小批量、多批次采购入库,最好能做到准时制管理;同时,尽可能缩短订货提前期,对交货期限加强控制,科学设置最低定额、安全库存量和订货点报警点,防止缺货发生;与供应商和用户共同研究替代品,尽可能降低单价;尽可能做到每天进行盘点和检查,并且制订应急预案、补救措施。

B类物品采用定期订货方式,即在固定周期采购。

C类物品大量采购,以获得价格上的优惠;在库存管理流程上可以适当简化,每月循环盘点一遍。

对于积压物品和不能发生作用的物料,应该每周向公司决策层通报,及时清理仓库。

第三节 确定环境下的库存管理模型

一、简单的确定性库存管理模型

简单的库存管理方法,假设不允许缺货,为保证货物耗尽时能够被及时补充,需提前 N 天订货。由上述假设不难想到,每次进货量是固定的,其是最简单的确定性库存管理模型,又称循环库存(cycle inventory),如图6-2所示,其主要目的是确定再订货点(reorder point, ROP)以及循环库存平均水平。

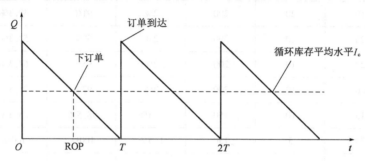

图 6-2 循环库存示意

$$I_c \times T = \int_0^T Rt\mathrm{d}t = \frac{1}{2}RT^2 = \frac{1}{2}QT \tag{6-1}$$

$$I_c = Q/2 \tag{6-2}$$

$$\mathrm{ROP} = I_c/R \tag{6-3}$$

式中:I_c——循环库存平均水平;
　　　T——循环周期;
　　　R——平均每天的销售量;
　　　Q——订货批量。

【例 6-2】
便利店可口可乐的需求量非常稳定,平均每天的销售量 $R=200$ 瓶,每次订货的提前期 N 为 3 天,假设便利店每次订货的批量 $Q=1000$ 瓶,那么可口可乐的再订货点 ROP 和循环库存平均水平 I_c 分别为多少?

根据上述模型代入相关数据不难得出:

$$I_c = \frac{Q}{2} = 500(瓶)$$

$$\mathrm{ROP} = \frac{I_c}{R} = \frac{500}{200} = 2.5(天)$$

$$\mathrm{ROP} = \max\{\mathrm{ROP}, N\} = \max\{2.5, 3\} = 3(天)$$

$$I_c = \mathrm{ROP} \times R = 3 \times 200 = 600(瓶)$$

模型所得再订货点为 2.5 天,但是订货的提前期为 3 天,对应循环库存平均水平为 600 瓶。

二、经济订货批量模型

经济订货批量(economic order quantity,EOQ)模型,由哈里斯(F. W. Harris)在1915年首次提出,起初用于分析银行货币储备的库存费用。威尔逊(R. H. Wilson)在1934年将其引入库存管理模型。其通过平衡采购进货成本和保管仓储成本,以确定使库存总成本最低的经济订货批量。EOQ模型是固定订货批量模型的一种,可以用来确定企业一次订货(外购或自制)的数量,当企业按照经济订货批量来订货时,可实现订货成本和库存持有成本之和最小化。

1. 模型假设

在研究、建立EOQ模型时,为了使模型使用更简单、方便,通常作如下假设:
①库存的消耗速度是一个常量β;
②订货或生产的提前期为0,即订单执行后是立即完成的;
③不允许出现缺货,即所有的订单都能够得到100%满足;
④只有一种库存物品或库存物品之间不相互影响;
⑤不考虑每次订货和生产需要的可变成本,即有足够的现金支付每次订单。
其中①~③假设如图6-3所示。

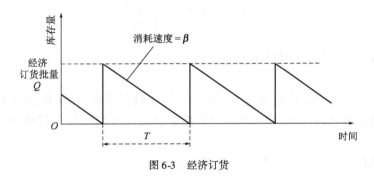

图6-3 经济订货

2. 模型推导

根据假设,简单EOQ模型只考虑两种基本类型的成本:库存持有成本和订货(准备)成本,库存持有成本随着订货批量的增加而线性上升,但是订货成本却随之降低,因此简单EOQ模型要在这两种成本中做出权衡,使库存总成本最小,而当库存持有成本曲线和订货成本曲线相交时,相交点对应的订货批量即为经济订货批量,如图6-4所示。

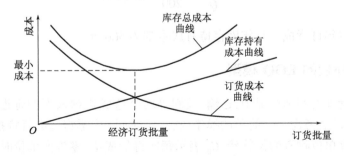

图6-4 简单EOQ模型

企业每年消耗某货物的数量为 D,货物的单价为 P,每单位货物的年库存持有费率为 h,则每年单位货物的库存持有成本 $H = Ph$。每次订货批量为 Q,每年订货次数为 D/Q;每年的平均库存量为 $Q/2$;每次订货成本为 C。则有:

一年的订货成本为

$$T_1 = \frac{D}{Q} \times C \tag{6-4}$$

一年库存持有成本为

$$T_2 = H \times \frac{Q}{2} = P \times h \times \frac{Q}{2} \tag{6-5}$$

一年库存总成本为

$$TC = T_1 + T_2 = \frac{DC}{Q} + H\frac{Q}{2} \tag{6-6}$$

为使库存总成本最小,对 TC 求关于 Q 的一阶导数,并令其为 0,得 Q 的最优解:

$$Q^* = \sqrt{\frac{2DC}{H}} = \sqrt{\frac{2DC}{Ph}} \tag{6-7}$$

接下来,通过一道例题介绍其应用。

【例 6-3】

某公司每年对某种产品的需求量为 5000 个,每次订货成本为 20 元,每单位产品所产生的利息费用和存储成本总共 5 元,试求经济订货批量、年订货次数、年订货成本以及年库存持有成本。

将相关数据代入式(6-7),易得经济订货批量为

$$Q^* = \sqrt{\frac{2DC}{H}} = \sqrt{\frac{2 \times 5000 \times 20}{5}} = 200(个)$$

可求得年订货次数为

$$N = \frac{D}{Q^*} = \frac{5000}{200} = 25(次)$$

由此可以求得年订货成本与年库存持有成本都为 500 元。

三、非即刻补货的 EOQ 模型

在企业库存管理的实际情况中,运输、装卸等均会造成货物入库的延迟,即不是立即到货的,而是逐渐补货的。考虑一个简单的模型,在一定时间 t 内零售商的订货批量为 Q,C 表示在此单位时间内储存单位物资的保管费,C_0 表示每次订货成本,零售商单位时间补货量为 P_1,单位时间消耗量为 P_2,如图 6-5 所示。

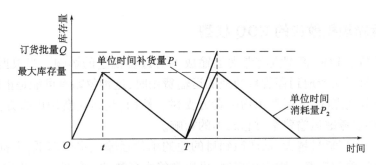

图 6-5　非即刻补货的 EOQ 模型

假设周期长度为 T，订货批量为 Q，根据数量关系易得

$$Q = P_2 T \tag{6-8}$$

$$t = \frac{P_2}{P_1} T \tag{6-9}$$

式(6-8)与式(6-9)可以理解为最大库存量等于周期长度乘单位时间消耗量，也等于补货时间乘单位时间补货量。

一个周期内的存货量：

$$\frac{1}{2}(P_1 - P_2)tT = \frac{(P_1 - P_2)P_2 T^2}{2P_1} \tag{6-10}$$

单位时间内的存储总费用：

$$C\frac{(P_1 - P_2)P_2 T}{2P_1} + \frac{C_0}{T} = C\frac{(P_1 - P_2)Q}{2P_1} + \frac{C_0 P_2}{Q} \tag{6-11}$$

单位时间内总成本：

$$\mathrm{TC}(Q) = C\frac{(P_1 - P_2)Q}{2P_1} + \frac{C_0 P_2}{Q} \tag{6-12}$$

为使总成本最小，对 TC 求关于 Q 的一阶导数，并令其为 0，得 Q 的最优解：

$$Q^* = \sqrt{\frac{2C_0 P_1 P_2}{C(P_1 - P_2)}} \tag{6-13}$$

【例 6-4】

某手机销售商每月需 500 部手机，而该手机生产商的生产速度为每月 1000 部。销售商每次订货成本为 160 元，每月每部手机所产生的存储成本总共 2 元，试求零售商的经济订货批量。

由题意对式(6-13)中的参数进行标定，并代入公式可得经济订货批量为

$$Q^* = \sqrt{\frac{2C_0 P_1 P_2}{C(P_1 - P_2)}} = \sqrt{\frac{2 \times 160 \times 1000 \times 500}{2 \times (1000 - 500)}} = 400(部)$$

订货周期为

$$T_1 = \frac{Q^*}{P_2} = \frac{400}{500} = 0.8(月)$$

四、考虑运输规模效应的 EOQ 模型

先前讨论的简单 EOQ 模型没有考虑运输成本对订货批量的影响。当根据交付数量购买产品并且卖方支付了从产地到存货目的地的运输费用时,这种忽略有可能是正确的,因为货物在送达卖方的业务地点时,装运费用均由卖方支付。然而,当运输费用由买方支付时,在确定订货批量时,就必须考虑运输费率对总成本的影响。

一般来说,一次订货量越大,从产地到目的地的单位运输成本就越低,大批量装运的运输费率折扣在卡车运输和铁路运输中较普遍,可以在绝大多数的运输费率结构中找到,即产生运输规模效应。于是,当其他条件都相同时,一个企业自然希望以较经济的运输批量进行订货,该数量可能大于用 EOQ 模型确定的购买数量,如图 6-6 所示。例如,当不考虑运输规模效应时,求解的订货批量为 50 个;反之,若考虑运输规模效应,求解的订货批量可能多于 50 个。接下来详细介绍考虑运输规模效应的 EOQ 模型数学表达。

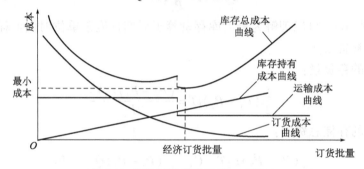

图 6-6　考虑运输规模效应的 EOQ 模型

该模型的假设与简单 EOQ 模型相同,考虑运输规模效应的 EOQ 模型考虑的成本相对于简单 EOQ 模型增加了运输成本,且假设运输成本与运量 Q 的函数关系式为 $f(Q)$,其余参数等同于简单 EOQ 模型。

一年库存总成本:

$$\mathrm{TC} = T_1 + T_2 = \frac{DC}{Q} + H\frac{Q}{2} + Df(Q) \tag{6-14}$$

为使库存总成本最小,对 TC 求关于 Q 的一阶导数,并令其为 0,得 Q 的最优解:

$$Q^* = \sqrt{\frac{2DC}{H + 2f'(Q)}} \tag{6-15}$$

式中:$f'(Q)$——$f(Q)$ 函数关于 Q 的一阶导函数。

【例 6-5】

某公司每年对某种产品的需求量为 10000 个,每次订货成本为 20 元,每单位产品所产生的利息费用和存储成本共 5 元,当单次运输量 Q 小于或等于 250 单位时,单位运输费用为 1 元;当单次运输量 Q 大于 250 单位时,单位运输费用为 0.5 元。试求经济订货批量。

将参数代入式(6-15)。

当运输量小于或等于 250 时:

$$Q_s^* = \sqrt{\frac{2DC}{H + 2f'(Q)}} = \sqrt{\frac{2 \times 10000 \times 20}{5 + 2 \times 1}} = 239 < 250,\text{满足要求}$$

其成本为

$$\text{TC}_s = \frac{DC}{Q} + H\frac{Q}{2} + Df(Q) = \frac{10000 \times 20}{239} + 5 \times \frac{239}{2} + 10000 \times 1 = 11434(元)$$

当运输量大于 250 时:

$$Q_b^* = \sqrt{\frac{2DC}{H + 2f'(Q)}} = \sqrt{\frac{2 \times 10000 \times 20}{5 + 2 \times 0.5}} = 258 > 250,满足要求$$

其成本为

$$\text{TC}_b = \frac{DC}{Q} + H\frac{Q}{2} + Df(Q) = \frac{10000 \times 20}{258} + 5 \times \frac{258}{2} + 10000 \times 0.5 = 6420(元)$$

可知:$\text{TC}_b < \text{TC}_s$,即公司经济订货批量应为 258 个。

可以将考虑运输规模效应的 EOQ 模型转化为图 6-6 所示作直观理解,经济订货批量可能不再是库存持有成本曲线和订货成本曲线相交点对应的订货批量,而是考虑运输规模效应的某一点。

第四节　不确定环境下的库存管理模型

一、安全库存

当客户对某种产品提出需求而该产品刚好缺货时,一般会出现两种情况:客户愿意等待下一批产品,供应商延期交付;客户选择更换供应商,原供应商失去客户订单,这一情况可能使得客户对缺货供应商失去信任,导致未来订单的流失,客户或将部分或全部订单交至另一家可靠的供应商。因此,供应商往往会根据自身的客户服务水平和库存成本设置安全库存。安全库存在企业产品供应上起到缓冲的作用,对企业维持一定的客户服务水平十分重要。

安全库存是为了应对生产周期或者供应周期内可能发生的意外情况而设置的定量库存,是由于不能准确预测客户的需求量而持有的库存。图 6-7 所示为安全库存与工作库存、再订货库存的关系。

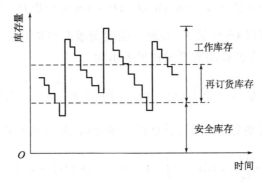

图 6-7　安全库存与工作库存、再订货库存的关系示意图

二、经典不确定性库存管理模型——报童模型

想象一名报童,每天早上去报社批发一批报纸,然后拿到街上去卖。报纸批发太少,利润就少(这时可视为损失了本该赚到的钱);批发太多,即使报社会提供一定的回收服务,但卖不出去仍会产生亏损。那么如何批发报纸才能让损失最小呢?

报童应该根据需求确定批发数量,但需求具有一定的不确定性,因此,需要引入概率进行刻画。基于上述背景不难抽象出一个数学模型,零售商在一个周期时间内,零售某种货物,且该货物具有一定时效性,过期会失去原有价值,为最小化脱销和滞销损失之和,零售商需要根据需求量的分布制订进货计划。报童问题(newsvendor problem,NVP)是库存管理中一个非常基础的案例。

假设报童决策采购报纸的数量为 Q,根据以往经验每天客户对报纸的需求服从一个概率分布函数 $f(x)$,真实的报纸需求为 D。报纸的零售价是 a,采购价为 b,退回报社的价格为 c。易得售出一份报纸的利润 $s = a - b$,退回一份报纸的亏损 $h = b - c$。

假定客户对报纸的日需求服从正态分布函数,其中 μ 为均值,σ 为标准差,$f(x)$ 是关于 μ 对称的钟形曲线,如图 6-8 所示。

$$f(x) = \frac{1}{\sqrt{2\pi}\sigma} \exp\left[-\frac{(x-\mu)^2}{2\sigma^2}\right], x \in (-\infty, +\infty) \quad (6\text{-}16)$$

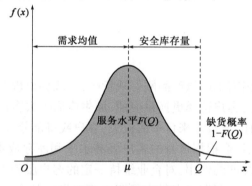

图 6-8 正态分布函数

从而可以将成本(损失)函数表示为

$$C(Q) = h \times \max\{0, Q - D\} + s \times \max\{0, D - Q\} \quad (6\text{-}17)$$

式(6-17)表示了一种确定性情况,面对不确定需求时可以借助期望表示。假设每天的报纸需求为 x,上述期望成本公式用密度函数可表示为

$$E[C(Q)] = h \int_0^Q (Q - x) f(x) \mathrm{d}x + s \int_Q^\infty (x - Q) f(x) \mathrm{d}x \quad (6\text{-}18)$$

为使总成本最小,需要对 TC 求关于 Q 的一阶导数,并令其为 0,得 Q 的最优解:

$$\frac{\partial E}{\partial Q} = h \int_0^Q f(x) \mathrm{d}x - s \int_Q^\infty f(x) \mathrm{d}x = hF(Q) - s[1 - F(Q)] \quad (6\text{-}19)$$

令式(6-19)为 0,可得式(6-20):

$$F(Q^*) = \frac{s}{h+s} \qquad (6\text{-}20)$$

$$Q^* = F^{-1}\left(\frac{s}{h+s}\right) \qquad (6\text{-}21)$$

式中：$F^{-1}(\cdot)$——需求分布函数的反函数。

【例 6-6】

假设报童每日面临的报纸市场需求均值为 100，标准差为 10，每份报纸的进价为 0.3 元，售价为 0.7 元，退货价为 0.1 元。

$$h = 0.3 - 0.1 = 0.2(元)$$

$$s = 0.7 - 0.3 = 0.4(元)$$

$$s/(h+s) = 0.667$$

查标准正态分布表可知，0.667 对应 $z = 0.43$，即可得到报童最优的报纸订购量为

$$Q^* = \mu + z\sigma = 100 + 0.43 \times 10 \approx 104(份)$$

报童在该订货量下的服务水平为 66.7%，缺货的概率为 33.3%，安全库存量为 104 - 100 = 4 份报纸。

三、库存补给策略

库存补给策略就是确定再订货点的策略。再订货点主要用于确定再补给库存应该在何时启动，补货多少。常见的库存补给策略有四种，分别为定量订货策略、定期订货策略、最大库存量策略、综合库存策略。

1. 定量订货策略 (r, Q)

定量订货策略是指当库存量下降到预定的最低库存量（订货点）时，按规定数量（一般以经济订货批量为标准）进行货物补充的一种库存管理方式。如图 6-9 所示，当库存量下降到再订货水平时，按预先确定的订货量（Q）发出货物订单，经过订货提前期（LT），收到货物，库存水平上升。

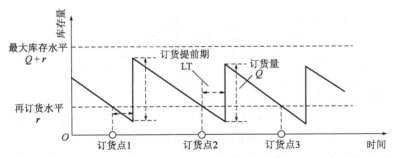

图 6-9 定量订货策略

定量订货策略的优点是：由于每次订货之前都要详细检查和盘点库存（检查是否降低到订货点），能及时了解和掌握库存动态。因每次订货数量固定，且是预先确定好了的经济订货批量，方法简便。其缺点是：需要经常对库存进行详细检查和盘点，工作量大且需花费大量时

间,从而提高了库存持有成本。该策略要求对每个品种单独进行订货作业,这样会提高订货成本和运输成本。因此,定量订货策略适用于品种数目少但占用资金多的 A 类库存。

2. 定期订货策略(t,S)

所谓定期订货策略是指按预先确定的订货间隔期进行订货以补充库存的一种库存管理方式。一般每次订货数量都不同,即按照预先确定的订货间隔期 t 检查库存,发出订货请求,把现有的库存补充到最大库存水平 S,如果检查时库存量为 I,则订货量为 $S-I$,如图 6-10 所示。

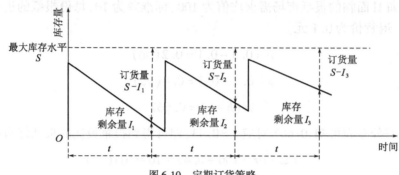

图 6-10 定期订货策略

由于订货间隔期已确定,多种货物可同时进行采购,这样不仅可以降低订单处理成本,还可降低运输成本。另外,这种策略不需要经常检查和盘点库存,可节省费用。但由于不经常检查和盘点库存,对货物的库存动态不能及时掌握,遇到突发性的大量需求,容易缺货导致损失,因而企业为了应对订货间隔期内需求的突然变动,往往设置较高的库存水平。定期订货策略适用于品种数量大、占用资金较少的 C 类库存和 B 类库存。

3. 最大库存量策略(r,S)

最大库存量策略与定量订货策略一样,都是连续检验类型的策略,也就是随时检查库存状态,当发现库存量低于再订货水平 r 时,开始订货,订货后使最大库存水平保持不变,即为常量 S,若发出订单时,库存量为 I,则其订货量为 $S-I$。该策略和定量订货策略的不同之处在于其订货量是按实际库存而定,因而订货量是可变的,如图 6-11 所示。

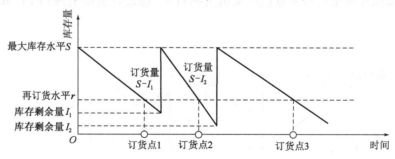

图 6-11 最大库存量策略

最大库存量策略与定量订货策略这两种补给策略要求每次订货前都要详细检查和盘点库存,及时了解和掌握库存状况,但是会消耗较多的时间和增加工作量,从而提高了库存持有成本。因此,其同样适用于品种数目少,但需求量大、缺货费用高、需求波动性大及占有资金较多的 A 类库存。

4. 综合库存策略(t, r, S)

综合库存策略是定期订货策略和最大库存量策略的综合。这种补给策略有固定的检验周期 t、最大库存水平 S、再订货水平 r。经过一定的检验周期后,若库存量低于再订货水平,则发出订货请求,否则不订货。订货量等于最大库存水平减去检查时的库存量,如图 6-12 所示。

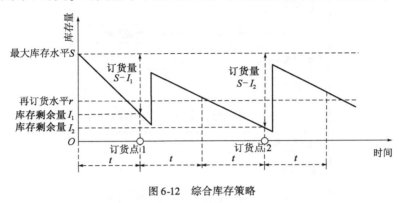

图 6-12 综合库存策略

第五节 供应链库存管理模式

一、多级库存管理

多级库存(multi-echelon inventory, MEI)管理是一种面向供应链库存的全局性优化管理方法。它涉及多个层级和多个相互关联的节点企业间的库存决策,会对相关企业的供需关系产生影响。整个供应链可能包括采购、制造、销售、回收等多个环节。而产品形态也从原材料演变为在制品,最终形成产成品。而为了保证供应链运作的连续性,各节点企业都需要保留一定数量的产品库存。这样由一系列独立的库存存储点通过不同的供需关系连接就形成了多级库存系统,如图 6-13 所示。多级库存系统根据不同的配置方式,可分为串联系统、纯组装系统、配送系统和网状系统等。

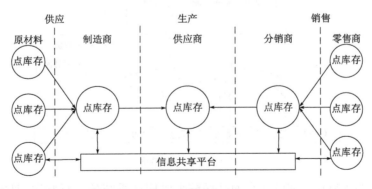

图 6-13 多级库存系统

多级库存管理可分为以下两种库存管理策略:

一种是分布式(非中心化)策略,如图 6-14 所示,其把供应链库存控制分为 3 个成本中心,即制造商成本中心、分销商成本中心和零售商成本中心,各自根据自身的库存成本独立制订优化库存管理的策略。

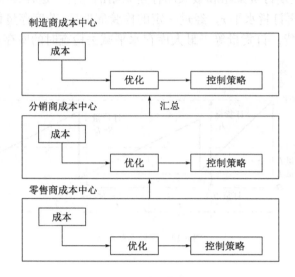

图 6-14　分布式策略

分布式策略的优势在于各节点企业能够根据自己的实际情况,采取适合自己的库存策略,有利于发挥自主性、灵活性和决策迅速性等优势,在管理上较集中式策略而言更简单一些;其不足之处在于不能保证供应链的整体优化,而且只有在信息完全共享时才能充分利用供应链资源,在实际应用中往往达不到理想效果。

另一种是集中式(中心化)策略,如图 6-15 所示,其将核心企业作为控制中心,由核心企业对供应链系统的库存进行控制,协调上游企业和下游企业的库存活动。例如,围绕大规模生产组装型企业建立多级库存优化系统的方法是将核心企业作为供应链的数据管理中心,具有数据集成和协调功能。

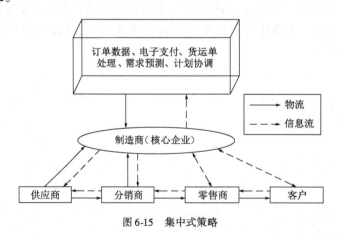

图 6-15　集中式策略

集中式策略的优势在于能够较全面掌握整个供应链系统的运行状况,且能够协调各节点企业的库存活动;其不足之处在于以目标总成本为唯一目标,忽略了供应链的客户服务水平以及对市场的快速反应能力。

二、供应商管理库存

供应商管理库存（vendor managed inventory，VMI）是供应商等上游企业基于其下游企业的生产经营、库存信息，对下游企业的库存进行管理与控制，简言之，零售商将货架或者仓库通过出租或其他方式交由供应商管理，零售商仅负责销售产品，进货和补货（包括运输等）均由供应商完成，如图 6-16 所示。20 世纪 80 年代中期，宝洁和沃尔玛应用 VMI 对"帮宝适"尿不湿的库存进行管理。根据其运营模式可分为供应商-制造商（核心企业）模式、供应商-零售商（核心企业）模式、第三方物流企业参与模式以及核心企业-分销商模式。

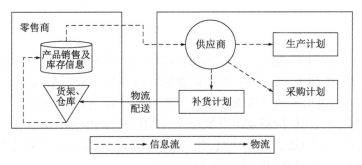

图 6-16　供应商管理库存模式

通过共享信息，供应商能够准确获取下游企业的实际需求数据，从而基于真实的需求信息来调整库存水平，更有效地安排生产，使预测驱动的库存管理活动的精确性得到提升，不仅减小了分销商的订货偏差和退货率，也促进了供应商与下游企业之间长期战略合作关系的发展。通过这种战略合作关系的加强和有效沟通，供应商可以在竞争激烈的市场中提升其竞争优势，增强自身的市场竞争力。同时，客户也可以摆脱库存、运输、进货等烦琐流程。然而，在此框架协议下，虽然双方达成协议，但供应商往往占据主导地位，供应商决策过程不足可能导致失误。

三、联合库存管理

联合库存管理（joint managed inventory，JMI）模式是一种基于协调中心的库存管理方法，是为了消除供应链体系中的"牛鞭效应"（各节点企业的相互独立库存运作模式导致的需求放大现象），以及为了提高供应链的同步化程度而提出的，如图 6-17 所示。该模式强调双方同时参与，共同制订库存计划，任何相邻节点需求的确定都是供需双方协调的结果，使供应链相邻节点的库存管理者对需求的预期保持一致，从而消除双方需求变异放大的现象。根据运营模式，可以将联合库存管理分为库存供方的联合库存管理、库存需方的联合库存管理、库存第三方的联合库存管理以及客户铺地的联合库存管理。

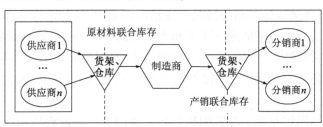

图 6-17　联合库存管理模式

首先,联合库存管理通过建立上下游企业间的战略性合作伙伴关系,实现了信息共享,确保了供应链上游企业能够及时准确获取市场需求信息,同时使企业活动能够紧密围绕客户需求变化;其次,联合库存管理实现了一体化的库存管理,减少了库存量,加快了库存周转,缩短了订货和交货提前期,降低了采购成本;然后,联合库存管理打破了传统的分散库存管理,强调供应链一体化管理,共同规划库存,分担风险,有效消除了库存过高的问题和"牛鞭效应";最后,联合库存管理的实施基于企业间的信任与合作,共享利益、共担损失,加强了企业间的联系与合作,形成了难以被竞争者模仿的合作模式,为其带来了竞争优势,并增强了战略联盟的稳定性。

四、准时制

准时制(just in time,JIT)起源于日本丰田公司的生产管理方法,是指将必要的零件以必要的数量在必要的时间送到生产线,并且将所需要的零件以所需要的数量在正好需要的时间送到生产线。简单地说,准时制就是要追求一种无库存或库存达到最小的生产系统。其工作原理为客户根据市场需求,向供应商发出看板指令,要求供应商根据看板指令的需求类型、需求数量,将货物在指定的时间送达需求地点,如图 6-18 所示,从而实现高频连续小批量送货,有利于供应商零库存生产以及客户零库存销售。

图 6-18 准时制

图 6-18 所示的准时制显著降低了原材料和外购件的库存水平,减少了流动资金占用和库存空间需求,从而降低了库存成本并加快了资金周转;同时,通过与供应商的密切合作和内部规模效益,降低了货物价格;此外,准时制还缩短了交货时间,提高了劳动生产率,增强了企业的适应能力;最重要的是,准时制采购保证了供应链的协同性运作,实现了供应链的准时化和同步化。

五、其他常见的库存管理模式

1. 越库作业

越库作业是指在越库设施接收来自各家供应商的整车货件后立即根据客户需求加以拆解、分类、堆放,而后装上准备好的出货运具,送往各客户交货点的作业过程,如图 6-19 所示。其中,所有货件均不进入仓库的储存空间。越库作业特别适合于需快速处理的紧急订单,适合于要求零售商向客户直接运送商品的情况。在越库作业中,货物流经仓库或配送中心,而不被储存起来。越库作业,可大幅降低库存水平和库存管理成本,还可降低货物损失率、丢失率及加快资金周转等。实行越库作业后,仓库将成为一个编组场所,而非一个保管场所。货物到达仓库再经过简短的交叉分装后,将直接被发送至供应链下一节点,省去了仓储等其他内部操作。

例如,沃尔玛的越库作业都是在其配送中心完成的。供货商将货物送达配送中心后,沃尔玛立即根据电子数据系统对其进行分拆和包装,运往对应的门店。

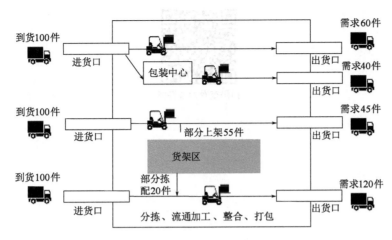

图 6-19 越库作业

2. 电子商务下的库存管理

电子商务下的库存管理,实际上就是用信息来取代库存的一种虚拟库存新方式,即企业持有的是"虚拟库存",而不是实物库存。虚拟库存即基于未来可能需要而又没有入库的货物的所有相关信息建立档案,包括品名、规格、价格、数量等,以便在需要时使用。

虚拟库存对使用场景要求较高,场景必须为买方市场的环境,其中采购具备一定话语权,且供应商可进行实时信息协同,能够及时体现需求信息。其具有产品永不过期、不占用空间、没有囤货风险等优点,且可以根据实际的需求或市场变化随时进行换货。例如当当网、京东读书等在将库存管理和互联网进行高效融合之后得到了迅猛的发展。可以想象的是,未来在中国这个领域会产生更多的商业模式。

【练习与讨论】

1. 请谈谈你对库存的理解,为什么在多数情况下库存是必要的?
2. 库存管理在企业经营中有什么作用?
3. 如何才能在确定环境下得到最优库存量?EOQ 模型可以处理多个物品的情况吗?
4. 在不确定环境下是如何确定最优库存量的?
5. 请谈谈你所知道的库存补给策略。
6. 试着谈谈你对最优库存量的理解,订货成本和库存持有成本对库存量有怎样的影响?
7. 某书店销售杯子,杯子成本为 1 元,售价为 5 元。需求恒定为每周 20 单位,固定订货成本为 12 元,且无提前期,仓储的保管费率(库存持有成本)为 25%。试求一年的经济订货批量。
8. 请讨论随着供应链发展,库存管理模式会有什么变化。

扫码查看参考答案

【经典案例】

美的实施 VMI 模式

1. 美的实施 VMI 背景

美的虽多年为空调制造商的"三甲"之一,但是经常受到库存成本与周转效率问题困扰。据业内统计数据,全国厂商估计有 700 万台空调库存。在竞争激烈的市场中,这样的库存水平并不能让美的满意。美的与其他产业的优秀标杆的库存水平相差较大,例如,在厦门设厂的戴尔,自身并没有零部件仓库和成品仓库,其零部件实行 VMI 模式,成品则是订单式的,用户下单,戴尔负责组织送货,使得戴尔的供应链管理和物流管理成为世界一流。而实行 VMI 的,并不仅限于戴尔等国际厂商,还有台湾 IT 企业、海尔等国内家电企业。由于市场竞争压力,美的从 2002 销售年度开始,引入 VMI 模式。

2. 美的实施 VMI 措施

美的作为中国领先的家电制造商,其供应链管理展现了高效与灵活性。美的拥有 300 多家稳定供应商,涉及三万多种零配件,供应链遍布各地,60% 的供应商集中在公司总部顺德周边,25% 的供应商位于车程三天的范围内,如清远等地。这样的布局缩短了物流时间和降低了物流成本,为美的的及时生产提供了有力支持。

针对剩余 15% 的远程供应商,美的采取了 VMI 策略以提高供应链效率。在顺德总部,美的建立一个集中仓库,并将其划分为多个片区,主要用于储备来自运输距离较长、运货时间为 3~5 天的外地供应商的零配件。供应商通常会在美的的仓库租赁一个片区,将零配件提前储备。

美的需要这些零配件时,会通过已建立的信息平台通知供应商,并进行资金划拨和取货操作。VMI 不仅降低了远程供应商的运输频率,还降低了运输成本和潜在的库存风险。美的还利用 ORACLE 的 ERP 系统与供应商建立了直接的信息交流平台,该平台允许供应商通过互联网直接登录美的的系统页面,进行信息确认和订单处理,而无须安装和维护一整套 ERP 系统,简化了供应商的操作流程。

此外,每年年初美的会确定供应商名单,并与他们签订总供货协议。在价格确定后,美的会在网上发布采购信息,供应商只需确认订单细节,包括品种、型号、数量和交货时间等。这种简化的交易流程,不仅提高了采购效率,也加强了供应商与美的之间的合作关系,促进双方业务的长期稳定发展。

3. 美的实施 VMI 效益

得益于美的强大的 ERP 系统,供应商可以提前获知未来一段时间的供货需求,包括需要的品种和数量。这种透明度的提高,使得供应商能够更加精准地安排生产和管理库存,从而避免了过度库存和资源浪费。通常情况下,供应商只需保持能满足 3 天需求的库存水平,这不仅减轻了供应商的库存压力,也使得整个供应链更加灵活和高效。

美的在零部件库存管理上的改进成效显著。自 2002 年以来,零部件库存周转率大幅提升至每年 70~80 次,相较于之前的平均 5~7 天的存货水平,库存周期缩短至大约 3 天。值得注意的是,这 3 天的库存并不是由美的管理,而是由供应商管理。这种转变不仅降低了美的的库存成本,还提高了资金的使用效率。

高效的库存管理和供应链协同,为美的和其供应商带来了双赢的局面,推动了整个供应链的持续健康发展。

问题讨论

1. 美的是如何与供应商建立和维护有效的沟通渠道,以确保库存信息的准确性和及时性的?

2. 为什么 VMI 模式能够解决美的库存难题?

第七章
车辆路径规划

【本章提要】

本章主要对车辆路径问题及其变体问题进行介绍,并详细讲解如何使用节约里程法、遗传算法和 CPLEX 求解器求解车辆路径问题。

【学习要求】

通过学习本章,了解车辆路径规划模型的核心概念和应用,能够以车辆路径问题为切入点,进一步了解传统方法、启发式算法和求解器求解 NP-hard 问题的机理。

第一节　车辆路径问题类型

车辆路径问题(vehicle routing problem, VRP)是货物运输组织与调度领域的关键问题,即在满足特定运输需求的前提下,规划车辆路径以实现成本最小化。选择合适的方法求解车辆路径问题,对于提高运输效率、降低成本、减少碳排放等具有重要意义。而为使车辆路径问题更接近实际情况,需考虑特定的实际因素,从而产生多个变体。

一、有容量限制的带时间窗的车辆路径问题

有容量限制的带时间窗的车辆路径问题(capacitated VRP with time windows, CVRPTW)是

一个在物流和运输领域被广泛研究的问题,其旨在以最小总成本优化配送路线,同时满足特定客户的时间窗约束,如图7-1所示。其核心在于如何有效地安排车辆的行程,使得每个客户的货物均能在其指定的时间窗内被送达或收集,同时不超过车辆的最大载质量。

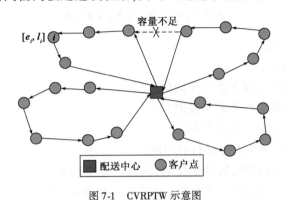

图7-1　CVRPTW示意图

1. 优化目标

最小总成本,通常是固定成本与运输成本的总和:

$$\min \sum_{k \in K} \sum_{i \in N} c_0 \cdot x_{i1k} + \sum_{k \in K} \sum_{i \in N} \sum_{j \in N} c_{ij} \cdot x_{ijk} \tag{7-1}$$

式中:N——节点集合,$N = \{1, 2, \cdots, n\}$,其中$\{1\}$表示配送中心,其余点表示客户点;

K——车辆集合,$K = \{1, 2, \cdots, k\}$,其中$|K|$表示拥有车辆数;

c_0——单位车辆使用固定成本;

c_{ij}——从客户i到客户j的成本(距离、时间等);

x_{ijk}——决策变量,表示车辆k是否从客户i转移到客户j,若车辆k从客户i转移到客户j($i \neq j$),则为1,否则为0。

2. 约束条件

① 每个客户都必须被访问一次且仅一次:

$$\sum_{k \in K} \sum_{j \in N} x_{ijk} = 1, \forall i \in \{2, 3, \cdots, n\} \tag{7-2}$$

② 节点流量守恒:

$$\sum_{j \in N} x_{ijk} = \sum_{j \in N} x_{jik}, \forall i \in N, \forall k \in K \tag{7-3}$$

③ 车辆数量限制:

$$\sum_{k \in K} \sum_{i \in N} x_{i1k} \leq |K| \tag{7-4}$$

④ 车辆容量约束:

$$\sum_{i \in N} \sum_{j \in N} q_i \cdot x_{ijk} \leq Q_k, \forall k \in K \tag{7-5}$$

⑤ 时间窗约束,式(7-6)用于计算车辆在每个客户处的服务开始时间,式(7-7)表示车辆

在客户处的服务开始时间处在时间窗之内：

$$T_{jk} \geq T_{ik} + s_i + t_{ij} - M \cdot (1 - x_{ijk}), \forall i \in N \tag{7-6}$$

$$e_i \leq T_{ik} \leq l_i, \forall i \in N, \forall k \in K \tag{7-7}$$

式中：q_i——客户 i 的需求；

Q_k——车辆 k 的容量；

e_i——客户 i 期望接受服务的最早时间；

l_i——客户 i 期望接受服务的最晚时间；

s_i——车辆在客户 i 处的服务时间；

t_{ij}——车辆由客户 i 到客户 j 的行驶时间；

M——一个非常大的正数，线性化技术，详见本章第四节；

T_{ik}——决策变量，表示车辆 k 在客户 i 处的服务开始时间。

二、带有时间窗的开放式车辆路径问题

当物流配送公司没有配备车队或自己的配送车辆数不够时，公司不得不租用外包公司的车辆，外包公司的车辆在完成任务后无须返回起始点，即车辆路径无须形成闭环，将上述场景问题抽象后即为带有时间窗的开放式车辆路径问题（open VRP with time windows，OVRPTW），如图 7-2 所示。

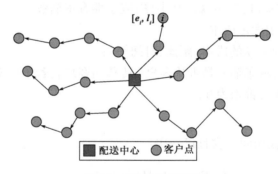

图 7-2 OVRPTW 示意图

1. 优化目标

最小总成本，通常是固定成本与运输成本的总和，表达式同式(7-1)。

2. 约束条件

①每个客户都必须被访问一次且仅一次，表达式同式(7-2)。

②节点流量守恒，表达式同式(7-3)。

③车辆数量限制，表达式同式(7-4)。

④车辆容量约束，表达式同式(7-5)。

⑤时间窗约束，表达式同式(7-6)和式(7-7)。

需注意的是，虽然 OVRPTW 与 CVRPTW 模型表达相同，但二者中的成本 c_{i1} 所代表的含义不同，区别如下：

①在 CVRPTW 中 c_{i1} 是等于 c_{1i} 的,即由配送中心到各个客户点的成本与各个客户点到配送中心的成本是相同的且为真实值。

②在 OVRPTW 中 c_{i1} 是不等于 c_{1i} 的,其中 c_{i1} 为配送中心到各个客户点的成本真实值,而 c_{1i} 为各个客户点到配送中心的成本虚拟值且均设置为 0。究其原因,在 OVRPTW 中车辆无须回到配送中心,而为方便表示约束,且不影响目标函数值,将其设置为 0。

三、团队定向问题

团队定向问题(team orienteering problem,TOP)源于定向越野运动,参与者凭借对地图的识别和使用能力,利用一张详细精确的地图和一个指南针,从指定的起点出发,在规定的时间内尽可能多地到访具有不同分值的检查点,并到达指定的终点,超时者失去资格,获取分值最高者获胜,在获取相同分值的情况下,总用时最少者获胜。

将定向越野运动抽象后即为团队定向问题:由有限数量的车辆在满足一定约束条件下,为一组具有一定报酬的客户提供服务,由于时间或旅行成本的限制(这里考虑时间限制的情况),每个位置至多被访问一次,需要优化车辆的配送路径,找到 p 条从起点到终点的路径使得车队总收益最大化,如图 7-3 所示。

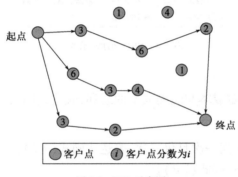

图 7-3 TOP 示意图

1. 优化目标

最大化所有路径得分:

$$\max \sum_{k \in K} \sum_{i \in N \setminus \{1\}} q_i \cdot y_{ki} \tag{7-8}$$

2. 约束条件

①流量平衡约束,关联两个决策变量:

$$\sum_{i \in N, i \neq j} x_{ijk} = \sum_{i \in N, i \neq j} x_{jik} = y_{kj}, \forall k \in K, \forall j \in N \setminus \{1\} \tag{7-9}$$

②每个客户最多允许访问一次:

$$\sum_{k \in K} y_{ki} \leq 1, \forall i \in N \setminus \{1\} \tag{7-10}$$

③最大访问时间约束:

$$\sum_{i \in N \setminus \{1\}} t_i \cdot y_{ki} + \sum_{i,j \in N, i \neq j} t_{ij} \cdot x_{ijk} \leq T_{\max}, \forall k \in K \tag{7-11}$$

式中：y_{ki}——第 i 个客户被第 k 辆车服务则为 1，否则为 0；
T_{max}——最大时间限制。

四、带时间窗的同时取送货车辆路径问题

带时间窗的同时取送货车辆路径问题（VRP with simultaneous pickup and delivery with time windows，VRPSPDTW）是车辆路径问题的一个重要子类，可以在各个客户点取货的同时送货，但是取到的货物需带回配送中心，同时满足客户指定的服务时间窗约束，如图 7-4 所示。例如某物流企业需要制订未来某段时间内车辆的调度计划，希望在满足货物运输的前提下最小化运输成本。

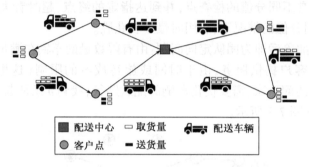

图 7-4 VRPSPDTW 示意图

1. 优化目标

最小总成本，通常是固定成本与运输成本的总和，表达式同式(7-1)。

2. 约束条件

①每个客户都必须被访问一次且仅一次，表达式同式(7-2)。
②节点流量守恒，表达式同式(7-3)。
③车辆数量限制，表达式同式(7-4)。
④车辆容量约束，式(7-12)保证车辆 k 离开配送中心时载质量小于或等于车辆容量 Q_k；式(7-13)保证车辆 k 回到配送中心时载质量小于或等于车辆容量 Q_k；式(7-14)表示车辆 k 在服务完客户 j 后，其载质量等于在 j 点的装卸货量的差值与 i 点的载质量之和；式(7-15)保证车辆 k 在服务完客户 i 后，其载质量小于或等于车辆容量 Q_k。

$$L_{1k} = \sum_{i \in N}\sum_{j \in N} D_i x_{ijk} \leq Q_k, \forall k \in K \tag{7-12}$$

$$L_{k1} = \sum_{i \in N}\sum_{j \in N} P_i x_{ijk} \leq Q_k, \forall k \in K \tag{7-13}$$

$$L_{jk} = L_{ik} + (P_j - D_j) \cdot x_{ijk}, \forall i \in N, j \in N\setminus\{1\}, \forall k \in K \tag{7-14}$$

$$L_{ik} \leq Q_k, \forall i \in N\setminus\{1\}, \forall k \in K \tag{7-15}$$

式中：P_i——客户 i 的取货需求量，$P_1 = 0$；
D_i——客户 i 的送货需求量，$D_1 = 0$；
L_{ik}——车辆 k 在服务完客户 i 后的载质量，其中 $i \in N\setminus\{1\}$，$k \in K$；

L_{1k}——车辆 k 从配送中心出发时的初始载质量,其中 $k \in K$;
L_{k1}——车辆 k 回到配送中心时的最终载质量。
⑤时间窗约束,表达式同式(7-6)和式(7-7)。

第二节 节约里程法求解车辆路径问题

节约里程法是用来解决运输车辆数目不确定问题的启发式算法,又称节约算法或节约法,可以用并行方式和串行方式优化行车距离。

一、方法原理

假设一家配送中心(P点)向两个用户点 A、B 运货,配送中心到 A、B 点的最短距离分别是 L_a 和 L_b,A、B 点间的最短距离为 L_{ab},A、B 点的货物需求量分别是 Q_a 和 Q_b,且 $Q_a + Q_b$ 小于运输装载量上限 Q,如图 7-5a)所示,如果配送中心分别送货,那么需要两个车次,由于需要返回送货点,总路程 $L_1 = 2(L_a + L_b)$。

如果改用一辆车对两客户进行巡回送货,如图 7-5b)所示,则仅需一个车次,行走的总路程 $L_2 = L_a + L_b + L_{ab}$。由三角形的性质可知 $L_{ab} < L_a + L_b$,所以第二种配送方案明显优于第一种,且行走总路程节约量 $\Delta L = (L_a + L_b) - L_{ab}$。如果配送中心的供货范围内还存在 $3, 4, 5, \cdots, n$ 个客户,在运输车辆载质量和容积都允许的情况下,可将它们按照路程节约量的大小依次连入巡回线路,直至满载为止,余下的用户可用同样方法确定巡回路线,另外派车。

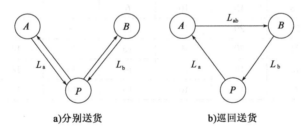

a)分别送货 b)巡回送货

图 7-5 送货方案示意图

节约里程法的核心思想是依次将运输问题中的两个回路合并为一个回路,每次使合并后的总运输距离减小的幅度最大,直到达到一辆车的装载限制时,再进行下一辆车的优化。

二、求解步骤

如图 7-6 所示,由配送中心 P 向 $A \sim I$ 共 9 个客户配送货物,图中连线上的数字表示相邻客户间的距离(km);靠近各客户括号内的数字,表示各客户对货物的需求量(t)。配送中心备有载质量为 2t 和 4t 的汽车,且汽车一次巡回行驶里程不能超过 35km,设送货时间均符合客户要求,求该配送中心的最优送货方案。

1. 计算最短距离

计算配送中心至各客户以及各客户之间的最短距离,见表 7-1。

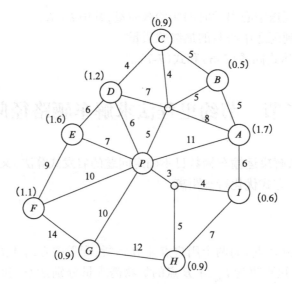

图 7-6　配送中心及客户点位置图

最短距离(单位:km)　　　　　　　　　　　　　　　　　表 7-1

最短距离	P	A	B	C	D	E	F	G	H
A	11								
B	10	5							
C	9	10	5						
D	6	14	9	4					
E	7	18	15	10	6				
F	10	21	20	19	15	9			
G	10	21	20	19	16	17	14		
H	8	13	18	17	14	15	18	12	
I	7	6	11	16	13	14	17	17	7

2. 计算节约里程

由最短距离表,利用 $\Delta L = (L_a + L_b) - L_{ab}$ 计算各客户之间的节约里程,编制节约里程表,见表 7-2。

节约里程(单位:km)　　　　　　　　　　　　　　　　　表 7-2

节约里程	A	B	C	D	E	F	G	H
B	16							
C	10	14						
D	3	7	11					
E	0	2	6	7				
F	0	0	0	1	8			
G	0	0	0	0	0	6		
H	6	0	0	0	0	0	6	
I	12	6	0	0	0	0	0	8

3. 编制节约里程排序表

根据节约里程表中节约里程由大到小的顺序,编制节约里程排序表,见表7-3,以便尽量使节约里程最多的点组合装车配送。

节约里程排序(单位:km)　　　　　　　　表7-3

序号	路径	节约里程	序号	路径	节约里程	序号	路径	节约里程
1	A—B	16	7	H—I	8	13	F—G	6
2	B—C	14	8	B—D	7	14	G—H	6
3	A—I	12	9	D—E	7	15	A—D	3
4	C—D	11	10	A—H	6	16	B—E	2
5	A—C	10	11	B—I	6	17	D—F	1
6	E—F	8	12	C—E	6			

4. 组合路径

各点需求量见表7-4,考虑车辆最大容量并生成组合路径,在表7-3中,优先组合路径A—B、B—C 和 A—I,如果加上 D 点需求量则超过4t 载质量,因此跳过不可行需求点,随后在未被访问的需求点中组合 E—F 和 D—E,最后由载质量上限为2t 的车辆单独对 G、H 点进行配送。组合路径如图7-7 所示。

各点需求量(单位:t)　　　　　　　　表7-4

A	B	C	D	E	F	G	H	I
1.7	0.5	0.9	1.2	1.6	1.1	0.9	0.9	0.6

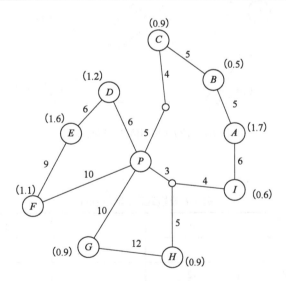

图7-7　优化配送方案

因此最终配送方案为:车辆1,载质量4t,P—I—A—B—C—P,总里程32km,载重3.7t;车辆2,载质量4t,P—D—E—F—P,总里程31km,载重3.9t;车辆3,载质量2t,P—G—H—P,总里程30km,载重1.8t;总里程93km,较单点配送节约63km。

三、节约里程法的优缺点分析

节约里程法是一种简便、易行的方法,一方面,其优化运输路径,与一般方法相比缩短了运输路程;另一方面,其也体现了货运配送网络的优势,实现了企业货运活动的整合,而且思路简单清晰,便于执行。

但节约里程法选择配送路线过于强调节约路程,而没有考虑行程中的时间因素,在许多情况下,时间更能决定货物配送的成本与服务质量;并且用节约里程法选择配送路线只能解决静态问题,而不能对客户的需求进行灵活多变的处理。

同样需要强调的一点是,节约里程法并不是一种严格的数学方法,因此其计算的配送路线并不总是总路程最短的方案,原因是其一方面要缩短总路程,另一方面又要充分利用车辆的运输空间以减少配送车次,而且只要在前一条预设路线上运行的配送车辆的运输空间允许,就必须按照路程节约量的大小顺序进行选择而不考虑其他的预设路线,导致在现实情况中选择的路线并不一定能节约路程和有效利用运输空间,而且运输的车次也不一定减少。

【例7-1】

已知配送中心 P 向5个客户 A、B、C、D、E 配送货物,其配送路线网络、配送中心与客户的距离以及客户之间的距离如图7-8所示,配送中心有3台载质量2t的卡车和2台载质量4t的车辆可供使用。利用节约里程法制订最优的配送方案。

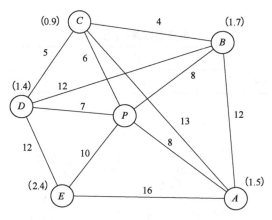

图7-8 例7-1 路网信息(单位:km,t)

(1)计算最短距离

最短距离见表7-5。

例7-1 最短距离(单位:km) 表7-5

最短距离	P	A	B	C	D
A	8				
B	8	12			
C	6	13	4		
D	7	15	9	5	
E	10	16	18	16	12

(2) 计算节约里程

由最短距离表编制节约里程表,见表7-6。

例7-1 节约里程(单位:km)　　　　　　　　　　　　　　　　　　表7-6

节约里程	A	B	C	D
B	4			
C	1	10		
D	0	6	8	
E	2	0	0	5

(3) 编制节约里程排序表

节约里程排序见表7-7。

例7-1 节约里程排序(单位:km)　　　　　　　　　　　　　　　　表7-7

序号	路径	节约里程	序号	路径	节约里程
1	B—C	10	6	A—E	2
2	C—D	8	7	A—C	1
3	B—D	6	8	B—E	0
4	D—E	5	9	C—E	0
5	A—B	4	10	A—D	0

(4) 组合路径

组合路径如图7-9所示。

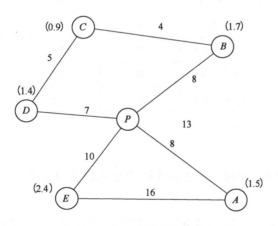

图7-9　例7-1 优化配送方案(单位:km,t)

因此最终配送方案为:车辆1,载质量4t,$P—B—C—D—P$,总里程24km,载重4t;车辆2,载质量4t,$P—A—E—P$,总里程34km,载重3.9t;总里程58km,较单点配送节约20km。

第三节　遗传算法求解车辆路径问题

车辆路径问题在问题规模较小时尚可通过常规方法进行求解,但其NP-hard特性注定其解空间随需求增加而呈指数扩大,因此需要借助启发式算法,本节以遗传算法为例,说明如何求解带时间窗的车辆路径问题。

下载代码至手机

【例 7-2】 （本题配有代码，下载方式见"教材配套资源获取方法"）

以青岛市某品牌电器生产商一天的订单配送的 CVRPTW 为例，已知运输车为同一车型，并且载质量为 2t，当日有 13 个客户，订单配送详细信息见表 7-8，车辆固定成本为 100，距离成本为 1，早到和晚到时间惩罚系数可取 0.1、1、10，试求解最小成本配送方案，并探究不同惩罚系数带来的影响。

客户需求量以及坐标位置信息表　　　　　　　　表 7-8

客户	需求量	坐标[配送中心为原点(x,y)]	最早服务时刻	最晚服务时刻	服务持续时长	服务时间窗
1	0.37	5.3,13.3	8	11	0.85	[8,11]
2	0.21	8.4,2.6	11	18	1.083	[11,18]
3	0.25	0.8,−5.1	15	16.5	0.417	[15,16.5]
4	0.23	1.6,6.3	14	17	0.417	[14,17]
5	0.35	7.3,23.5	13	14.5	0.667	[13,14.5]
6	0.31	−11.5,8.8	9.5	12	0.667	[9.5,12]
7	0.22	−11.2,3.5	8	9	0.917	[8,9]
8	0.43	5.6,10.3	10	12	0.75	[10,12]
9	0.33	−1.5,3.8	12	13	0.583	[12,13]
10	0.26	3.1,8.6	8	10.5	0.333	[8,10.5]
11	0.56	−2.4,14.3	11	12.5	0.25	[11,12.5]
12	0.19	−5.3,−4.5	10	15	1.167	[10,15]
13	0.15	15.8,−8.6	8	9.5	1	[8,9.5]

一、编码与解码

假设现在有 13 个客户，并且最多允许 3 辆货车来服务这些客户，那么一种可行的染色体表达如图 7-10 所示。

图 7-10　3 辆车全部派遣的编码方案

染色体中的 0 代表配送中心，将 13 个待服务的客户点划分为 3 段，即划分为 3 条路径。在解码时分别在编码两侧增加 1 个 0，则第 1 条路径为 0—7—9—10—2—0，第 2 条路径为 0—5—8—4—0，第 3 条路径为 0—1—3—11—13—12—6—0。

如果染色体表达如图 7-11 所示，那么该染色体解码的配送方案仅调度了 2 辆车，生成 2 条配送路径，则第 1 条路径为 0—7—9—10—2—5—8—4—0，第 2 条路径为 0—1—3—11—13—12—6—0。

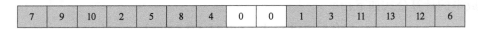

图 7-11　仅派遣 2 辆车的编码方案

VRP 中车辆需要从车场出发,在完成所有任务后返回车场,因此上述编码方案实际省略了收尾的编码 0,可以看出当客户数目为 N 且最大车辆使用数目为 K 时,染色体长度为 $N+K-1$,染色体表达形式为 $1 \sim N$ 与 $K-1$ 个 0 的随机排列。

二、约束项处理

当利用遗传算法求解 CVRPTW 时,为保证算法求解的可行性以及效率,需要对问题的相关约束项进行处理,一般有下述四种处理方法。

1. 搜索空间限定法

搜索空间限定法的基本思想是对遗传算法的搜索空间的大小加以限制,使得搜索空间中表示一个个体的点与解空间中表示一个可行解的点有一一对应的关系,例如,对一些比较简单的约束条件通过适当编码使搜索空间与解空间一一对应,限定搜索空间能够提高遗传算法的效率。此外,当使用搜索空间限定法时必须保证交叉、变异之后的新个体在解空间中有对应解。该方法一般用于处理 CVRPTW 车辆数量约束,例如,在设置编码时,需限制 0 的数量为 2 个,从而将各客户需求点分给 3 辆车。

2. 可行解变换法

可行解变换法的基本思想是在由个体基因型到个体表现型的变换中,增加使其满足约束条件的处理过程,即寻找个体基因型与个体表现型的多对一变换关系,扩大搜索空间,使进化过程中所产生的个体总能通过变换而转化成解空间中满足约束条件的一个可行解。可行解变换法对个体的编码方法、交叉操作、变异操作等无特殊要求,但运行效率较低。

3. 罚函数法

罚函数法的基本思想是当计算解空间中无对应可行解的个体的适应度时,添加一个罚函数,从而降低该个体的适应度,使该个体被遗传到下一代群体中的概率减小。如何确定合理的罚函数是该方法的难点所在,当考虑罚函数时,既要度量解不满足约束条件的程度,又要考虑计算效率。该方法一般用于处理 CVRPTW 时间窗约束,例如,对于不满足时间窗约束的客户,可相应在目标函数增加与违反时间相关的罚函数。

4. 致死

若发现有不满足约束条件的个体,则将其从种群中删除。同时,为了维持种群数量恒定,将随机生成新的满足约束条件的个体,该方法一般用于处理 CVRPTW 的车辆容量约束,例如,在交叉时新生成的个体不能满足车容量约束,可直接删除新个体,并重新初始化。

三、适应度函数

根据式(7-1)可以求得当前方案的总成本。显然,采用上述编码方式不能保证解码的各条配送路径都满足容量约束和时间窗约束,可以采取重新生成编码的方法直到生成的方案满足约束。此外,为了能够简单解决违反约束这一问题,本节采用罚函数法进行求解。因此,配送方案总成本的计算公式如下：

$$f(s) = c(s) + \alpha \times q(s) + \beta \times w(s) \tag{7-16}$$

式中：s——配送方案；

$f(s)$——当前配送方案的最终总成本；

$c(s)$——当前配送方案的车辆固定成本和运输成本；

$q(s)$——各条路径违反的容量约束之和；

$w(s)$——所有客户违反的时间窗约束之和；

α——违反容量约束的惩罚系数；

β——违反时间窗约束的惩罚系数。

由于总成本越小越好，在选择操作时通常将适应度值大的个体选择出来，将适应度函数设为成本函数的倒数，即 $fitness = 1/f(s)$。

四、种群初始化

在初始化种群之前，需要先构造带时间窗的车辆路径问题（VRP with time windows，VRPTW）的初始解。需要注意构造的初始解并不一定能够满足容量约束和时间窗约束，而一个高质量的初始解能够在一定程度上降低 GA 的搜索难度，为构造一个高质量的初始解应首先根据客户时间窗先后顺序进行排序，见表 7-9。

客户时间窗排序 表 7-9

序号	服务时间窗
7	[8,9]
13	[8,9.5]
10	[8,10.5]
1	[8,11]
6	[9.5,12]
8	[10,12]
12	[10,15]
11	[11,12.5]
2	[11,18]
9	[12,13]
5	[13,14.5]
4	[14,17]
3	[15,16.5]

如图 7-12a）所示，基于时间先后的基本逻辑，我们考虑优先服务时间窗较早的客户，因此首先为其分配一辆空车，构造新的车次；然后如图 7-12b）所示，以下一个客户为目标，依次对所有的位置进行检测，计算在当前位置插入是否符合约束，如果符合则将其记录，在检测所有位置后，可随机选择一个已被记录的可行位置插入当前客户；如图 7-12c）所示，若当前不存在插入后仍符合约束条件的客户位置，则考虑跳过该客户并为其分配一个新的车次，对后续客户依次重复上述操作。

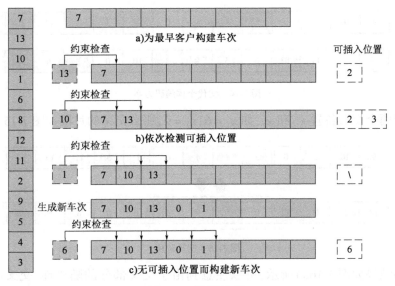

图 7-12 构建可行解

重复上述步骤,根据种群规模生成对应数量的个体构成初始种群。在上述的种群初始化操作中,利用搜索空间限定法将生成的个体限定在搜索空间之中,并通过可行解变换法保证生成的每个个体为满足约束条件的可行解。此外,若生成的个体不满足约束条件,则可进行致死操作。

五、选择

选择过程应用四元锦标赛选择法。为方便理解四元锦标赛选择操作的含义,将四元锦标赛选择拆成两部分,一部分是四元,即有四名选手参加比赛,既然有四元,那么就有二元、三元……;另一部分是锦标赛选择,锦标赛其实就是一种有多个选手参加的比赛,一般情况只有一个冠军,因此,在这里可以将多个个体看作多个选手,适应度值最大的个体看作冠军。

如图 7-13 所示,四元锦标赛选择就是比较四个个体,然后选择适应度值最大的个体,放到交配池。如果种群个体数目为 N,那么需要循环 N 次。

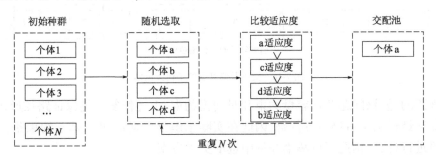

图 7-13 四元锦标赛选择法

六、交叉

采用的交叉方式如图 7-14 所示,假设有如下两个父代个体:

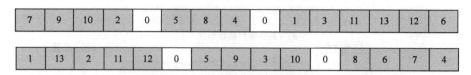

图7-14 父代个体编码方案

随机选择两个交叉位置 x_1 和 x_2，如 $x_1=6, x_2=9$，那么交叉的片段如图7-15所示。

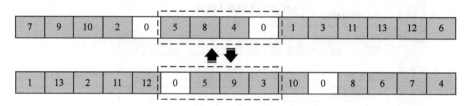

图7-15 交叉片段

交叉后的结果如图7-16a)所示，可以注意到由于交叉部分的随机性，交叉后的染色体可能出现重复片段，如子代1中需求点3和9被重复访问，子代2中需求点4和8被重复访问，因此需要对交叉后的染色体进行修复。修复的基本原则为优先保留交换区段，并对其余重复基因点位进行更改，如图7-16b)所示，保留子代1中交换过来的片段"0—5—9—3"，观察后发现缺失4和8，而3和9重复，因此找到现有染色体除交叉片段外的3和9并更改为4和8，子代2修复过程同理。

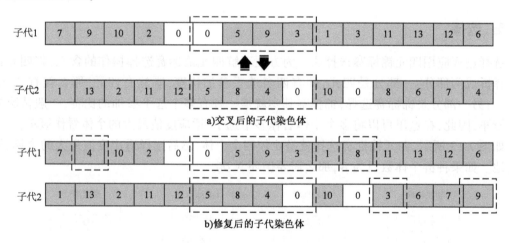

图7-16 交叉及修复后的子代染色体

需要强调的是，该问题存在容量约束和时间窗约束，上述修复仅能保证路径形式上的完整性而无法保证经过交叉后仍为可行解，因此在实际求解该问题时可以基于约束条件提前对可交换的片段进行计算，构造可行解集并从中选取交叉方案。

七、变异

变异操作比较简洁，即交换两个位置上的基因，例如，对图7-17中交叉并修复后的子代染色体1，随机选择两个变异位置 x_1 和 x_2，如 $x_1=3, x_2=11$，那么变异后的个体为：

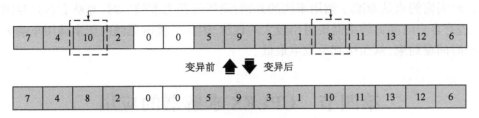

图 7-17 变异后的子代染色体

进行变异操作时同样可能出现破坏解的可行性的现象,因此在完成变异后需要再次根据问题实际约束条件检查解的可行性。上述交叉和变异过程同样用到了可行解变换法。

上述过程为一次完整的迭代,并通过设置最大迭代次数结束迭代。

八、运行结果

基于上述遗传算法的相关算子,通过 MATLAB 对该案例进行计算。

该案例中,设置种群规模为 100,最大迭代次数为 200,交叉概率取 0.9,变异概率取 0.05。对于不同的惩罚系数 0.1、1、10(早到和晚到的惩罚系数相同),算法求解得到的最优解如图 7-18 所示。

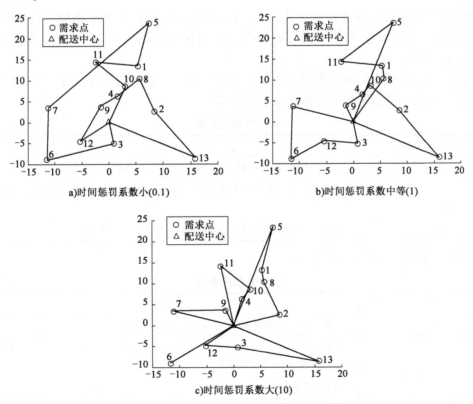

图 7-18 不同惩罚系数下的最优解

通过上述对比图可以发现,当时间惩罚系数较小时,最优解更倾向于减少车辆使用;当时间惩罚系数较大时,最优解则倾向于满足时间约束,导致使用的车辆数量增加。这是因为时间惩罚系数代表了违背客户时间窗约束的惩罚力度,当惩罚力度较小时,最优解更倾向于去违背部分客户时间窗约束从而减小调用车辆的开销；而当惩罚力度较大时，意味着客户时间窗约束在收紧，违背客户时间窗约束需要付出较大的代价，因此最优解更倾向于多调用车辆来尽可能满足客户时间窗约束，从而达到总成本最低。

第四节　CPLEX 求解器的应用

尽管不同求解器求解的问题和方法各有不同，但对于现实中的各种业务决策问题，都需要基于业务问题建立数学规划模型，进而选择合适的求解器寻求最优解或者可行解，从而协助做出更理想的决策。因此，通常的求解思路是：①明确业务问题；②定义优化问题三要素；③建立数学规划模型；④应用求解器求解。

本节将对前文中介绍的车辆路径问题略作拓展，此处以有容量限制的车辆路径规划问题（capacitated vehicle routing problem，CVRP）为例，对应用 MATLAB 集成 CPLEX 求解器求解问题进行说明，其中 MATLAB 集成 CPLEX 求解器的安装详见第三章第四节。

一、CVRP 分析

CVRP 是车辆路径问题的经典变体。这类问题在常规 VRP 基础上添加了容量约束——每个节点都有一个需求量，每辆车都有最大的负载，且保证每辆车所服务的节点需求量之和都不超过其最大负载。

如前文所述，本优化问题共需要解决两个主要问题——如何构建车辆路径以及决定车辆的载货量，因此决策变量可如表 7-10 所示分别定义。

CVRP 决策变量　　　　　　　　　　　　　　　　表 7-10

决策变量	定义
x_{ij}	布尔型变量，表示车辆是否从节点 i 到节点 j（$i,j \in \{1,\cdots,N+1\}$，$i \neq j$）
u_i	子回路约束变量，其值不具有任何物理意义，也可简单理解为对客户点 i 的排序（$i \in \{1,\cdots,N\}$）
p_i	连续型变量，车辆在节点 i 的累计载货量（$i \in \{1,\cdots,N\}$）

其他模型相关变量定义见表 7-11。

CVRP 相关参数　　　　　　　　　　　　　　　　表 7-11

参数	定义
d_{ij}	节点 i 到节点 j 的距离（$i,j \in \{1,\cdots,N+1\}$ 且 $i \neq j$）
c_{ij}	节点 i 到节点 j 的成本。若 $i = N+1$，则 $c_{ij} = c_{veh} + c_d \cdot d_{ij}$，否则，$c_{ij} = c_d \cdot d_{ij}$（$c_{veh}$：车辆固定成本，$c_d$：单位距离成本）
q_i	节点 i 的货物量（$i \in \{1,\cdots,N\}$）
q_{max}	车辆最大载货量
$1,2,\cdots,N$	客户点
$N+1$	配送中心
K	车辆数量

本优化问题的目标可定义为车辆调度的总成本最小,即选择成本最小的路径完成任务;约束条件可描述为规划路径可行且每个客户点得到服务;车辆的载货量不超过载质量上限;使用车辆数量不超过配送中心拥有最大车辆数限制。

二、建立 CVRP 数学规划模型

根据优化三要素建立数学模型如下:

$$\min \sum_{i=1}^{N+1} \sum_{j=1}^{N+1} c_{ij} d_{ij} x_{ij} \tag{7-17}$$

$$\text{s. t.} \quad \sum_{i=1, i \neq j}^{N+1} x_{ij} - \sum_{k=1, k \neq j}^{N+1} x_{jk} = 0, \forall j \in \{1, 2, \cdots, N+1\} \tag{7-18}$$

$$\sum_{i=1, i \neq j}^{N+1} x_{ij} = 1, \forall j \in \{1, \cdots, N\} \tag{7-19}$$

$$\text{if } x_{ij} = 1 \text{ then } u_i \leq u_j - 1, \forall i, j \in \{1, 2, \cdots, N\} \tag{7-20}$$

$$\sum_{j=1}^{N} x_{ij} \leq K, i = N+1 \tag{7-21}$$

$$\text{if } x_{ij} = 1 \text{ then } p_j = p_i + q_j, \forall i, j \in \{1, 2, \cdots, N\}, i \neq j \tag{7-22}$$

$$\text{if } x_{ij} = 1 \text{ then } p_j = q_j, i = N+1, \forall j \in \{1, 2, \cdots, N\} \tag{7-23}$$

$$p_i \leq q_{\max}, \forall i \in \{1, \cdots, N\} \tag{7-24}$$

$$x_{ij} \in \{0, 1\}, \forall i, j \in \{1, 2, \cdots, N+1\}, i \neq j \tag{7-25}$$

$$p_i \geq 0, \forall i \in \{1, 2, \cdots, N\} \tag{7-26}$$

$$u_i \geq 0, \forall i \in \{1, 2, \cdots, N\} \tag{7-27}$$

目标函数(7-17)为最小化总费用;约束(7-18)保证节点流量守恒;约束(7-19)保证每个客户点有且仅有一辆车配送;约束(7-20)为消除子回路约束,即防止车辆在节点间形成回路,如图 7-19 所示,证明如下:由该回路和根据 x_{12}、x_{23} 为 1 以及约束(7-20)可知,$u_1 \leq u_2 - 1$,$u_2 \leq u_3 - 1$,可推出 $u_1 \leq u_3 - 2$,而根据 x_{31} 为 1 以及约束(7-20)可知,$u_3 \leq u_1 - 1$,两者相互矛盾,故可达到消除子回路的目的;约束(7-21)为最大车辆数量约束;约束(7-22)及约束(7-23)为载质量平衡约束;约束(7-24)为最大载质量约束;约束(7-25)、约束(7-26)、约束(7-27)为变量约束。

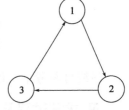

图 7-19 子回路示意图

三、将模型导入求解器

(本部分内容配有代码,下载方式见"教材配套资源获取方法")

1. 创建变量

模型中有连续变量(累计载货量 q_i、子回路约束变量 u_i)及离散变量(网络流 x_{ij}),为混合整数规划(MIP)模型;共有 $(N+4)N$ 个变量,其中布尔型变量有 $(N+2)N$ 个,连续型变量有 $2N$ 个。将需要导入求解器的变量进行整理,提前创建求解器变量,见表 7-12。最终可参考第三章第四节相关函数在 MATLAB 中创建变量。

下载代码至手机

求解器变量表　　　　　　表 7-12

客户点	x_{11}	x_{12}	⋯	x_{1N}
	x_{21}	x_{22}	⋯	x_{2N}
	⋮	⋮		⋮
	x_{N1}	x_{N2}	⋯	x_{NN}
起点	$x_{(N+1)1}$	$x_{(N+1)2}$	⋯	$x_{(N+1)N}$
终点	$x_{1(N+1)}$	$x_{2(N+1)}$	⋯	$x_{N(N+1)}$
累计载货量	q_1	q_2	⋯	q_N
子回路约束变量	u_1	u_2	⋯	u_N

2. 构造模型

通过对模型的分析,约束(7-20)、约束(7-22)及约束(7-23)具有 if-then 结构,若能将其线性化,则可转化为混合整数线性规划(MILP)模型,本书应用大 M 法线性化技术。

大 M 法是运筹优化建模中常用方法,利用辅助二进制变量和附加逻辑约束可将非线性问题或逻辑问题转化成具有相同效果的线性问题,使得问题可被代入标准模型求解。对于约束(7-20),可通过引入一个足够大的正数 M,将其改写为约束(7-28)。当 $x_{ij}=1, M\cdot(1-x_{ij})=0$ 时,约束项被收紧;当 $x_{ij}=0, M\cdot(1-x_{ij})=M$ 时,约束项被松弛。

$$u_i \leqslant u_j - 1 + M\cdot(1-x_{ij}), \forall i,j \in \{1,2,\cdots,N\} \tag{7-28}$$

将约束(7-22)及约束(7-23)也改写为线性约束(7-29)、约束(7-30)。

$$\begin{cases} p_j \leqslant p_i + q_j + M\cdot(1-x_{ij}) \\ p_j \geqslant p_i + q_j - M\cdot(1-x_{ij}) \end{cases}, \forall i,j \in \{1,2,\cdots,N\}, i \neq j \tag{7-29}$$

$$\begin{cases} p_j \leqslant q_j + M\cdot(1-x_{ij}) \\ p_j \geqslant q_j - M\cdot(1-x_{ij}) \end{cases}, i = N+1, \forall j \in \{1,2,\cdots,N\} \tag{7-30}$$

最终可参考第三章第四节相关函数,在 MATLAB 中创建模型。

四、求解过程及结果部分展示

应用 MATLAB 集成 CPLEX 求解器求解优化问题时常会遇到需要定制化求解的场景,当约束和变量较多导致求解时间太长,或是求解效果不理想时,需要人为对求解参数做一定调整。在本书中,对计算时间及计算节点数量进行限制以便较快得到结果;并针对模型中变量较多的情况选择强分支策略;在求解结果上选择可行解优先,具体策略见表 7-13。

求解参数策略　　　　　　表 7-13

策略	含义
CVRP. Param. timelimit. Cur = 3000	计算时间上限为 3000s
CVRP. Param. clocktype. Cur = 1	时间计算采取 CPU 时间
CVRP. Param. mip. limits. nodes. Cur = 10000	节点限制不超过 10000

续上表

策略	含义
CVRP. Param. mip. strategy. variableselect. Cur = 3	选择强分支策略
CVRP. Param. emphasis. mip. Cur = 1	强调可行性高于最优性
CVRP. Param. emphasis. memory. Cur = 1	尽可能节省内存
CVRP. Param. mip. strategy. file. Cur = 2	将节点文件记录在磁盘上
CVRP. Param. output. intsolfileprefix. Cur = "./"	记录找到的每个解

由于求解过程会占用大量计算机内存和 CPU 资源，在计算机资源较为紧张的情况下，选择记录已经找到的可行解是非常必要的，可防止在计算过程中遇到问题时 MATLAB 强制退出，未保存的计算过程及结果丢失，造成麻烦。

在 CPLEX 计算结束后，会在 MATLAB 输出窗口形成求解记录。可通过调用 CPLEX. Solution. status 函数查看模型求解的状态。若求解错误，可根据输出的状态代码在官方说明文档中查找错误原因，并解决问题，主要如下：

①检查模型和数据。确保模型和输入数据是正确的，并且没有错误或缺失值，检查约束条件、目标函数以及变量定义等部分是否正确。

②检查求解参数。CPLEX 有许多求解参数可以配置，可以检查是否设置适当的参数，例如时间限制、容忍度等。根据问题，可能需要调整某些参数以获得更好的结果。

③检查约束和变量的定义域。确保约束和变量的定义域没有冲突或不一致的部分，例如，如果某个变量定义为整数，但约束使用了非整数系数，可能会导致问题求解失败。

④检查模型是否可行。CPLEX 在求解过程中会检查问题是否可行，即是否存在满足所有约束条件的解，如果问题是不可行的，CPLEX 将无法找到最优解。因此，可以尝试添加一些松弛约束或调整约束条件，使问题求解变得可行。

在本例中模型正确且可被求解，输出记录如图 7-20 所示。最上方记录了设置的求解参数；中间记录了求解器进行预处理的过程，求解器在开始求解前会根据问题特征进行预处理以缩减问题规模；最下方则记录了处理过程消耗的时间。

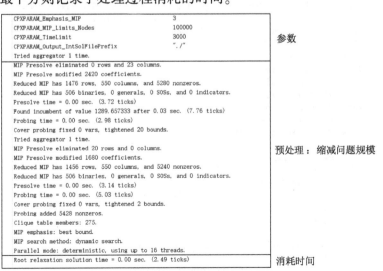

图 7-20　CPLEX 输出记录

在求解过程中,输出窗口会不断展示求解迭代的过程,如图 7-21 所示,求解过程被编排为类表格形式,Objective 记录了目标函数值,Best Integer 记录了已经寻找到的最优整数解,Best Bound 则表示模型被松弛后找到的解,Ga 是已寻得的最优解与松弛解的距离,可用式(7-31)求得,可以看到随着求解迭代,Ga 值不断缩小。

$$Ga = |\text{Best Integer} - \text{Best Bound}|/\text{Best Integer} \tag{7-31}$$

```
        Nodes                                  Cuts/
   Node  Left  Objective  IInf  Best Integer  Best Bound   ItCnt    Ga

*   0+    0                      1289.6573       0.0000             100.00
New incumbent written to file './-00001.sol'.
    0     0   183.0718   50     1289.6573     183.0718       67     85.80
    0     0   205.4764   48     1289.6573     Cuts: 128     150     84.07
    0     0   207.4365   44     1289.6573     Cuts: 63      206     83.92
*   0+    0                       843.0339    207.4365              75.39
New incumbent written to file './-00002.sol'.
    0     0   212.0574   55      843.0339     Cuts: 65      257     74.85
*   0+    0                       837.0623    212.0574              74.67
New incumbent written to file './-00003.sol'.
    0     0   214.7572   56      837.0623     Cuts: 95      307     74.34
*   0+    0                       825.5955    214.7572              73.99
```

图 7-21 CPLEX 求解过程

图 7-22 中记录了求解终止时得到的结果,如前文所述终止条件可根据求解情况设置,此时,Ga 值为 65% 左右,说明已经取得了一定的优化结果,但仍有优化空间;目标函数值为 678 左右,累计求解时间 3000.22s,说明程序停止迭代是因为达到预先设置的上限 3000s。CPLEX 在计算 MIP 过程中还使用了分支切割算法,并且会自动采用一些启发式规则,帮助寻找整数解。

```
* 10437+  5914                    680.8974    240.4831             64.68%
New incumbent written to file './-00012.sol'.
  10548   5999   241.0981  44    680.8974    240.5623   661441     64.67%
* 10557+  6140                    678.4156    240.5691             64.54%
New incumbent written to file './-00013.sol'.
Clique cuts applied:  26
Cover cuts applied:  12
Implied bound cuts applied:  281
Flow cuts applied:  131
Mixed integer rounding cuts applied:  708
Zero-half cuts applied:  9
Lift and project cuts applied:  21
Gomory fractional cuts applied:  15

Root node processing (before b&c):
  Real time             =    1.95 sec. (953.37 ticks)
Parallel b&c, 16 threads:
  Real time             = 2998.27 sec. (99918.72 ticks)
  Sync time (average)   =  329.11 sec.
  Wait time (average)   =    0.01 sec.
                          -----------
Total (root+branch&cut) = 3000.22 sec. (100872.09 ticks)
```

图 7-22 CPLEX 求解结束

【练习与讨论】

1. 是否有办法在多个物流中心和配送点之间进行优化,以最大限度地降低总配送成本?
2. 如何平衡车辆的装载量和配送时间,以满足不同客户需求和交货期限要求?
3. 是否可以通过智能调度系统实时优化车辆路径,以应对路况和交通变化?
4. 节约里程法的主要原理是什么?如何应用这个方法来优化车辆路径问题?
5. 节约里程法是否适用于所有类型的车辆路径问题?如何调整方法以适应不同的情况?
6. 启发式算法在求解 NP-hard 问题时具有良好表现,请分析不同类别(并行搜索、串行搜索)启发式算法在求解 VRP 时的优劣。

扫码查看参考答案

【经典案例】

企业中的车辆路径优化

1. 菜鸟末端配送

菜鸟需要向数以千计的网点进行配送,配送路径数不胜数。因此需要对网点进行合理配置,寻找一条高效的配送路径提高物流效率、降低物流成本。这其中离不开菜鸟的算法布局。

菜鸟网络人工智能部从自身业务出发,联合集团 IDST、阿里巴巴云计算的力量,打造一款适合中国复杂的业务需求,又在效果上接近国际水准的分布式车辆路径规划求解引擎——STARK VRP,其支持的模型见表 7-14,探索一条结合运筹优化、分布式计算、机器学习、人工智能的技术路线。

STARK VRP 支持的模型　　　　　表 7-14

模型类型	应用场景
CVRP	限制车的体积、质量、客户数、最长距离等
VRPTW	针对客户有送达时间要求的场景
VRPPD	外卖 O2O,外卖配送员从不同的商店取货,送到不同的客户
MDVRP	同样的货物可在多个仓库获取
OVRP	在完成配送任务后,无须返回仓库
VRPB	回程取货,如回收返修的电子元器件

续上表

模型类型	应用场景
Heterogeneous Fleet	支持多车型,尤其适合配送资源外包
T+n 时效	针对时效性要求不高的场景,可以动态决定送达日期
Milk Run	同一辆车会循环取货
Skilled VRP	客户仅能由指定的车辆服务
Same Route VRP	部分订单必须在同一条路径
Split Delivery	部分客户的需求,可以由多辆车分别送达
Generalized VRP	部分订单,可以从任意位置取货
VRP with intermediate facilities	考虑沿途的充电点以及载质量和耗电的关系
2E VRP	适用于需要在不同的运输环节更换运输工具的场景

同时,菜鸟车辆路径规划算法已经应用于多项业务中。在车辆配送环节中,减小车辆使用数量和车辆行驶距离;在仓库内部拣选环节,减小拣选人员行走距离,颠覆以往"人找货"的场景,通过智能分单技术和动态定位技术,直接实现前置分拣,并将货物直接送到快递员手中,实现移动网点;在智能仓储环节缩短拣货时间。此外,车辆路径规划算法还可帮助外卖配送员规划配送路线,减少从前端订单下发到末端货物配送的周转时间,直接根据路线配送,从而提升客户体验,大幅度降低配送成本。

目前通过在零售通城配业务中应用车辆路径规划算法,订单配送成本已经降低了10.3%,并推动仓库货物流转效率的提高,仓库集货周转时间缩短了57%。该算法也广泛应用在农村物流体系中,降低农村地区配送成本,提升用户体验,在农村淘宝物流路径优化项目上,浙江省长兴县的车辆使用减少了50%以上,行驶距离减少了30%以上;江西省吉安县的车辆使用减少了10%以上,行驶距离减少了30%以上。

2. 美团即时配送

外卖订单的分配问题一般可建模为带有若干复杂约束的 DVRP(dynamic vehicle routing problem)。该问题一般可表述为:有一定数量的骑手,每名骑手身上有若干订单正在配送过程中,在过去一段时间(如1min)内产生了一批新订单,已知骑手的行驶速度、任意两点间的行驶距离、每个订单的出餐时间和交付时间(骑手到达用户所在地之后将订单交付至用户所需的时间),那么如何将这批新订单在正确的时间分配至正确的骑手,使得用户体验得到保证的同时,提高骑手的配送效率?

为此,美团技术团队在机器学习、运筹优化、仿真技术等方面,持续发力,深入研究,并针对即时配送场景特点将上述技术综合运用,推出了用于即时配送的"超级大脑"——O2O即时配送智能调度系统。其根据美团外卖每天产生的巨量订单配送日志、行驶轨迹数据进行分析、挖掘,得到每个用户、楼宇、商家、骑手、区域环境的个性化信息,以及有关各区域环境骑行路径的有效数据,目标就是基于大数据平台,根据订单的配送需求、区域环境以及每名骑手的个性化特点,实现订单与骑手的高效动态最优匹配以及相应的路径规划,从而为每个用户和商家提供最佳的配送服务,并降低配送成本。其具体操作如图7-23所示。

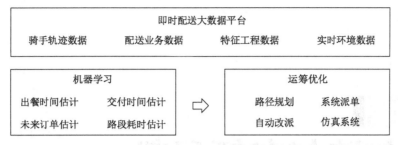

图 7-23 美团即时配送流程

其中机器学习模块负责从数据中寻求规律和知识,例如对商家的出餐时间、交付时间、未来的订单、路段耗时等因素进行预估,为调度决策提供准确的基础信息;而运筹优化模块则在即时配送大数据平台以及机器学习模块的预测数据基础上,采用最优化理论、强化学习等优化策略进行计算,做出全局最优的分配决策,并和骑手高效互动,处理执行过程中的问题,实现动态最优化。

问题讨论

1. 菜鸟和美团分别是如何应对车辆路径优化问题的?

2. 菜鸟和美团的车辆路径优化技术可否扩展到其他配送场景,如长途货运或跨境电商物流?若可以,该如何应用这些技术?

第八章
货物包装与车辆配载

【本章提要】

本章主要对货物包装和车辆配载进行介绍,并详细讲解车辆配载优化模型,以及分别使用动态规划算法和开源求解器求解车辆配载优化问题的具体流程。

【学习要求】

通过学习本章,了解物流管理涉及的配载环节,在此基础上进一步学习车辆配载优化的问题、流程和模型,并学习动态规划算法的求解过程。

第一节 货物包装与车辆配载概述

货物包装与车辆配载是物流管理中至关重要的环节,合理的货物包装和车辆配载,可确保货物安全、高效地到达目的地。货物包装不仅仅是简单地将商品装箱,更需要考虑货物的性质、尺寸、质量等因素,采用合适的货物包装材料和方式,以最大限度地保护货物免受损坏;车辆配载则涉及货物的合理摆放和组织,以最大限度地利用车辆空间,降低运输成本。科学合理的货物包装与车辆配载不仅能够提高物流效益、减少货损,还能提高整个供应链的运作效率,为企业创造更大的竞争优势。因此,深入理解货物包装与车辆配载的概念与原则对于建立高效、可持续的物流体系具有重要意义。

一、货物包装概述

1. 货物包装分类与功能

货物包装的目的在于确保产品在物流过程中能够安全运达客户手中,便于储运,促进销售,并满足客户和服务对象的需求。为达到上述目标,采用容器、材料和辅助物,并施加一定技术方法等进行货物包装活动。

(1)货物包装分类

货物包装按照其在流通过程中的作用,可分为销售包装和运输包装,销售包装包括单个包装、内包装和中包装,运输包装则分为单件运输包装和集合运输包装;根据其制品材料的不同可分为纸制品包装、塑料制品包装、金属包装、竹木器包装、玻璃容器包装和复合材料包装等;根据使用次数可分为一次用包装、多次用包装和周转包装;根据产品种类可分为食品包装、药品包装、机电产品设备包装、危险品包装等;根据货物包装功能可分为运输包装、贮藏包装和销售包装;根据货物包装技术方法又可分为防震包装、防湿包装、防锈包装、防霉包装等。

(2)货物包装功能

①保护产品功能,是货物包装的首要功能,包括防止物品破损、发生化学变化、受鼠咬和虫蛀,防止异物混入和污物污染,以及防止散失和丢失。

②方便储运功能,要求货物包装单元的尺寸、质量、形态能方便装卸、运输和储存,同时有利于商品的区分和计量,货物包装及拆装要简便、快速,货物包装材料要易于处理且不污染环境。

③促进销售功能,是指通过货物包装迎合消费者的需求,唤起消费者的购买欲望。

④美化产品功能,是指良好的货物包装能够美化产品。

2. 货物包装材料和容器

货物包装材料和容器是构成货物包装实体的主要物质,对于保护货物至关重要。当选择货物包装材料和容器时,应考虑货物的特性和流通条件,以确保其既能保持货物包装强度,又能避免不必要的浪费。此外,需要留意货物包装材料和容器可能对环境和人体造成的危害。

(1)货物包装材料

①纸质包装材料,价格低廉,质地细腻均匀,耐摩擦、耐冲击,适用于机械化包装生产,但其防潮性、密闭性和透明性较差。

②木质包装材料,通常用于物品的外包装,具有抗震、抗压的特点,但易吸水、易变形开裂、易腐、易受白蚁侵害,且木质资源有限。

③金属包装材料,以钢铁和铝材为主,具有牢固、易加工、不透气、防潮、避光、可再生使用等优点,但成本较高,在流通中容易变形和锈蚀。

④塑料包装材料,应用日益广泛,具有一定的强度、弹性,具有耐折叠、耐摩擦、抗震动、防潮、气密性好、耐腐蚀、易加工等优点,但易老化、有异味、废弃物难处理,可能产生公害和环境污染。

⑤玻璃包装材料,无毒、无味、透明、美观,阻隔性好,不透气,原料丰富,价格低廉,可多次周转使用,耐热、耐压、耐清洗,可高温杀菌,但自重大、易破损,运输费用高,二次加工性能差。

⑥复合包装材料,通过各种方法将具有相似物性的两种或两种以上的材料复合,以满足不

同需求,具有灵活性,但制造成本较高,制成周期较长。

(2)货物包装容器

①包装袋,按盛装质量分为集装袋、一般运输包装袋和小型包装袋。

②包装盒,刚性或半刚性的容器,具有规则的几何形状,可轻松关闭。

③包装箱,刚性或半刚性的容器,一般为长方体,内部容积较大,常用的有瓦楞纸箱、木箱、托盘集合包装、集装箱、塑料箱。

④包装罐(筒),要求包装材料强度较高,罐(筒)体抗变形能力强,适合包装液体、粉状和颗粒状物品,按容量可分为小型包装罐(筒)、中型包装罐(筒)和集装罐(筒)三种;按制造材料分为金属罐(筒)和非金属罐(筒)两种。

常用货物包装材料和容器如图 8-1 所示。

a)瓦楞纸箱　　　　b)金属物流箱　　　　c)塑料物流箱

图 8-1　常用货物包装材料和容器示意图

3. 货物包装设备

为确保货物包装更加流畅,货物包装设备一般应具备多种接口,便于直接接入输送系统,方便货物处理。根据功能的不同,货物包装设备通常分为开箱机、装箱机、封箱机、打包机、缠绕机、贴标机和货物包装机等,如图 8-2 所示。

a)自动开箱机　　　　b)自动封箱打包机

c)自动纸箱胶带捆扎机　　　　d)自动高速贴标机

图 8-2　常用货物包装设备示意图

货物包装设备主要发展方向如下。
(1) 集成化设计
现代物流中心的货物包装不再仅限于单一的装箱或封箱功能,而是根据现代管理需求,具有物品信息标识的承载作用,例如,如今的货物包装携带着物流活动过程中的大量信息,因而现代的货物包装设备需集编码、喷码、自动称重、可移动、可连接等多功能于一体,满足物流存储、配送等多个环节的需求。
(2) 环保设计
货物包装单元、材料的可回收:在货物包装单元化和标准化的原则下,物流中心注重单元集装、器具的再利用,通过对物品属性和流通数据的分析,实现多功能货物包装机的快速转换,以适应各种物品尺寸需求。可降解货物包装材料有助于减少环境污染,节约能源,符合环保需求。

二、车辆配载概述

车辆配载又称车辆配装,是指为充分利用运输工具的载质量和容积,采用合理的方法进行装车的行为,是整个配送环节中的重要一环。一般明确客户的配送顺序后,接下来就需要将货物有序装车。车辆配载需要根据货物的性质(怕震、怕压、怕撞、怕湿)、形状、体积和质量等因素进行调整,在确保货物完好安全运输的前提下最大限度利用车辆的载质量和容积。合理的车辆配装可以间接地为企业降低成本,增加利润,同时也能提高企业的信誉,为客户提供优质的服务。

1. 车辆配载的原则

为确保货物安全,车辆配载时应遵循以下原则。
(1) 轻重搭配原则
车辆装货时,必须将重货置于底部,轻货置于上部,避免重货压坏轻货,并使整箱货物重心下移,从而保证运输安全;针对怕压、易碎、易变形的产品,在装载时要采取防护措施。
(2) 大小搭配原则
如到达同一地点的同一批配送货物,其包装的尺寸有大有小,为了充分利用车厢的内容积,可在同一层或上下层合理搭配不同尺寸的货物,以减少车厢内的空隙。
(3) 货物性质匹配原则
拼装在一个车厢内的货物,其物理与化学属性不能互相抵触,特别注意食品不能和有异味的、有毒的货物混装。其中托运人已经包装好的而承运人又不得任意开封的货物,在车厢内因性质抵触而发生损坏的,由托运人负责。
(4) 一次性配载原则
到达同一地点的适合配装的货物应尽可能一次配载。
(5) 均匀分布和合理堆码原则
在车厢内,要确保货物质量均匀分布,防止整箱货物重心偏移,影响运输安全,可根据车厢的尺寸和容积、货物外包装的尺寸确定,例如,对于易滚动的卷状、桶状货物,要垂直摆放,防止在运输过程中滚动和倾倒。
(6) 防碰撞玷污原则
要防止货物之间发生碰撞和玷污,采取适当的间隔和衬垫。

(7) 后送先装的顺序

按照订单的配送顺序有序装车,提高运输效率。

为充分利用车辆载质量、容积而必须采用的方法称为装车堆积,一般是根据所配送货物的性质和包装来确定堆积的行、列、层数及码放的规律。堆积的方式有行列式堆码方式和直立式堆码方式(一般适合于用花格木箱或木箱套装的瓶装液体),如图8-3所示。装车堆积应注意堆码要有规律、整齐,堆码高度不宜过大,而且货物堆积横向宽度不能超过车厢宽度,因为车辆堆装高度受道路高度限制,并且道路运输法规规定大型货车的高度从地面起不得超过4m,载质量1t以上的小型货车不得超过2.5m,载质量1t以下的小型货车不得超过2m;堆积的货物前端不得超出车身,后端不得超出大货车车厢2m,载质量1t以上的小型货车不超过1m,载质量1t以下的小型货车不超过50cm。按顺序堆码,即先卸车的货物后码放。

a)汽车整车配载

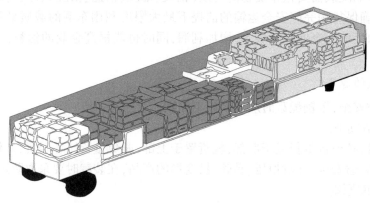

b)卡车内部货物配载

图8-3 实际运输过程配载示意图

2. 车辆配载影响因素

车辆配载效果主要受以下几种因素的影响。

(1)货物特性

如轻泡货物,由于车辆容积的限制和运行限制(主要是超高),而无法充分利用吨位,造成吨位利用率降低。

(2)车辆类型

不同类型的车辆有不同的结构和装载能力,货车、集装箱车、运输卡车等在装载时需要考虑其特定的限制和要求。

(3)货物包装

如车厢尺寸不与货物包装容器的尺寸成整倍数关系,则无法装满车厢,如货物宽80cm,车厢宽220cm,将会剩余60cm。

（4）法律法规

受国家和地方的法律法规限制，例如最大载质量、超限运输等。

3. 车辆装载与卸载

车辆装载与卸载作业是指以改变货物的储存状态及空间位置为主要内容和目的的活动。装卸作业是为运输服务的，是连接各种货物运输方式进行多式联运的作业环节，也是各种运输方式运作中各类货物在运输的起点、中转和终点的作业活动。在配送作业过程中，车辆装载与卸载是货物出运的起始与终结作业。车辆装载与卸载的基本要求是"快速、安全、低成本"，"快速"是指车辆装载与卸载作业应迅速完成以保证配送作业的衔接性和配送中心的配送性；"安全"是指在车辆装载与卸载过程中不仅要避免货损、货差，保证货物的安全，还应注重对工作人员的安全保护；"低成本"是指减少无效作业，提高作业效率，节约车辆装载与卸载作业成本。为了达到车辆装载与卸载的基本要求，作业应采取一些合理化的措施：

第一，避免和消除无效作业。所谓无效作业，是指在装卸作业活动中超出必要的装卸、搬运量的作业。显然，避免和消除无效作业对于提升装卸作业的经济效益有重要作用。

第二，确定最恰当的装卸方式。在装卸过程中，应利用货物本身的质量，进行从上往下的装卸，如利用滑板滑槽等。同时应考虑货物的性质及包装，选择最适当的装卸方法，以保证货物完好。

第三，合理配置和使用装卸机具。根据货物性质科学地选择装卸机具并将其按一定的流程合理地布局，避免流程线出现交叉并使其搬运装卸的路径最短。

第四，力求减少装卸次数。在物流过程中，发生货损、货差的主要环节是装卸，而在整个物流过程中，装卸作业又是反复进行的，其发生的频数超过任何其他环节。装卸作业环节不仅不能增加货物的价值和使用价值，反而有可能提高货物破损的可能性和相应的物流成本。因此，过多的装卸次数必将导致货损和费用的增加，同时，其还将降低整个物流的速度。所以应尽量采用成组、集装方式，防止无效装卸。

第五，防止货物装卸时的混杂、散落、漏损、砸撞，特别要注意有毒货物不得与食用类货物混装，性质相抵触的货物不能混装。

第六，装车的货物应数量准确，捆扎牢靠，做好防丢措施，卸货时应点交清楚，码放、堆放整齐，标志向外，箭头向上。

第七，提高货物集装化或散装化作业水平。成件货物集装化、粉粒状货物散装化是提高作业效率的重要方向，因此，成件货物尽可能集装成托盘系列集装箱、货捆、货架、网袋等货物单元再进行装卸作业；各种粉粒状货物尽可能采用散装化作业。

第二节 车辆配载优化

一家快递公司每天都有成千上万的包裹需要送达，如何合理地将这些包裹装载到运输车辆中，以确保高效地交付？一家食品配送公司经理会如何在保持食品新鲜的前提下，最大限度地填满每辆送货车？以上场景本质上是车辆配载优化，其是现代物流和运输管理中一个至关重要的领域，它涉及如何高效地利用运输工具的容积和载质量完成货物装载，以实现最佳的运输效益。通过合理的货物装载,能够显著提高物流运输的效率,并在降低成本的同时满足不同的运输需求。

一、常见车辆配载优化问题

(1)单车配载问题

单车配载问题关注如何将一组不同尺寸、质量和形状的货物有效地装载到单一的运输工具(如卡车或集装箱)中,即如何最大限度地利用可用的载质量和容积,同时确保装载的货物在运输过程中的稳定性和安全性。

考虑一辆送货卡车,其载质量限制为 5000kg,容积限制为 $12m^3$。现在有一批货物,它们的质量和体积分别为:A(质量 1500kg,体积 $5m^3$)、B(质量 1000kg,体积 $3m^3$)、C(质量 800kg,体积 $2m^3$)、D(质量 1200kg,体积 $4m^3$)。如何安排装载,以最大化装载货物并满足限制条件?

(2)多车配载问题

多车配载问题,是如何将一组货物分配到多辆车中,以便在满足每辆车的限制条件的情况下,最大化车辆装载量。其更加复杂,需要考虑不同的车辆和货物属性,以实现整体的运输效率最优化。

考虑一家配送公司,有卡车 A 和卡车 B,它们的载质量分别为 3t 和 5t,现在有一批货物,每个货物都有自己的质量和目的地,应如何分配这些货物到两辆卡车中,以便最大限度利用卡车载质量?

(3)其他车辆配载问题

①多阶段配载问题,货物需要经过多个配送中心或仓库进行中转,任务是在中转站点上重新分配货物到不同的车辆,以实现整体运输的最优化。该问题在复杂的供应链网络中具有重要意义。

②混装问题,涉及将不同类型的货物合理地混合装载到车辆中,以最大限度利用车辆载质量和容积,其在货物种类多样的场景中常见。

③考虑时间窗配载问题,除了考虑货物的尺寸和质量外,还要求在一定的时间范围内送达目的地,任务是安排合适的送货路线,以在时间窗内满足送货要求。

④拆卸和装配问题,货物需要在目的地进行拆卸和装配,例如家具等,需要考虑如何合理地安排货物的装载,以便在目的地进行组装。

二、车辆配载优化流程

车辆配载优化是指通过合理规划车队装载货物的方案,以最大限度提高运输效率。配载优化的流程通常涵盖以下关键步骤。

(1)数据搜集和准备

搜集有关货物和运载车辆的数据,包括尺寸、质量和容积等,为后续的建模和分析提供基础。

(2)建立数学模型

基于搜集到的数据,构建优化模型,包括目标函数和约束。

(3)选择优化算法

根据问题特性和复杂度,选择适当的优化算法,例如遗传算法、动态规划算法和模拟退火算法。

(4)计算最优方案

通过优化算法求解,获得较佳的货物分配和装载方案。

(5)方案评估和调整

评估生成的方案,考虑运输成本、车辆使用数量等因素,进行必要的调整和优化。

三、车辆配载优化模型

建立优化模型是解决车辆配载优化问题的核心,其将现实世界中的物流情景转化为数学模型,以便利用优化算法求解最佳方案。车辆配载优化问题的建模过程需要考虑问题的不同方面,包括货物属性、运输工具特性以及各种约束条件,并构建符合问题要求的约束条件和目标函数。一般的建模过程如下:

①节点和边的定义,将问题中的实体转化为数学对象,如每个货物、车辆等都被表示为节点,而边则表示货物是否被装入车辆;

②参数定义,确定问题所需的参数,如节点数量、车辆数量、货物属性等;

③变量定义,引入决策变量,例如 x_{ij} 表示从节点 i 到节点 j 是否连接为边;

④约束条件的引入,引入约束条件以限制解空间,包括供需平衡和容积限制等;

⑤目标函数构建,通常是最大化货物价值或最大化装载货物总质量等。

车辆配载一般是将一组货物有效地分配到可用的多辆货车上,以最大化整体的装载量,每个货物质量不同,每辆货车载质量不尽相同。其目标是在满足每辆车的载质量限制的前提下,最大化装载货物总质量。一般仅考虑质量的配载优化数学模型可以表示如下。

(1)优化目标

最大化所有车辆的总装载量:

$$\max \sum_{i=1}^{n} \sum_{j=1}^{m} q_i x_{ij} \tag{8-1}$$

式中:q_i——第 i 个货物的质量;

x_{ij}——决策变量,如果第 i 个货物被分配到第 j 辆车中,则为1,否则为0。

(2)约束条件

①车辆的装载量不能超过其最大载质量限制:

$$\sum_{i=1}^{n} q_i x_{ij} \leq c_j, \forall j \in \{1, \cdots, m\} \tag{8-2}$$

②决策变量是二元变量:

$$x_{ij} \in \{0,1\}, \forall i \in \{1, \cdots, n\}, \forall j \in \{1, \cdots, m\} \tag{8-3}$$

式中:i——货物编号;

j——车辆编号;

n——货物数量;

m——车辆数量;

c_j——第 j 辆车的最大载质量。

车辆配载不仅要考虑载质量约束,有时还要考虑容积约束,所以车辆配载优化问题的另一种常见情况还可描述为有多个客户的货品,其质量和体积均小于单车额定载质量和容积。现考虑如何采用合理的形式将多个客户的货品装在同一配送车辆上,由一辆车按照指定的路径依次将货品送达客户,同时使装载货品的车辆数尽可能少。其中配装的每一件货品,其外形尺寸都不能超过车辆的有效容积、尺寸要求。一般考虑质量和容积的配载优化数学模型,只需在前一个模型基础上额外考虑容积约束(8-4)即可。

车辆的装载体积不能超过其最大容积限制:

$$\sum_{i=1}^{n} v_i x_{ij} \leq V_j, \forall j \in \{1, \cdots, m\} \tag{8-4}$$

式中:v_i——货物 i 的体积;
V_j——车辆 j 的额定容积。

【例 8-1】

如图 8-4 所示,现有 8 件货物按品种、形状、颜色和规格分为 4 类,分别称为第一类、第二类、第三类、第四类,其中第一类货物 2 件,$G_{11} = 20t$,$G_{12} = 11t$;第二类货物 1 件,$G_{21} = 13t$;第三类货物 3 件,$G_{31} = 6t$,$G_{32} = 11t$,$G_{33} = 8t$;第四类货物 2 件,$G_{41} = 19t$,$G_{42} = 17t$。货车额定载质量为 $G_0 = 50t$,假设同类货物至多装 1 件,计算最大装载量及装载方法。本例题应用的是动态规划算法(详见第三章第二节)求解。

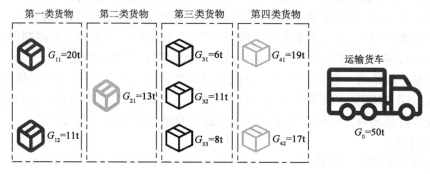

图 8-4 问题描述

此题采用逆序法(按照从第四类货物往第一类货物装载的顺序)求解,按动态规划算法流程给出一般的求解过程。

(1)分析如何定义状态变量

在本问题中,因为每一类货物至多能装 1 件,则可将整个配载过程按货物类别数量分为 4 个阶段,其中第一类货物为第 0 阶段,第四类货物为第 3 阶段。每个阶段代表将某一类货物中的某一件装载至货车中,而装载后货车剩余载质量会发生变化,则可以将货车剩余载质量定义为状态变量 s_k,并用 S_k 表示第 k 阶段的状态集合。例如,由式(3-9)可得,$S_3 = \{s_3^{(1)} = 50 - 19, s_3^{(2)} = 50 - 17\}$。随后,分析如何定义状态变量,在每个状态 s_k,如果车辆剩余载质量不小于货物质量,则可以将货物装载至货车中;否则不能将货物装载至货车中。

(2)推导状态转移方程和目标函数

状态转移方程应描述货车装载某个货物后剩余载质量(状态变量)的变化,由式(3-10)可知 $S_{k+1} = T_k(S_k, X_k(S_k)) = S_k - G(X_k(S_k))$,其中 $G(X_k(S_k))$ 是决策变量中货物的质量。本问题的目标是使货车获得最大装载量,任意决策都会使货车装载量增加相应的货物质量,奖励函数可以定义为 $v_k(S_k, X_k(S_k)) = G(X_k(S_k))$,$A_k(S_k)$ 表示阶段 k 的决策可行空间。最优目标函数值应用式(3-13)的逆序法可知 $f_k(S_k) = \text{opt}\{v_k(S_k, X_k(S_k)) + f_{k+1}(S_{k+1})\}$。

(3) 确定边界条件

本问题的求解起点是 $S_4 = 50, f_4(S_4) = 0$;而问题的求解终点是运输货车装满或 4 类货物装载完毕,满足其中任何一个条件都可以结束迭代。

(4) 递归求解

根据上述定义概念和符号,按照逆序法的求解过程见表 8-1 ~ 表 8-8。

第 3 阶段计算表　　　　　　　　表 8-1

S_4	50		
$A_4(S_4)$	0	19	17
S_3	50	31	33
$v_3(S_3, X_3(S_3)) + f_4(S_4)$	0	19	17

第 2 阶段计算表　　　　　　　　表 8-2

S_3	50				31				33			
$A_3(S_3)$	0	6	11	8	0	6	11	8	0	6	11	8
S_2	50	44	39	42	31	25	20	23	33	27	22	25
$v_2(S_2, X_2(S_2)) + f_3(S_3)$	0	6	11	8	19	25	30	27	17	23	28	25

第 1 阶段计算表 (1)　　　　　　　　表 8-3

S_2	50		44		39		42		31		25	
$A_2(S_2)$	0	13	0	13	0	13	0	13	0	13	0	13
S_1	50	37	44	31	39	26	42	29	31	18	25	12
$v_1(S_1, X_1(S_1)) + f_2(S_2)$	0	13	6	19	11	24	8	21	19	32	25	38

第 1 阶段计算表 (2)　　　　　　　　表 8-4

S_2	20		23		33		27		22		25	
$A_2(S_2)$	0	13	0	13	0	13	0	13	0	13	0	13
S_1	20	7	23	10	33	20	27	14	22	9	25	12
$v_1(S_1, X_1(S_1)) + f_2(S_2)$	30	43	27	40	17	20	23	36	28	41	25	38

第 0 阶段计算表 (1)　　　　　　　　表 8-5

S_1	50			37			44			31			39			26		
$A_1(S_1)$	0	20	11	0	20	11	0	20	11	0	20	11	0	20	11	0	20	11
S_0	50	30	39	37	17	26	44	24	33	31	11	20	39	19	28	26	6	15
$v_0(S_0, X_0(S_0)) + f_1(S_1)$	0	20	11	13	33	24	6	26	17	19	39	30	11	31	22	24	44	35

第 0 阶段计算表 (2)　　　　　　　　表 8-6

S_1	42			29			25			18			12			20		
$A_1(S_1)$	0	20	11	0	20	11	0	20	11	0	20	11	0	20	11	0	20	11
S_0	42	22	31	29	9	18	25	5	14	18		7	12		1	20	0	9
$v_0(S_0, X_0(S_0)) + f_1(S_1)$	8	28	19	21	41	32	25	45	36	32	32	43	38	38	49	30	50	41

第 0 阶段计算表(3) 表 8-7

S_1	7			23			10			33			27			14		
$A_1(S_1)$	0	20	11	0	20	11	0	20	11	0	20	11	0	20	11	0	20	11
S_0	7			23	3	12	10			33	13	22	27	7	16	14		3
$v_0(S_0,X_0(S_0))+f_1(S_1)$	43	43	43	27	47	38	40	40	40	17	37	28	23	43	34	36	36	47

第 0 阶段计算表(4) 表 8-8

S_1	22			9			25			12		
$A_1(S_1)$	0	20	11	0	20	11	0	20	11	0	20	11
S_0	22	2	11	9			25	5	14	12		1
$v_0(S_0,X_0(S_0))+f_1(S_1)$	28	48	39	41	41	41	25	45	36	38	38	49

此时,递归结束,在表 8-6 发现最优解为 $f_0(0)=v_0(S_0,X_0(S_0))+f_1(S_1)=50$,即货车载质量是 50t。根据对应的决策变量发现第 0 阶段装载了第一类货物 $G_{11}=20$t,且前一阶段的状态为 $S_1=20$。

返回第 1 阶段,根据表 8-4,发现第 1 阶段的决策变量为不装载第二类货物或装载第二类货物 $G_{21}=13$t,而前一阶段的状态为 $S_2=20$ 或 $S_2=33$。

返回第 2 阶段,根据表 8-2,发现第 2 阶段的决策变量为装载第三类货物 $G_{32}=11$t 或不装载第三类货物,而前一阶段的状态为 $S_3=31$ 或 $S_3=33$。

返回第 3 阶段,根据表 8-1,发现第 3 阶段的决策变量为装载第四类货物 $G_{41}=19$t 或装载第四类货物 $G_{42}=17$t,而前一阶段为本问题的求解起点,结束回溯。整理后发现最优装配方案如下:(1)装载第一类货物 G_{11},不装载第二类货物,装载第三类货物 G_{32},装载第四类货物 G_{41};(2)装载第一类货物 G_{11},装载第二类货物 G_{21},不装载第三类货物,装载第四类货物 G_{42}。

第三节 三维装箱问题

一、三维装箱问题的描述与建模

由于配送车辆的车厢可以近似为一个长方体,车辆配载问题可以看作三维装箱问题(three-dimensional bin packing problem),即把一些长方体的物品尽可能多地装入一个更大的长方体容器(如车厢等)中,使得容器的空间利用率较高。此外,装入时任一物品的摆放方向与箱子的三维保持正交(即物品的三方向的中轴线与箱子的三条中轴线保持平行,称为正交摆放)。

1. 三维装箱问题数学描述

考虑三维装箱问题,即给定一个长方体集装箱,以及若干长方体商品,装载时可以旋转商品(但不翻倒),且商品在集装箱中必须每一边都与集装箱平行,不可斜放。为方便建立数学模型,可将集装箱的左后下角顶点设为坐标原点,集装箱底板为 X-Y 平面,建立三维直角坐标系 O-XYZ,如图 8-5 所示。根据商品的计量单位长度,可将集装箱内部空间划分为一个个小立方体单元,那么商品占用车厢的空间数就是小立方体的个数。

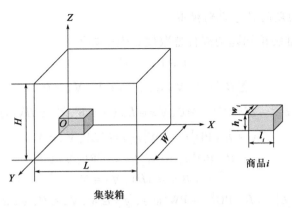

图 8-5　三维装箱问题中的集装箱与商品示意

对于三维装箱问题,其决策为:在空间有限的集装箱中可以装入哪些商品;每个被装入集装箱的商品应该如何被放置(在集装箱中的空间位置)。其决策变量见表 8-9。

三维装箱问题的决策变量　　　　表 8-9

决策变量	定义
B_i	0-1 变量,若商品 i 装入集装箱则为 1,否则为 0
B_i^{xyz}	0-1 变量,若商品 i 装入集装箱后包含坐标系中的 (X,Y,Z) 点则为 1,否则为 0,其中 $x \in L, y \in W, z \in H$
PD_i^X	0-1 变量,若商品 i 装入集装箱的位置沿 X 轴方向占 l_i 个单位长度则为 1,否则为 0
PW_i^Y	0-1 变量,若商品 i 装入集装箱的位置沿 Y 轴方向占 l_i 个单位长度则为 1,否则为 0
x_i	商品 i 装入集装箱后其左后下角顶点在 X 轴上的坐标
y_i	商品 i 装入集装箱后其左后下角顶点在 Y 轴上的坐标
z_i	商品 i 装入集装箱后其左后下角顶点在 Z 轴上的坐标

三维装箱问题中的集合和参数及其定义见表 8-10。

三维装箱问题的集合和参数　　　　表 8-10

集合和参数	定义
N	商品集合,$N = \{1, 2, \cdots, n\}$
L	将集装箱沿 X 轴分割后的节点集合,$L = \{1, 2, \cdots, |L|\}$,其中 $|L|$ 表示集装箱长度
W	将集装箱沿 Y 轴分割后的节点集合,$W = \{1, 2, \cdots, |W|\}$,其中 $|W|$ 表示集装箱宽度
H	将集装箱沿 Z 轴分割后的节点集合,$H = \{1, 2, \cdots, |H|\}$,其中 $|H|$ 表示集装箱高度
V	集装箱的容积,$V = |L||W||H|$
l_i	商品 i 的长度
w_i	商品 i 的宽度
h_i	商品 i 的高度
v_i	商品 i 的体积

三维装箱问题的目标是使集装箱中闲置空间最小化(也可以认为是未装箱商品的空间最小化)。

2. 建立三维装箱问题的数学规划模型

根据文献[2],三维装箱问题的混合整数规划模型如下:

$$\min V - \sum_{i \in N} B_i v_i \tag{8-5}$$

s. t.
$$\sum_{i \in N} B_i^{xyz} \leqslant 1, \forall x \in L, \forall y \in W, \forall z \in H \tag{8-6}$$

$$\sum_{i \in N} (B_i^{xyz} - B_i^{x,y,(z+1)}) \geqslant 0, \forall x \in L, \forall y \in W, \forall z \in H \setminus \{|H|\} \tag{8-7}$$

$$x_i + B_i (\mathrm{PD}_i^X l_i + \mathrm{PW}_i^Y w_i) \leqslant |L|, \forall i \in N \tag{8-8}$$

$$y_i + B_i (\mathrm{PD}_i^X w_i + \mathrm{PW}_i^Y l_i) \leqslant |W|, \forall i \in N \tag{8-9}$$

$$z_i + B_i h_i \leqslant |H|, \forall i \in N \tag{8-10}$$

$$\sum_{x \in L} B_i^{xyz} = B_i (\mathrm{PD}_i^X l_i + \mathrm{PW}_i^Y w_i), \forall y \in W, \forall z \in H, \forall i \in N \tag{8-11}$$

$$\sum_{y \in W} B_i^{xyz} = B_i (\mathrm{PD}_i^X w_i + \mathrm{PW}_i^Y l_i), \forall x \in L, \forall z \in H, \forall i \in N \tag{8-12}$$

$$\sum_{z \in H} B_i^{xyz} = B_i h_i, \forall x \in L, \forall y \in W, \forall i \in N \tag{8-13}$$

$$\mathrm{PD}_i^X = 1 - \mathrm{PW}_i^Y, \forall i \in N \tag{8-14}$$

$$\sum_{i \in N} B_i v_i \leqslant V \tag{8-15}$$

$$B_i, B_i^{xyz}, \mathrm{PD}_i^X, \mathrm{PW}_i^Y \in \{0,1\}, \forall i \in N, \forall x \in L, \forall y \in W, \forall z \in H \tag{8-16}$$

目标函数(8-5)是最小化未装箱商品的空间;约束(8-6)确保任意商品最多被装入集装箱1次;约束(8-7)保证上层商品会有支撑,不会悬空;约束(8-8)、约束(8-9)和约束(8-10)计算商品在集装箱中的装载位置并保证所有商品不超过集装箱边界;约束(8-11)、约束(8-12)和约束(8-13)表示每个商品的摆放方向;约束(8-14)表示商品只能选择一种摆放方式,即长边要么沿着 X 轴摆放,要么沿着 Y 轴摆放;约束(8-15)表示装入的商品体积不能超过集装箱容积;约束(8-16)为变量约束。

二、CLP Spreadsheet Solver 求解三维装箱问题

(本部分内容配有代码,下载方式见"教材配套资源获取方法")

下载代码至手机

根据文献[2],三维装箱问题是 NP-hard 难题,简单地应用商业求解器(例如 ILOG CPLEX)存在"组合爆炸"的问题,即随着商品数量的增加求解时间呈指数增加。因此,学者们针对三维装箱问题提出了许多算法,例如神经网络算法、大邻域搜索算法、遗传算法等,关于更多的算法介绍,读者可以阅读文献[3]。

同时,针对三维装箱问题,市场上有许多专用求解器,如 LoadPlanner、装箱大师、CLP Spreadsheet Solver 等,但前两者均为商用求解器,在使用上都受到限制,而 CLP Spreadsheet Solver 为开源求解器,因此本书先具体介绍该求解器,再介绍如何应用其求解三维装箱问题。

1. 开源求解器 CLP Spreadsheet Solver 简介

CLP Spreadsheet Solver 是英国巴斯大学 Güneş Erdoğan 教授基于 Microsoft Excel 和 Visual Basic 语言开发的三维装箱求解器,该求解器可以求解集装箱装载多个尺寸的物品的三维装箱问题。相比于市场上的商用求解器(例如 LoadPlanner、装箱大师等),开源求解器 CLP Spreadsheet Solver 的优势在于:使用 Microsoft Office 中的 Excel 应用,无须额外安装;使用 Excel 工作簿进行数据录入,操作简单;结果直接输出到 Excel 工作簿并给出三维装箱图示,简单易懂。有关于该软件的更多介绍以及使用教程,读者可以阅读文献[4]。

CLP Spreadsheet Solver 是通过大邻域搜索算法的一个变体得到三维装箱问题的优化解，其中包含初始化、构建可行解、解空间扰动、解的重新优化、解的更新五个步骤，如图 8-6 所示。

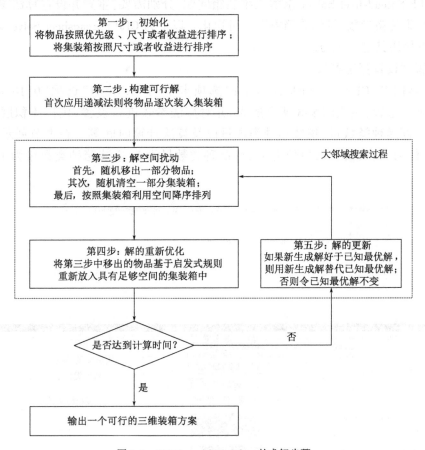

图 8-6　CLP Spreadsheet Solver 的求解步骤

2. 安装 CLP Spreadsheet Solver

读者可以通过网站 https://people.bath.ac.uk/ge277/clp-spreadsheet-solver/下载开源求解器 CLP Spreadsheet Solver，如图 8-7 所示。注意该求解器由于是使用 Visual Basic 语言在 Excel 工作簿通过嵌入宏命令实现，读者在打开该 Excel 工作簿时需要允许应用宏。

图 8-7　CLP Spreadsheet Solver 的下载界面

3. 使用 CLP Spreadsheet Solver 求解

使用 CLP Spreadsheet Solver 求解三维装箱问题，分别需要：重置并设置算法参数；设置商品参数；设置集装箱参数；得到装箱方案并可视化。以下为 CLP Spreadsheet Solver 求解过程示例，读者可以使用其进行练习。

(1) 重置并设置算法参数

通过工具栏中"CLP Spreadsheet Slover"选项卡中的"0. Reset"选项"0. Reset the workbook"对其进行重置，生成图 8-8 所示的表，并对算法参数进行设置，包括体积度量单位、质量度量单位、商品种类数量、集装箱种类数量以及算法计算时间等。在本节展示的例子中，体积度量单位为 m，质量度量单位为 kg，商品种类数量为 5，集装箱种类数量为 1，算法计算时间为 60s。

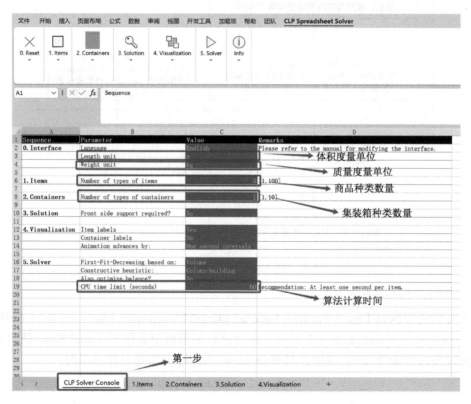

图 8-8　在"CLP Solver Console"工作表中设置算法参数

(2) 设置商品参数

通过工具栏中"CLP Spreadsheet Slover"选项卡中的"1. Items"选项中的"1.1. Setup Items Worksheet"生成"1. Items"工作表，并在"1. Items"工作表中设置商品的参数，如图 8-9 所示。在本节展示的例子中，5 种商品各只有一个，第一种商品的长为 1.0m，宽为 0.8m，高为 1.6m；第二种商品的长为 1.0m，宽为 1.2m，高为 2.0m；第三种商品的长为 2.0m，宽为 1.0m，高为 0.8m；第四种商品的长为 1.2m，宽为 2.0m，高为 1.2m；第五种商品的长为 0.8m，宽为 2.0m，高为 1.0m。

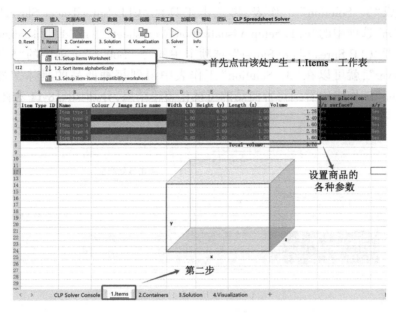

图 8-9 在"1. Items"工作表中设置商品参数

(3) 设置集装箱参数

通过工具栏"CLP Spreadsheet Slover"选项卡中的"2. Containers"选项中的"2.1. Setup Containers Worksheet"生成"2. Containers"工作表,并在"2. Containers"工作表中设置所有集装箱的参数,如图 8-10 所示。在本节展示的例子中,有且仅有 1 个集装箱,其长为 2.0m,宽为 2.0m,高为 4.0m。

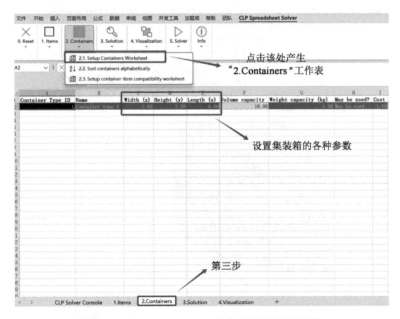

图 8-10 在"2. Containers"工作表中设置集装箱参数

(4) 得到装箱方案并可视化

通过工具栏"CLP Spreadsheet Slover"选项卡中的"3. Solution"选项中的"3. Setup Solution

Worksheet"生成"3. Solution"工作表,再点击工具栏"CLP Spreadsheet Slover"选项卡中的"4. Visualization"选项中的"4.1. Setup Visualization Worksheet"生成"4. Visualization"工作表。

点击工具栏"CLP Spreadsheet Slover"选项卡中的"5. Solver"选项中的"5.1. Engage CLP Spreadsheet Solver",就可以在"3. Solution"工作表中得到每种商品的具体摆放坐标以及在"4. Visualization"工作表中看到每种商品的可视化装箱结果,分别如图8-11和图8-12所示。

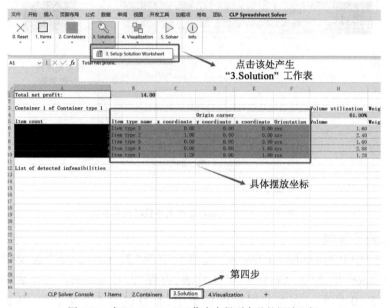

图8-11 在"3. Solution"工作表中得到商品的摆放坐标

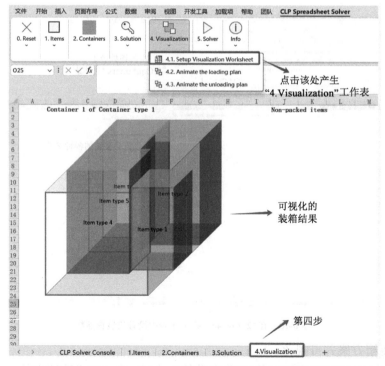

图8-12 在"4. Visualization"工作表中得到商品的可视化装箱结果

【练习与讨论】

1. 货物包装的功能有哪些？货物包装分为哪几种？
2. 货物包装材料分为哪几种？其优缺点分别是什么？
3. 什么叫车辆配载？车辆配载需要遵循哪些原则？
4. 车辆装载与卸载的基本要求是什么？
5. 车辆配载优化有哪些常见的问题？
6. 载质量为10t的载货汽车,运输三种大型设备,设备质量和价值见表8-11,试问:如何配载才能使货车的装载价值最大？

配载货物的已知数据 表8-11

设备编号	质量/t	单件价值/万元
1	3.5	7.5
2	2	3.8
3	4.5	10

7. 请讨论随着物流系统的演变,货物包装设备在未来还会有哪些发展方向。

扫码查看参考答案

【经典案例】

货物运输中的配载与包装技术

在货物运输前,运营商需对货物进行包装以及运输配载,科学合理的包装和配载技术可以保证货物安全、高效地到达目的地,对货物的安全运输以及运营商的降本增效具有重要意义。近年来,环保、绿色概念也逐步体现在包装技术中。

1. 南航全流程自动化预配载功能

航班预配载,是指载重平衡部门在航班起飞前将航班预计旅客、行李、货邮质量等载重平衡数据报给签派部门。预配载数据是签派员制订飞行计划的重要依据,该数据一般由配载员手工计算和报送。为实现配载系统预配载功能的自动化和智能化,2020年,南航成立专项研发团队,研发全流程自动化预配载功能。

相比人工计算和报送,全流程自动化预配载功能在实际行李质量未知的情况下,系统自动计算本航线前10个历史航班人均行李质量,并根据航班起飞前4.5h乘客数量数据,通过科学的算法实现精准预配载,一方面降低飞行计划重置率,提高放行效率和运行效能,减少航油成本虚耗,释放更多业载以提高腹舱使用率,助力降本增效;另一方面,还支持自主灵活配置预配载规则,针对最大无油重限值、舱单数据完整性和预配载报文发送传输状态进行验证和偏离告警,有效减少人为原因漏输错发,夯实配载安全生产线。

自2021年正式投入应用以来,航班全流程自动化预配载功能已推广至广州、深圳、乌鲁木齐、上海、南京等16个场站,约占全南航日均出港航班量的36%,助力全南航航班无油重预报可靠率由69.93%提高至79.83%,业载偏差由2.13t/班降低至1.66t/班,节约燃油约5945t,节约航油成本3091万元。

2. 华为自研"黑科技",为绿色包装注入科技动能

随着经济和社会的发展,包装行业取得长足发展。随着环保理念和循环经济逐渐受到重视,如何让包装在为产品和物流提供可靠的安全防护服务时,实现节能环保,已成为行业的焦点。

华为认为,技术、工艺创新将为突破包装行业的困境找到答案。多年来,华为持续致力于绿色包装创新实践,先后研发高强瓦楞纸箱、多密度一体成型EPP(expanded polypropylene,聚丙烯塑料发泡材料)、塑钢轻质托盘、薄蜂窝纸板等新材料、新工艺,并将之推广应用于产品包装全球发货,以创新技术,为绿色环保注入科技动能。

随着5G基站越来越多地应用多输入多输出(multiple-input multiple-output,MIMO)系统,5G基站将配置更多数量、更大规模的天线阵列,均对传统物流运输提出新的要求。其中5G基站相关硬件相对4G基站更大、更重,但要求包装全新升级,在材料、工艺上实现轻量化、节能减排等。为此,华为包装团队开发多密度缓冲工艺、塑钢轻质托盘等自研技术,在产品设计和包装源头处尽可能地凸显"简单、绿色、友好、可循环"的理念。

多密度缓冲工艺已应用于无线基站和服务器等系列产品,与传统的单密度发泡成型工艺相比,多密度缓冲新工艺在实现同等防护能力的同时使得5G MIMO产品包装体积减小38%,2020年实现减重1362t,相当于减少约2165t的二氧化碳排放;塑钢轻质托盘与过去一次性胶合板托盘不同,其以"塑料+钢材"为原材料,集塑料的轻量性及金属的刚性于一体,整体较传统托盘可实现单位托盘减重40%~70%,2020年实现减重4739t,节约森林木材约3.95万m^3,减少二氧化碳排放约2.39万t。此外材质轻量化,在运输过程中为车辆"减负",降低燃料消耗,达到节能减排"1+1>2"的环保效果。

问题讨论

1. 南航全流程自动化预配载功能相较于传统手工方法有哪些优势?
2. 华为的绿色包装技术是否有望在更广泛的物流和包装行业中得到应用?

第九章
现代货运组织形式

【本章提要】

本章主要介绍了几种常见的现代货运组织形式。其中重点介绍了甩挂运输和驮背运输的常见表现形式以及问题模型,定性介绍了众包配送、地空协同和网络货运的定义、优缺点、分类以及未来发展趋势。

【学习要求】

通过学习本章,了解甩挂运输,并理解甩挂运输的多种组织形式及特点;了解众包配送、地空协同、网络货运等新兴货运组织形式;能够根据实际运输场景,选择合适的货运组织形式。

第一节 甩挂运输

一、甩挂运输概述

自20世纪40年代起,部分发达国家陆续开展甩挂运输。目前,甩挂运输在欧美等发达国家和地区较为普遍,大型货运企业几乎都采用甩挂运输,在一些发展中国家甩挂运输也应用得较为广泛,例如港口、大型堆场以及大型仓库之间的集散运输。甩挂运输已经成为当今世界通行的、先进的、主流的货运组织形式之一。

甩挂运输也称甩挂装卸,是指汽车列车按照预定的计划,在各装卸作业点甩下并挂上指定的挂车后继续运行的一种组织形式,如图9-1所示。其最初是通过缩短车辆装卸停歇时间,解决短途运输装卸能力不足导致的运输效率低等问题。

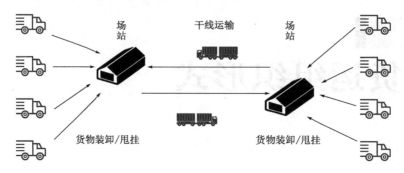

图 9-1　甩挂运输示意图

甩挂运输是从车的时间利用率角度出发,运用平行作业的原理,使汽车运行和甩下挂车装卸作业平行进行,即利用汽车列车返回的运行时间完成甩下挂车的装卸作业或换装作业,其结果使原来整个汽车列车的停歇时间缩短为主车的甩挂时间,加快车辆周转,从而提高运输效率。

二、甩挂运输的适用对象

甩挂运输主要适用于运输距离较短、装卸能力不足且装卸停歇时间较长的情况。如果在长距离运输过程中采用甩挂运输,装卸停歇时间占车辆运行时间的比例很小,甩挂的优势不明显,反而会增加运输组织的复杂性。因此,甩挂运输一般应用于以下场景。

1. 往复式行驶线路

往复式行驶线路是指在货物运送过程中,车辆在两个物流节点之间往返运行的线路形式。

2. 长途干线上结合区段牵引制运输

区段牵引制运输是在长途运输中将汽车列车行驶的路线划分成几个牵引段,汽车列车越段时,更换牵引车和驾驶员,半挂车则由装货点直达卸货点。

3. 零担运输

零担运输是指以定线、定站的城市间货运班车将沿线零担货物集中起来进行运输的一种货运组织形式。

4. 多式联运

如在铁路运输中较为普遍的驮背运输,即货运汽车或集装箱直接装上火车车皮运输,到达目的地再从车皮上卸下;在水路运输中则有滚装运输,其是指用牵引车牵引载有箱货或其他货物的半挂车或轮式托盘直接进出货舱装卸的货运组织形式。

三、甩挂运输的组织形式

根据主车的数量,可将甩挂运输简单区分为单式甩挂与复式甩挂。单式甩挂是指在一个独立的系统中,一辆主车配备若干辆挂车进行甩挂作业;复式甩挂是指在一个复杂的系统中,两辆或两辆以上主车配备若干辆挂车进行甩挂作业。

根据挂车的配备数量、线路网的特点、装卸作业点的装卸能力等因素的不同,甩挂运输主要可以分为以下四种组织形式。

1. 一线两点、两端甩挂

其是指在路线两端的装卸作业点均配备一定数量的周转挂车,汽车列车往返于两个装卸作业点之间进行甩挂作业。具体组织时,可根据路线两端货流情况或装卸能力,实现一端甩挂或两端甩挂。

一线两点、两端甩挂适用于装卸作业点固定、运量较大的路线。但其对车辆运行组织工作有较高要求,必须根据汽车列车的运行时间、主挂车的装卸作业时间等资料,预先编制汽车列车运行图,以保证均衡生产。

2. 一线多点、沿途甩挂

沿途甩挂要求汽车列车在起点站按照卸货作业地点的先后顺序,本着"远装前挂、近装后挂"的原则,编挂汽车列车,其组织形式如图9-2所示。在沿途有货物装卸作业的站点,甩下汽车列车的挂车(例如站点 B),或挂上预先准备好的挂车(例如站点 C),然后继续运行,直到终点站。汽车列车在终点站整列卸载后,沿原路返回,经由原甩挂作业站点时,挂上预先准备好的挂车或甩下汽车列车上的挂车,继续运行直到返回起点站。

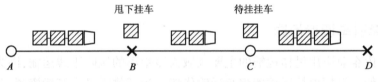

图9-2 一线多点、沿途甩挂示意图

该组织形式主要适用于装货地点比较集中而卸货地点比较分散,或卸货地点集中而装货地点分散且货源稳定的同一线路上运输的情况。

3. 多点装卸、循环甩挂

循环甩挂是指利用循环调度的方法组织闭环线路上的甩挂作业方式,如图9-3所示,车辆在由各装卸作业点构成的闭环线路上行驶,每个装卸作业点配备一定数量的挂车,汽车列车每到达一个装卸作业点后甩下所带挂车,装卸工人集中力量完成主车的装货或卸货作业,然后挂上预先准备好的挂车继续行驶。

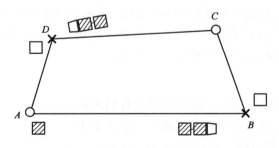

图9-3 多点装卸、循环甩挂示意图

循环甩挂显著提高了车辆的载运能力和里程利用率,缩短了装卸作业停歇时间,是甩挂运输中效益和效率均较高的组织形式之一。但是,循环甩挂的组织工作非常复杂,既要考虑循环调度的基本要求,又要保证有足够而稳定的运量,同时还要有适宜组织甩挂运输的货场条件。

4. 多线一点、轮流甩挂

轮流甩挂是指在装、卸货集中的地点,配备一定数量的周转挂车,当没有汽车列车到达时,预先装、卸周转挂车的货物;当某线路上的列车到达时,先甩下挂车,再集中力量装卸主车,然后挂上预先装卸好的挂车返回出发地进行整列装卸的货运组织形式,如图9-4所示。

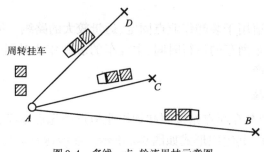

图9-4 多线一点、轮流甩挂示意图

轮流甩挂由于采取挂车多线共用,提高了挂车运用效率,主要适用于装货点集中而卸货点分散,或卸货点集中而装货点分散的线路情况,主要特征是多条线路集中于一点,在该点集中装卸作业。

四、甩挂牵引车调度问题

现阶段,国内企业应用甩挂运输的主要领域为短距离的城际干线运输,因为城际干线运输货物需求量大,便于发挥甩挂运输的整车运输优势。当货物需求和车辆资源都得以保证时,干线甩挂运输组织工作的重点是甩挂运输车辆,尤其是甩挂牵引车的调度方案设计。

参考文献[5]中研究成果,甩挂牵引车调度问题可以描述为:在甩挂运输系统中,分布若干客户节点以及一个场站,该场站可以提供一定数量的牵引车,每个客户节点处存有挂车,并且货物都能装载在一辆挂车中,且每一个运输需求都是要求牵引车在起点客户处装载挂车,运输到终点客户处并卸载挂车,最终,牵引车需要在起点客户要求的时间窗内到达并装载挂车,并在完成所有运输任务之后返回场站。如图9-5所示,当前甩挂运输系统中有4个运输需求,分别是从客户1到客户2,从客户3到客户6,从客户4到客户5以及从客户5到客户6,且在上述4个运输需求的起点客户处有牵引车到达的时间要求,如客户1处[0700,0900]表示牵引车需在上午7点到9点到达,场站处的[0700,2200]表示牵引车需在早上7点后出发,晚上10点前回到场站,且假设牵引车到达每个客户点装载或者卸载一个挂车的时间都为30min。

为求得甩挂牵引车调度方案,可建立如下模型。

1. 假设条件

①牵引车从场站发出,在完成运输任务后再返回场站;
②客户处存有挂车,并且需求可以装载在一辆挂车中;
③不考虑挂车的调度问题;
④牵引车只能独自行驶或拖带一辆载货挂车行驶。

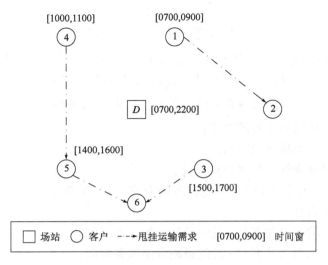

图 9-5　甩挂牵引车调度问题示意图

2. 优化目标

目标函数为追求所有牵引车运输总油耗最低。由于牵引车在调度过程中存在拖带挂车路线和空驶路线,所以目标函数的第一项为拖带载货挂车行驶油耗成本,第二项为空载行驶油耗成本。

$$\min \sum_{k\in K}\sum_{i\in N}\sum_{j\in N} C_{ij} \cdot x_{ijk} + \sum_{k\in K}\sum_{i\in N}\sum_{j\in N} B_{ij} \cdot y_{ijk} \tag{9-1}$$

式中:N——节点集合,$N=\{1,2,\cdots,n\}$,其中$\{1\}$表示场站,其余点表示客户点;

K——车辆集合,$K=\{1,2,\cdots,k\}$,其中$|K|$表示拥有牵引车数;

C_{ij}——从客户i处到客户j处拖带载货挂车行驶的油耗成本;

B_{ij}——从客户i处到客户j处空载行驶的油耗成本;

x_{ijk}——决策变量,若车辆k从客户i处到客户j处拖带载货挂车行驶,则为1,否则为0;

y_{ijk}——决策变量,若车辆k从客户i处到客户j处空载行驶,则为1,否则为0。

3. 约束条件

① 所有甩挂运输需求都必须被一辆牵引车服务一次且仅一次:

$$\sum_{k\in K} x_{ijk} = r_{ij}, \forall i,j \in N \tag{9-2}$$

② 牵引车进出场站各一次,保证路径闭合:

$$\sum_{j\in N} y_{1jk} = \sum_{j\in N} y_{j1k} = 1, \forall k \in K \tag{9-3}$$

③ 客户端流量守恒:

$$\sum_{j\in N} x_{ijk} + \sum_{j\in N} y_{ijk} = \sum_{j\in N} x_{jik} + \sum_{j\in N} y_{jik} \leq 1, \forall i \in N, \forall k \in K \tag{9-4}$$

④ 牵引车数量限制:

$$\sum_{k\in K}\sum_{i\in N} y_{1ik} \leq |K| \tag{9-5}$$

⑤ 时间窗约束,式(9-6)确保车辆k从场站出发的时间晚于早上7点;式(9-7)确保车辆k回到场站的时间早于晚上10点;式(9-8)计算牵引车在客户j处的服务开始时间;式(9-9)和式(9-10)表示牵引车在甩挂运输需求的起点客户j处要满足的时间窗约束。

$$T_{1k} \geq 7 \tag{9-6}$$

$$T_{k1} = \sum_{i \in N} y_{i1k}(T_{ik} + t_{i1}) \leq 22 \tag{9-7}$$

$$T_{jk} \geq T_{ik} + s_i + t_{ij} - \min\{M \cdot (1 - x_{ijk}), M \cdot (1 - y_{ijk})\}, \forall i \in N, \forall j \in N \setminus \{1\} \tag{9-8}$$

$$T_{ik} \geq e_i - M \cdot (1 - \sum_{j \in N} x_{ijk}), \forall i \in N_1, \forall k \in K \tag{9-9}$$

$$T_{ik} \leq l_i + M \cdot (1 - \sum_{j \in N} x_{ijk}), \forall i \in N_1, \forall k \in K \tag{9-10}$$

式中：T_{1k}——车辆 k 从场站出发的时间；

T_{k1}——车辆 k 返回场站的时间；

N_1——具有时间窗约束的客户点集合；

r_{ij}——由客户 i 处到客户 j 处的甩挂运输需求，以一个整车挂车为单位，若有需求则为 1，反之为 0；

e_i——甩挂运输需求在客户 i 处的最早开始服务时间；

l_i——甩挂运输需求在客户 i 处的最晚开始服务时间；

s_i——牵引车在客户 i 处的装载/卸载时间，其中 $s_1 = 0$；

t_{ij}——牵引车由客户 i 处到客户 j 处的行驶时间；

M——一个非常大的正数；

T_{ik}——决策变量，表示牵引车 k 在客户 i 处的服务开始时间。

4. 调度方案

经求解得到一种甩挂牵引车调度方案，如图 9-6 所示，可以看到，为完成当前甩挂运输系统的 4 个运输需求，需要使用 2 辆牵引车。

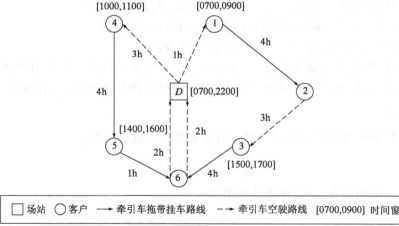

图 9-6 甩挂牵引车调度方案示意图

第二节 驮背运输

狭义上的甩挂运输局限于道路运输领域，如第九章第一节"甩挂运输"所述；而广义上的甩挂运输不再局限于道路运输领域，而是延伸至多式联运领域，由道路甩挂运输牵引车拖挂的挂车经过陆路行驶抵达公铁多式联运场站或者水陆多式联运场站后,被接驳到铁路货物列车或者滚装船上,再经过铁路和水路的大容量干线运输,最后由道路甩挂运输牵引车继续拖挂以实现"门到门"运输。本节将重点介绍公铁结合的驮背运输。

一、驮背运输概述

近年来,随着欧美等国家和地区物流业的不断发展、完善,多式联运已成为综合运输系统发展的主导方向。多式联运主要包括海铁联运、铁水联运、公铁联运、陆空联运等多种形式,近年来公铁联运逐步成为多式联运的主流形式,主要包括集装箱运输、驮背运输等,每种运输方式各有特点,互为补充。

驮背运输是公铁联运的主要方式之一,根据文献[6]中的定义,驮背运输是指公路货车或半挂车装载货物后,在始发地铁路场站自行开上或被吊装至驮背车(铁路专用车辆),通过铁路完成长距离运输,到达目的地铁路车站后,公路货车或半挂车自行开下或被吊离驮背车并驶往最终目的地的公铁联合运输方式。驮背运输解决了铁路运输"最后一公里"的运输问题,实现了"门到门"运输服务,具体的业务操作模式如图9-7所示。

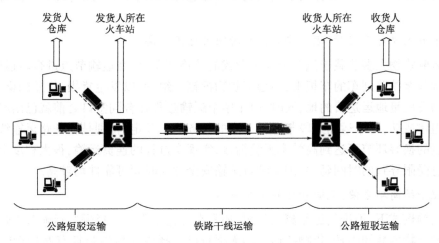

图9-7 驮背运输业务操作模式

从图9-7中可以看到,运输经营人通过与铁路运输公司和道路运输企业合作,可以将公路短驳运输与铁路干线运输结合起来。首先,发货人的货物从仓库装车后通过汽车挂车集运到火车站;然后直接开上或者被装载到铁路班列上;最后,当铁路班列到达收货人所在的火车站时,所有的汽车挂车直接开下或者被从铁路班列上卸载并通过公路短驳运输到达收货人仓库。

二、驮背运输特点

单一的铁路运输方式的优势是列车运量大,在中长距离的运输过程中运输成本相对较低;单一的公路运输方式的优势是受益于更密集的道路网,汽车货车在运输过程中更加灵活,且能够实现城市配送中的"门到门"运输。这两种单一运输方式在速度、单价、网络通达性、运力和安全可靠性方面的对比见表9-1。

铁路与公路运输方式特征对比分析 表 9-1

运输方式	速度	单价	网络通达性	运力	安全可靠性
铁路运输	速度快	中长距离单价低,短距离单价高	受限于铁路网,无法深入城市内部	运量大	连续性强,受外界因素影响小,安全可靠性高
公路运输	速度较快	中长距离单价高,短距离单价低	得益于高密度道路网,可以实现"门到门"运输	运量小	受天气等外界因素影响大,安全可靠性受限

相较于单一运输方式,驮背运输通常承担大运量和中长距离的运输任务,使用铁路平板车和汽车挂车,相互协作、相互衔接,共同完成完整的运输。因此,驮背运输综合了公路运输和铁路运输的优势,其特点体现在以下几个方面。

1. 提高长距离运输的灵活性

大运量、长距离的运输在传统铁路运输模式下在两端节点需要公路运输接驳以到达目的地,但由于运输工具规格不统一,换装烦琐,首尾两端运输成本居高。驮背运输通过汽车挂车直接上下铁路平板车,不仅能够缩短整体运输时间,减少中转节点的装卸成本,降低运输风险,提高运输时效;而且在运输起讫两端实现仓库直达仓库,提高了大运量、长距离货物运输的灵活性。

2. 转运节点仅负责装卸,运输安全性与时间可靠性较高

驮背运输货物大多装载于汽车半挂车形式的铁路列车上,在运输节点进行转运时,货运汽车可以直接开至铁路列车的车板上,不会将货物拆箱重组,所以发生货损、货差的概率低,能够保证将货物高质量地运达目的地;同时,由于整个运输过程在合同签订之前就已由经营人在信息平台上组建成功,每个运输路段与运输节点的任务均已预定,特别是在铁路运输线路时刻表和中转站点的换装环节可达到高效率无缝衔接,实现全过程的连贯运输,很大程度上避免运输过程中信息受限导致的时间延误,因此驮背运输安全性与时间可靠性均较高。

3. 办理手续简单方便,运输责任明确统一

驮背运输模式下,不论货运距离的长短,还是在运输过程中选择哪些运输节点进行运输方式的转换和货物的装卸中转,货物托运人均无须自己选择或者单独与拥有两种运输方式的企业进行对接,只需要托运前与运输经营人接洽,商定合同细节,支付运费,获得运输联运合同单据,便可一次性办理托运的各项手续,简单方便;且由于合同双方定位明确,若发生运输事故,出现货损、货差等问题,责任划分、保险理赔等均为运输经营人负责,相较于多合同运输等过程简便。

4. 运输企业成本较低,运价空间更大

驮背运输主要依托较为成熟的运输企业运能信息平台,在安排运载工具和运输组织规划上进行全程下单,中间环节与最终结算等较为简单,也免去不必要的沟通和衔接,更加便于驮背运输经营人在签订运输合同前估算运输成本,根据货主的个性化需求定制运输路径和运输方式组合方案,以提供不同的运输方案及运输费用供货主选择,运价空间更大,这为开展国内中长距离运输的物流企业提供了直观有利的条件;此外,站在货主的立场上,签订货运合同时可根据不同的运输需求选择不同运输方案,运输价格更加透明,相关单据更加清晰,且有利于托运企业尽早进行财务核算与账目结汇,减少由资金拖欠带来的一系列问题导致的成本增加。

三、驮背运输的运作形式

驮背运输在实际运作中有以下三种形式。

1. 拖车与挂车

货物装在挂车里,用拖车运到火车站。在火车站,挂车被运上火车的平板车厢,拖车则与挂车分离。在目的地车站,再使用拖车将挂车拖运到收货人的仓库。

2. 挂车列车

挂车列车是一种公路和铁路两用的挂车,这种公铁两用挂车在公路上用自己的轮子挂在公路拖车后面行驶,到达火车站后,将其在公路上行驶时使用的轮子收起来,放上火车轮架,就可以在铁轨上行驶。到达目的地后,又可以还原成公路运输工具,用公路拖车将其运到客户仓库。

3. 铁公路

所谓"铁公路"就是自己有动力,能够行驶和自动装货的火车车厢,其不需要机车、吊车和转辙装置,而是自带一套独特的装货设备。由于"铁公路"的出现,铁路运输公司已能直接进行"门到门"运输,而不必依赖于卡车,且在公里运距以内,"铁公路"系统比公路系统更优越,因为其不但可靠,而且费用低。

四、驮背运输路径选择

1. 驮背运输路径选择问题描述

在驮背运输模式下,某生产企业有一批货物需要从生产地运往销售地,如图 9-8 所示,起终点城市仓库已确定,运输空间范围内有多条线路可以选择。驮背运输路径选择的目标是选择从货物起点至终点的最优运输方式和运输路径,使得时间成本(包括公路运输的交通影响成本)、费用成本的加权之和最小。

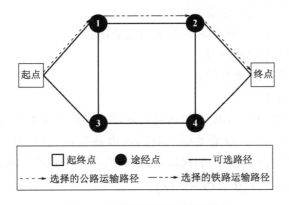

图 9-8　驮背运输路径选择示意图

2. 驮背运输路径选择模型

根据文献[7]的研究,在驮背运输过程中,运输路径的成本由时间成本和费用成本两项构成。

(1) 时间成本

时间成本由两部分组成,分别为运输时间和中转时间,其中运输时间中的公路运输时间需考虑交通影响系数 γ,该系数可以在文献[8]中查阅。当起终点之间的路径被确定时,运输时间为各段线路上所耗费的时间之和,中转时间为网络上选择的节点转运时间之和。时间成本函数可表示为

$$\mathrm{COST}^{\mathrm{T}}(r) = \sum_{a \in E(r)} \gamma \frac{S_a^{\mathrm{H}}}{V_a^{\mathrm{H}}} + \sum_{a \in E(r)} \frac{S_a^{\mathrm{R}}}{V_a^{\mathrm{R}}} + \sum_{i \in N(r)} p_i Q + (T^{\mathrm{O}} + T^{\mathrm{D}}) Q \tag{9-11}$$

式中:$E(r)$——驮背运输路径 r 经过的路段集合;

$N(r)$——驮背运输路径 r 经过的节点集合;

γ——交通影响系数,用来衡量驮背运输车辆对公路通行能力的影响;

S_a^{H}——在路段 a 上的公路运输距离;

S_a^{R}——在路段 a 上的铁路运输距离;

V_a^{H}——在路段 a 上的公路运行速度;

V_a^{R}——在路段 a 上的铁路运行速度;

p_i——在途经点 i 处发生转运时的单位转运时间;

Q——驮背运输的货运量;

T^{O}——在起点的单位装货时间;

T^{D}——在终点的单位卸货时间。

(2) 费用成本

费用成本同样由运输费用和中转费用两个部分构成。当起终点之间的路径被确定时,运输费用为各段线路上所耗费的运费之和,中转费用为转运节点转运费用之和。费用成本函数可表示为

$$\mathrm{COST}^{\mathrm{C}}(r) = \sum_{a \in E(r)} (S_a^{\mathrm{H}} C_a^{\mathrm{H}} + S_a^{\mathrm{R}} C_a^{\mathrm{R}}) Q + \sum_{i \in N(r)} q_i Q + (L^{\mathrm{O}} + L^{\mathrm{D}}) Q \tag{9-12}$$

式中:C_a^{H}——在路段 a 上的公路运输单价;

C_a^{R}——在路段 a 上的铁路运输单价;

q_i——在途经点 i 处发生转运时的单位转运费用;

L^{O}——在起点的单位装货费用;

L^{D}——在终点的单位卸货费用。

(3) 路径的加权总成本

驮背运输实际操作时,通常不能同时达到时间成本和费用成本的最小值,且托运人对于时间或费用的敏感程度不一致,所以需要引入时间价值系数 β^{T},将时间与费用统一为可以量化的价值,得到时间成本与费用成本的加权总和,加权后的路径总成本函数如下:

$$\begin{aligned}
\mathrm{COST}(r) &= \mathrm{COST}^{\mathrm{T}}(r) \beta^{\mathrm{T}} + \mathrm{COST}^{\mathrm{C}}(r) \\
&= \beta^{\mathrm{T}} \left[\sum_{a \in E(r)} \gamma \frac{S_a^{\mathrm{H}}}{V_a^{\mathrm{H}}} + \sum_{a \in E(r)} \frac{S_a^{\mathrm{R}}}{V_a^{\mathrm{R}}} + \sum_{i \in N(r)} p_i Q + (T^{\mathrm{O}} + T^{\mathrm{D}}) Q \right] + \\
&\quad \sum_{a \in E(r)} (S_a^{\mathrm{H}} C_a^{\mathrm{H}} + S_a^{\mathrm{R}} C_a^{\mathrm{R}}) Q + \sum_{i \in N(r)} q_i Q + (L^{\mathrm{O}} + L^{\mathrm{D}}) Q
\end{aligned} \tag{9-13}$$

式中:β^{T}——时间价值系数。

（4）约束条件

①两种运输方式承运能力的约束：货物作为整体形式存在，经过路径中某个路段时，货物的运量在道路及运载工具的承受能力范围之内。

②网络中各中转节点转运能力的约束：在绘制交通网络图时，已将转运能力不满足的中间节点删去，一次驮背运输的货运量不能大于各中转节点转运能力。

③运输方式在各路段上的唯一性约束：任意两个相邻节点间仅能选择一种运输方式。

④在任意转运节点上运量的约束：联运货物总运量在运输过程中一直保持一致，进入和驶出中转节点时货物运量无变化。

【例 9-1】

现在，N 市某一销售企业从 M 市某生产企业订购一批货物共 600t，时间价值系数为 1.22 万元/h，公路交通影响系数为 1.1。该货物运输任务由某经营驮背运输企业承担，以 M 市为起点，N 市为终点，沿途各大型城市为中转节点，简化后的交通网络图如图 9-9 所示。在图 9-9 中，起终点用 M 点与 N 点表示，中途分别有 A、B、C、D、E、F 共 6 个转运节点，任意两点间互通的路段共有 11 条。图中路段上数字左为公路运输距离，右为铁路运输距离。各转运节点的转运作业单位成本和速度与转运时间见表 9-2（M 点和 N 点处的转运费用与时间为装载和卸载费用与时间）和表 9-3。请为经营驮背运输企业选择一条加权成本最小的运输路径。

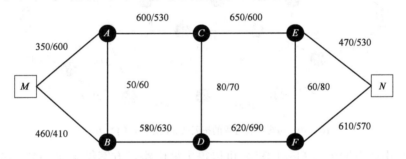

图 9-9　例 9-1 的交通网络图（单位：km）

例 9-1 中各节点转运单位成本表　　　　　　　　　　　　　　　　表 9-2

转运点	费用/(元/t)	转运时间/(h/t)
M	0.7	0.0002
A	1.3	0.0005
B	1.4	0.0004
C	1.2	0.0005
D	1.5	0.0005
E	1.3	0.0004
F	1.4	0.004
N	0.65	0.00025

例 9-1 中各运输方式运输速度与转运时间表　　　　　　　　　　　表 9-3

运输方式	运输速度/(km/h)	转运时间/[h/(t·km)]
公路运输	60	0.5
铁路运输	50	0.35

将图 9-9 中的交通网络图进行拓展,获得考虑中转过程的拓展交通网络图,如图 9-10 所示。在图 9-10 中,下角标为 1 的节点表示公路运输经过的节点,下角标为 2 的节点表示铁路运输经过的节点。M_1 点与 M_2 点代表运输企业在运输起点处选择的公路运输方式与铁路运输方式,与 M 点的连线表示起点处装运货物的装运成本;N_1 点、N_2 点以及两点与 N 点的连线含义同理。此外,所有的途经节点在拓展交通网络图中都被拓展为两个节点。以 A 点为例,分别为 A_1 点和 A_2 点,代表在 A 点有公路运输和铁路运输两种运输方式;若 A 点至 B 点运输过程选择公路运输,那么所走的线路为 A_1—B_1 线段,若 A 点至 B 点运输过程选择铁路运输,那么所走的线路为 A_2—B_2 线段;若由 A 点经 B 点再行至 D 点的过程中在 B 点有运输方式的转换,例如 A—B 为公路运输,B—D 为铁路运输,那么在图上表达的线路则为 A_1—B_1—B_2—D_2,其中 A_1—B_1 线段为 A—B 的公路运输成本,B_1—B_2 线段为在 B 点的转运成本,B_2—D_2 线段为 B—D 的铁路运输成本。

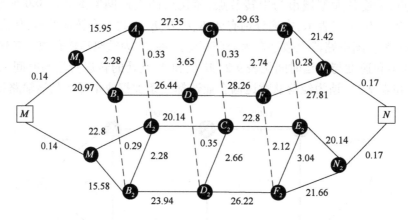

图 9-10 考虑中转过程的拓展交通网络图(单位:万元)

对图 9-10 中的数据经过 Floyd 算法,可以得出最优路径方案结果 $M \to M_1 \to A_1 \to A_2 \to C_2 \to E_2 \to N_2 \to N$,如图 9-11 中的黑色加粗线路所示。该线路表示,货物从起点 M 首先通过公路运输到 A 点,在 A 点中转为铁路运输(直接开上铁路板车),并依次经过 C、E 点最终到达终点 N。整个驮背运输路径的最小加权成本为 79.67 万元。

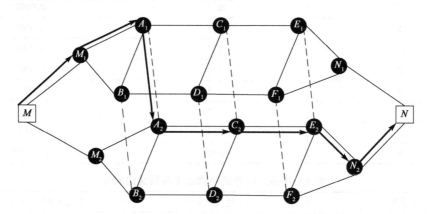

图 9-11 例 9-1 中选择的加权成本最小的驮背运输路径

第三节 众包配送

一、众包配送概述

众包配送作为"互联网+货物配送"的具体实践,源于众包概念,该概念由学者 Jeff Howe 在 2006 年首次提出,众包涉及一个企业或其他组织机构将原本应由企业内部员工完成的部分业务,外包给企业外部的且自愿承担该业务的社会大众。

随着互联网技术的突破与日益发展,传统行业面临越来越多的困难与挑战,迫切需要创新和转型。众包配送便是在此背景下,通过将互联网平台、大数据信息技术与传统货物配送行业深度融合而形成的一种新型发展模式。其不仅仅是技术的创新,更是业务模式的革新。

在众包配送模式中,原本需要由企业内部的专职专业配送人员完成的配送工作,现在交给社会公众,尤其是那些利用自己闲暇时间从事兼职的个人完成。这些众包人员在自愿和有偿的原则下,负责将货物安全送达顾客手中,并因此获得劳务报酬,具体表现形式如图 9-12 所示。

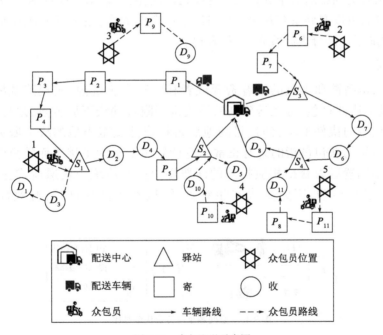

图 9-12 众包配送示意图

从图 9-12 中可以看到,共有 1 个配送中心、2 辆配送车辆、4 个驿站以及 5 位众包员,需要完成 11 件货物取送任务,其中配送车辆由货运公司的专职人员负责,驿站负责临时储存货物,以方便货物转运。图中分别展示了 5 种典型的众包表现形式,具体如下:

①众包员需要先从其接单位置到附近的驿站取货,再依次送到各个收货地,如图中众包员 1,先去驿站 S_1 取得货物,然后前往目的地 D_1、D_3;

②众包员需要先把货物全部汇集,再送到附近的驿站,再由配送车辆将货物配送到相应目

的地,如图中众包员 2,先把 P_6、P_7 的货物汇集,再送到驿站 S_3;

③由于取货地和收货地距离较近,货物取送任务不再派专门的配送车辆完成,而是直接由众包员独自完成,如图中众包员 3,先前往取货地 P_9,再前往收货地 D_9;

④表现形式①和表现形式③的结合体,较为复杂,如图中众包员 4,其既需要独自完成货物 10 的取送,同时还要前往驿站 S_2 取货物 5,再送到货物 5 的接收地;

⑤表现形式②和表现形式③的结合体,较为复杂,如图中众包员 5,其既需要独自完成货物 11 的取送,同时还要将货物 8 送到驿站 S_4。

二、众包配送的分类

众包配送作为互联网时代的新兴产物,目前正处于蓬勃发展期。虽然其应用场景还相对有限,但随着技术的进步和市场需求的增长,众包配送正在逐渐拓展其服务范围并深化其业务模式。当前,众包配送主要分为同城配送及跨城配送。

1. 同城配送

得益于众包配送能够快速响应城市内短途需求的特点,同城配送也快速发展,逐渐出现在各行各业,如美团众包利用大量众包配送员来应对城市内的高需求;京东众包利用广泛的非正式配送人员网络来提高配送效率和扩大配送覆盖范围,配合京东完成订单的"最后一公里"配送,实现送货上门,可以看到京东众包不仅可以节约企业成本,还可以很好地解决快递上门服务难题,同时增加了一部分人的收入,一举多得。

2. 跨城配送

通过整合乘坐高铁和飞机的乘客资源或者私家车车主资源,实现跨城配送,如空间客车服务,其通过把快件打包,再运送到高铁站或机场附近的线下服务点,之后由众包员前往服务点取出需携带的快件上车,到达目的地后再将快件交至当地的线下服务点,实现城际快件即日达。这里的众包员指的是有正常出行计划而不是为了接单而特意制订出行计划,并愿意通过分享闲置运力获得相应报酬的注册用户。而传统的快递模式在进行干线运输时,往往在夜间进行运输,因为其成本相对更低,城际快件次日达,时效性难以提高,如图 9-13 所示。

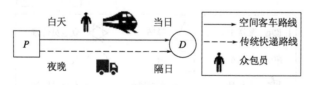

图 9-13 空间客车与传统快递对比

三、众包配送的优缺点

1. 优点

(1)降低成本

众包配送能有效地降低配送成本,由于不需要更多的配送队伍和昂贵的配送基础设施,企业可以利用社会上的闲置资源,如个人车辆和空余时间,完成配送任务,从而减少了固定成本和运营成本。

(2) 提高灵活性与扩展性

众包配送模式能极大地提高配送服务的灵活性,参与者可以根据自己的时间安排灵活接单;同时,企业也可以根据需求灵活调整配送资源,非常适合处理高峰期或特殊促销活动的突发需求。

(3) 速度快与效率高

在众包配送模式中,由于大量的临时配送人员分布在不同地区,理论上可以更快地响应订单,尤其是在城市密集区域,能够迅速完成配送任务。

(4) 具有社会贡献

众包员可以是没有工作的闲散人员,可以是已经就业但空闲时间较多的人,也可以是大学生等,他们利用空闲时间兼职,提供货物配送服务并获取一定的报酬。因此,众包配送可为社会公众提供更多的就业机会,提高社会资源的利用率,具有一定的社会贡献。

2. 缺点

(1) 服务质量难以保证

由于参与配送的人员背景多样,其专业性和服务态度参差不齐,这可能导致服务质量难以保证。相较于专业的货运配送公司,众包配送在可靠性和专业性上可能存在一定的劣势。

(2) 安全和隐私问题

在众包配送中,货物和个人信息往往需要交由不同的非专业个体处理,这可能增加物品丢失、损坏或信息泄露的风险。

(3) 法律和责任问题

众包配送涉及的法律责任界定较为复杂。在发生事故或争议时,如何界定责任、如何保障双方的合法权益常常是难点。此外,不同国家和地区的法律对众包配送的规定可能各不相同,这就增加了运营的复杂性。

总体而言,众包配送模式是一种创新的货运解决方案,通过利用社会闲置资源,极大地降低了配送成本,并提高了配送服务的灵活性和效率。虽然众包配送可能面临服务质量、安全隐私以及法律责任的挑战,但其给现代物流业带来革新,推动货运服务向更高效、更经济、更具包容性的方向发展。

四、众包配送的未来关注重点

以下几个关键方面将会是众包配送未来关注重点。

1. 提升服务质量

建立标准化的工作流程体系,提高客户满意度。第一,要求社会公众在注册成为众包承运人时提供身份证、银行卡以及信用积分等信息,并要求其交付押金,同时,还应当对注册成为众包承运人的人员进行调查,杜绝有道德品质问题、素质差、信用较低的人员成为众包承运人,提高众包承运人的准入门槛;第二,加强对众包承运人的岗前培训和考核,强调工作纪律和职业道德;第三,制定一套高质量的服务标准,设立服务质量保证金制度,并健全客户评价体系,当消费者权益受到侵犯时,给予赔偿。

2. 加强监督管理

政府应当尽量完善众包配送相关法律法规,为我国众包配送的发展保驾护航;行业监管部门应当统一准入门槛,规范运行机制,划分权力责任,主动引导并加强监管;企业自身应当针对兼职快递员建立一套有效的监督约束机制,设立黑名单制度,将违反法律法规以及服务不规范的快递员列入黑名单,并禁止其从事众包业务。

3. 确保信息安全

众包配送平台需采用先进的技术手段确保敏感信息的安全性。具体来说,平台应该对客户的个人联系方式进行加密处理,确保这些信息不被承运人直接访问;平台应建立安全的信息传输和存储系统,通过使用加密技术和安全协议,保护所有客户数据免受未经授权的访问和泄露;同时,定期对安全系统进行审核和更新,以应对新的安全威胁,确保数据的持续安全。

第四节 地空协同

一、地空协同概述

地空协同的广泛应用离不开低空经济的快速发展。2021年2月,"低空经济"概念首次被写入国家规划,其是指一般在垂直高度1000m以下、根据实际需要延伸至不超过3000m的低空空域范围内,以民用有人驾驶和无人驾驶航空器为载体,以载人、载货及其他作业等多场景低空飞行活动为牵引,带动相关领域融合发展的综合性经济业态。

地空协同则是一种结合传统运输工具与新型运输工具的创新货运配送模式,其指货车搭载无人机至离客户较近的地点后,由无人机起飞配送多个客户点再与卡车汇合的协同配送方式。在这一模式中,货车主要负责转运货物、提供无人机起降平台以及为无人机充电;与此同时,无人机通过克服货车的运行范围限制,扩展服务覆盖区域。目前,该模式已在"最后一公里"配送领域得到广泛应用,如图9-14所示。

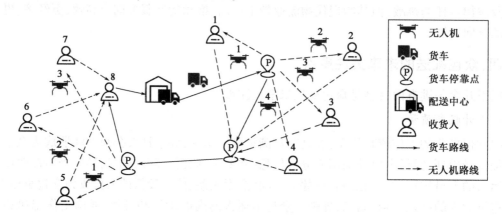

图9-14 地空协同示意图

从图9-14中可以看到,其中有1个配送中心、1辆货车、4架无人机,需要完成8次送货任务。货车按照规划好的路线行驶,分别在既定的停靠点投放、回收无人机。同时,由于收货人8的货物质量超出无人机的限制,因此其必须由货车配送。

地空协同关键在于能够根据不同的客户点特征进行合理的路径规划,从而使得总配送成本较低或者总配送时间较短。其中客户点主要分为3类:①货车与无人机均可到达的客户点;②客户点的货物质量超出无人机的最大载质量,必须由货车配送;③客户点所在位置货车不能到达,则只能通过无人机配送。而该类问题往往是TSP和VRP的变型。文献[9]和[10]分别提出一辆货车配备单架和多架无人机的飞行伙伴旅行商问题(flying sidekick traveling salesman problem,FSTSP),文献[11]提出多辆货车组成同质车队并且每辆货车配备多架无人机的无人机车辆路径问题(vehicle routing problem with drones,VRP-D)。

二、地空协同的优缺点

1. 优点

(1)灵活性强和覆盖范围广

货车可以快速在城市或郊区之间转移,搭载无人机及其配送货物至适宜的起飞点,之后无人机可以从起飞点轻松到达货车难以直接到达的区域,如狭窄的市中心街道或偏远的山区,特别是在紧急情况或特殊事件中,无人机可以被快速部署到事发地点,例如在自然灾害后的救援操作中,无人机可以在货车到达某个集合点后迅速进入灾区,进行物资投放或伤情评估。

(2)高效的配送流程

货车与无人机的协同操作减少了传统配送方式中的多次装卸环节,直接将货物从配送中心快速转移到接近消费者的地点。此外,货车与无人机的结合优化了货物流转路径,货车负责大范围的运输,无人机再进行精准的"最后一公里"配送,分工合作,大幅度提升配送效率,减少地面交通拥堵带来的时间损失。

(3)降低成本

货车与无人机的结合降低了依赖货车和全人工配送的成本。在城市密集区域,货车可以在一个集中的位置卸下多个配送任务的货物,再由无人机完成配送,从而减少整体里程和降低时间成本;长期来看,可降低燃料消耗、人力投入和可能的交通违章罚款等间接成本。

(4)环保性能高

地空协同模式中的无人机多使用电力,减少了化石燃料的使用,减少了运输过程中的污染物排放,有助于提升城市的可持续发展指标。此外,通过准确计算所需运行的路程和制订飞行计划,货车与无人机可以最大限度地减少空驶运行,进一步提高能源使用效率,减轻对环境的影响。

(5)提高客户满意度

得益于以上地空协同的(1)、(2)的优势,地空协同配送能够轻松满足客户的即时需求以及个性化需求,如无人机配送的精确性使得货物可以直接送达客户指定的家门口或特定的安全区域等,增强了与客户的互动和个性化服务,从而提高了客户满意度。

2. 缺点

(1)初始投资和技术维护成本高

初始投资包括无人机的采购成本、货车的改装费用以及初始技术配备费用,这些高昂的成本可能是启动地空协同系统的主要财务障碍;持续的技术维护是指需要定期对无人机软件和硬件进行更新和维护,确保操作的高效和安全,而这些都需要持续的资金投入。

(2)天气限制

无人机的天气敏感性,使其操作能力在强风、雨雪等恶劣天气条件下会受限,影响配送的可靠性和效率。

(3)法律法规约束和公众接受度

关于法律法规约束,无人机运营需要遵守包括飞行高度、隐私保护在内的多项法规,某些区域可能严重限制其使用;关于公众接受度,无人机和货车的联合运作可能引起公众对噪声、隐私侵犯等问题的关注,需要通过公共关系策略和提高透明度来解决这些问题。

(4)协调和操作复杂性

地空协同运营需要极高的协调性,任何链条中的小错误都可能导致整个配送服务的效率低下或中断;操作人员需接受专门培训,以应对地面和空中设备的复杂性。

总体而言,地空协同模式在现代货运领域展现了巨大的潜力和实用价值,虽然存在一些挑战,但通过技术进步、法规完善和成本控制策略的持续优化,我们有理由相信,地空协同模式将给货运行业带来变革。

三、地空协同的未来发展趋势

在当前的货运行业中,地空协同作为一种创新的运输方式,正逐步构建出提高运输效率和降低成本的全新路径。为确保这一模式的长期可持续发展,关键在于借助强大的技术支撑来实现高效的运输调度,并确保整个配送过程的透明度与可追踪性。此外,适应不断变化的政策与法规也是确保地空协同长期可持续发展的重要措施。

1. 技术驱动

地空协同需应用最新的技术以加强无人机的自动化和智能化,例如通过增强自主导航和避障能力,提高无人机在复杂环境中的操作效率;开发更为高效的电池技术,以延长无人机的飞行时间和提高载重能力;探索与人工智能和大数据技术的集成,优化货运路径和配送策略,提高整体效率。

2. 合规发展

为促进地空协同模式的发展,需在法规、公众认识和安全性方面采取行动,与政府合作,推动制定更为灵活和实用的法规,确保地空协同合法化和标准化;加强公众教育,展示地空协同提高效率、降低成本和环保优势,提升公众接受度;重视无人机安全设计和隐私保护,确保操作安全和公众隐私不被侵犯,以维护地空协同的信誉和可持续性。

第五节 网 络 货 运

一、网络货运概述

网络货运为"互联网+车货匹配"的具体实践,车货匹配(vehicle-cargo matching,VCM)是指依据车辆信息和货物运输需求,合理分配负载关系,实现货物运输的整体最优化。网络货运源于我国2016年首次试行的无车承运人模式,无车承运人是以承运人身份与托运人签订运输合同,承担承运人的责任和义务,通过委托实际承运人完成运输任务的道路货运经营者。

2019 年《网络平台道路货物运输经营管理暂行办法》发布,将无车承运人改为网络货运,网络货运是指经营者依托互联网平台整合配置运输资源,以承运人身份与托运人签订运输合同,委托实际承运人完成道路货物运输,承担承运人责任的道路货物运输经营活动,如图 9-15 所示。网络货运是在利用互联网技术开发的车货匹配平台的基础上再度发展,并在大数据的介入下,通过互联网平台和数字化技术应用,促使货运全网互联互通,借助智慧物流模式进行行业升级。相对于无车承运人,网络货运更具有规模效应,可以有效促进数字化、智能化货运发展。

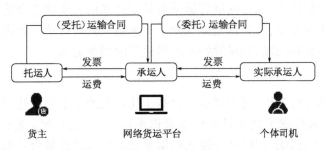

图 9-15 网络货运示意图

从图 9-15 中可以看到,网络货运由货主、个体司机和网络货运平台组成。其中网络货运平台具备两重身份,相对于货主是承运人,而相对于个体司机是委托人,其主要通过运费差价盈利并具备开具合法发票的功能。

二、网络货运的车货匹配模式

网络货运平台通过分别收集货车司机信息以及货主信息建立相应的货车司机运力池和货物需求池,再基于车货匹配原理分别获得满足货车司机需求的货物需求池以及货物需求的货车司机运力池,如图 9-16 所示。

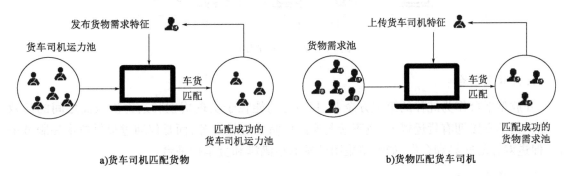

图 9-16 网络货运的车货匹配流程

具体的车货匹配模式有以下 4 种。

1. 直接指派模式

网络货运平台通过分析货车司机的经验、车型、常跑线路、历史运单、车辆状态、返程计划等多个维度,结合货主的需求(如时间、线路、货物类型、装卸要求等),运用大数据算法进行精准匹配。目标是直接将货物推荐给最适合的承运人,提高承运人的返程利用率,提高运输效率,同时降低客户成本。

2. 轮候调度模式

托运人可以在网络货运平台上筛选靠近提货地的车辆,并选择最合适的承运人,通过线下沟通,托运人与承运人交换关键信息并最终确定运单。此模式依赖于托运人与承运人之间的直接沟通,更强调双方的互动与协商,适合对承运人有特定要求或偏好的托运人。

3. 定价匹配模式

托运人上传货源和价格信息,网络货运平台基于这些信息预筛选合适的承运人,其中符合条件的承运人可以快速抢单,并且首先确认抢单的承运人获得订单。该模式强调速度和效率,适用于对时间敏感的货物运输,确保货物能够迅速匹配到承运人。

4. 竞价匹配模式

托运人发布运单进行竞价,网络货运平台基于托运人的需求创建初级运力池,邀请承运人参与竞价,然后托运人根据价格或其他标准筛选承运人,完成匹配。此模式增强了市场竞争性,可以推动价格公平、透明,同时让托运人根据自己的需求选择最合适的承运方案。

这些车货匹配模式在网络货运平台中各有其适用场景,能够满足不同托运人和货车司机的需求,提高整体货运行业的效率和客户满意度。匹配成功后,需要对车辆路径进行规划,详见本书第七章。

三、网络货运平台的分类

在现代货运行业中,不同类型的网络货运平台发挥着关键作用,根据其业务模式和市场定位分为开放型平台、控货型平台和服务型平台,如图 9-17 所示。

图 9-17　网络货运平台分类

1. 开放型平台

开放型平台作为纯粹的第三方企业,其核心功能在于实现货主和运力供应商之间的高效匹配。其不直接拥有货运资产,也不参与实际的货物运输业务,而是仅通过提供技术和服务平台,促进双方的交易和合作,如满帮集团开发的运满满和货车帮平台。

2. 控货型平台

控货型平台自身作为货主或货源的供应方,掌握着货运订单的分配权。在面对市场和运营的成本压力时,控货型平台通常会寻求扩展其运力池,以增强运输能力并降低成本。如京东旗下的京驿货车,虽然京东拥有自己的运力池,但其通过搭建平台不断把更优质、更便宜的运力装进自有运力池,形成稳定长期的运力为自己所用,降低运力成本。

3. 服务型平台

服务型平台的业务较开放型平台和控货型平台更加广泛,有着多重业务线。服务型平台除了完成基础的车货匹配获得收益外,还能够为客户提供如资质办理、金融业务等系列增值服务,如 G7 数字货运平台不仅仅提供包括车源、货源、物流企业等各项基础的物流服务,也提供诸如办理金融保险、税务、资质申办等综合性服务。

根据运营服务范围,网络货运平台分为以下几类。

1. 同城网络货运平台

同城网络货运平台的运营服务涵盖城市或者城市周边地区。同城货运的主要客户群体是小型加工厂、商品零售门店以及个体。当前,同城网络货运市场的竞争格局为"一超多强",其中货拉拉占据了市场份额的较大部分,而滴滴货运、快狗打车、省省回头车等头部企业也展示了强大的市场竞争力。

2. 城际网络货运平台

城际网络货运平台专注于连接不同城市之间的货运需求,其运营服务涵盖多个城市甚至省份。城际货运的主要客户群体包括大型制造企业、批发市场以及需要长距离货运服务的电商平台,如满帮集团的平台覆盖全国多个城市和省份,能够处理从小型快递到大型设备的各种货物运输需求。

四、网络货运平台的优缺点

1. 优点

(1) 成本低

通过网络货运平台去除中间环节,缩短交易链条,解决层层转包问题;同时,网络货运平台能够优化运输路线和装载,降低空驶率;通过集约化、规模化发展,降低货运成本。

(2) 效率高

网络货运平台通过数字技术提高运力组织效率,提高找货、找车效率,缩短了从发货到收货的时间。此外,基于历史数据和用户偏好,网络货运平台能够智能推荐最佳的运输方案,提高匹配的准确性。

(3) 透明

一方面,网络货运平台提供实时的货物追踪信息,使货主和运输服务提供者都能清晰地了解货物的状态和位置;另一方面,通过公开竞价,运费价格变得透明,货主可以比较不同的报价,选择性价比最高的服务,把运费定价权交还给市场,从而使货运价格合理、透明。

(4) 规范

网络货运平台以承运人身份承接货主运输业务并为货主开具发票,同时获取个体司机代开的运费发票;同时,通过监管及数字控税,整治原来货运行业发票虚开乱象。此外,通过可视化监管解决行业超载等问题,有利于行业的规范化、高质量发展。

2. 缺点

(1) 技术高度依赖

网络货运平台的有序运行高度依赖于技术,如订单处理、路线规划、货物追踪和费用计算。

其中任何一个环节的技术故障,例如服务器崩溃、数据丢失、网络延迟或算法错误,都可能导致服务暂停或中断,这不仅影响货主和司机的即时需求得到满足,还可能导致运输延误对整个供应链造成经济损失。

(2)服务质量参差不齐

网络货运平台有效地整合运力资源,但同时带来服务质量的不一致性,由于各服务提供者的设备、经验、管理能力和服务标准差异较大,客户可能会面临服务质量波动的问题,例如,一些小型服务提供者可能缺乏有效的质量控制系统或不具备处理大规模订单的能力,而大型企业则可能提供更标准化和可靠的服务。

总体而言,网络货运平台通过创新技术革新了传统货运行业,显著提高了运输效率和成本效益,以及市场透明度和行业规范性;同时,优化了运输路线和装载过程,降低了空驶率,并通过集约化和规模化操作进一步压缩了成本。尽管网络货运平台高度依赖于技术,可能存在服务质量不一和技术故障带来的风险,但网络货运平台有效地推动了货运行业的现代化和高质量发展,为货主和司机提供了更广阔的服务平台和更多的机会。

五、网络货运平台的发展趋势

在当今快速发展的货运行业,网络货运平台作为连接货主与承运人的桥梁,正逐渐成为提高运输效率、降低物流成本的重要力量。为实现长远可持续发展,网络货运平台不仅需要依托强大的技术研发实力,打造智能、高效的调度系统,确保运输全程透明、可追溯,同时还需密切关注行业政策、法规的变化,积极适应并合规发展。

1. 技术驱动

网络货运平台应拥有足够的研发实力,以通过智能匹配技术实现高效率调度,保障每笔运单的装货点、行车轨迹、卸货点、运行时间、车辆信息、司机信息等都"有迹可循"。此外,网络货运平台需进一步通过大数据技术实现与现代商贸流通体系更深层次的互联互通,用技术驱动数据提高货运效率。

2. 合规发展

为确保自身的合法运营和长期发展,网络货运平台需积极关注各个国家和地区针对其所在行业制定的法律法规的变化。这不仅涉及获取和解读最新的法规信息,还包括预测政策趋势和分析其对业务的潜在影响。同时,网络货运平台应主动适应政策的变化,通过调整业务模式、优化服务流程以及加强监督管理响应法规要求。

【练习与讨论】

1. 什么叫甩挂运输?常见的甩挂运输组织形式有哪些?
2. 请简述广义甩挂运输和狭义甩挂运输的区别,并简述驮背运输的特点。
3. 请对比分析众包配送和地空协同的优缺点。
4. 什么叫网络货运?常见的网络货运平台有哪些类型?

5. 试分析为何甩挂运输作为一种降本增效的运输方式却没有在我国成为主流。

6. 众包配送和地空协同作为目前较为创新的运输方式,均可在末端快递运输起到作用,试分析在该场景下二者的优劣势。

扫码查看参考答案

【经典案例】

德邦快递甩挂运输和无人机植保

1. 德邦快递——全网络集中化甩挂运输

德邦快递成立于1996年,致力成为以客户为中心,覆盖快递、快运、整车、仓储与供应链、跨境等多元业务的综合性物流供应商。德邦快递凭借其坚实的网络基础、强大的人才储备、深刻的市场洞悉,为跨行业的客户提供多元、灵活、高效的物流服务,让物流赋予企业更大的商业价值,赋予消费者更卓越的服务体验。德邦快递始终紧随客户需求而持续创新,坚持自营门店与事业合伙人相结合的网络拓展模式,构建优选线路,降低运力成本,为客户提供快速高效、便捷及时、安全可靠、标准定价、一单到底的服务。目前,德邦快递正从国际快递、跨境电商、国际货代三大方向切入我国港澳台及国际市场,已开通欧洲、非洲、东南亚,美国、日本、韩国等国家以及我国港澳台地区线路,全球员工人数超过14万名。

德邦快递为达到提高运输效率、降低物流成本、加强市场竞争力、减少燃料消耗、减少污染物排放、促进运输行业低碳发展等目标,采取了甩挂运输方式,主要包括两点甩挂和循环甩挂。

(1) 两点甩挂

德邦快递的顺德—重庆线,车辆配置为2车4挂,两个场站各停靠一个挂车用于装车,两个车头带挂分别往对方场站行驶,到达对方场站后,甩挂卸货,同时带上已装好挂车返回,形成两点甩挂模式。该模式将1600km的线路时效缩短至近23h,前提是两场站货量、设施、高速直达等条件满足甩挂需求。顺德—重庆线明细见表9-4。

顺德—重庆线明细 表9-4

线路	里程/km	发车时间	运行时效/h	到达时间	场站停留时长/h
顺德—重庆	1600	3:30	23	次日2:30	0.5
重庆—顺德	1600	3:00	23	次日2:00	1.5

此外,该线路其他物流企业配置资源普遍为4车4挂或5车5挂,相应司机配置为8~10人,而德邦快递优化为2车4挂6名司机,较其他物流企业节约2个车头和2名司机,且成本支出较其他物流企业每月节约了近40%。

(2) 循环甩挂

德邦快递拥有完善的线路网络,针对货量零散不对等的单条线路,采用循环甩挂模式,使单边货量稳定充足的线路实现降本增效。例如,武汉—贵阳—遵义—武汉循环线,其明细见表9-5,车辆配置为2车4挂6名司机的最优模式,此循环起点为武汉,贵阳和遵义各有一个挂车用于装车,第一天早上A车带挂从武汉出发,到达贵阳后甩挂带挂发往遵义,到达遵义后甩挂带挂发往武汉,第三天凌晨返回武汉;第二天由B车带挂从武汉出发,运营模式与A车一致,返回武汉后第四天早上发车。该循环甩挂模式将3条独立线路构建为长2236km的循环线路,节省人、车、挂的同时将时效缩短至约40.5h,实现2天内运行一循环,在成本下降的情况下,时效缩短1天。

武汉—贵阳—遵义—武汉循环线明细　　表9-5

线路	里程/km	发车时间	运行时效/h	到达时间	场地停留时长/h
武汉—贵阳	1080	5:00	21	次日2:00	5
贵阳—遵义	133	7:00	3	当日10:00	0.5
遵义—武汉	1023	10:30	16.5	次日3:00	2

2. 低空经济——无人机植保

临汾市位于山西南部,全市共有17个县(市、区),地处黄土高原,位于吕梁山脉南部,海拔为800~1600m,年均气温为9.0~12.9℃,年降雨量为420~551mm,地域辽阔,光照充足,土层深厚,昼夜温差大。总耕地面积约为720万亩,主要作物为小麦、玉米。由于轮番耕作,耕地得不到休整,病虫草害高发频发。长期以来,农作物植保主要依靠人力背负式喷雾器和自行改装农用三轮喷雾机作业,人工喷药农药利用率在25%~30%,人力背负式喷雾器喷药速度为5亩/h,药液利用率、吸收率不高,造成农药浪费、环境污染,而且操作者还比较容易吸入,整体施药技术和作业水平偏低,"跑""冒""滴""漏"现象十分严重,存在压苗、毁苗、人员不安全等问题。为解决这些问题,主要做法如下。

(1) 利用车载无人机进行植保作业

首先,将无人机装载至货车上;然后,将货车开往目标农田;接着,从货车上卸载无人机,进行植保作业;最后,作业完成后,将无人机重新装载至货车,运输至下一作业地点。通过车载无人机可以将无人机运输到更广阔的农田,实现对较大面积农田的快速覆盖和病虫害防治。同时,货车运载提供了便捷的移动平台,使无人机在不同农田之间快速转移,提高作业效率。此外,货车运载还能确保无人机在运输过程中的安全,避免损坏或丢失。

(2) 建立无人机植保飞防示范区

在侯马市上马办事处西南张村(1500亩)和张村办事处西里村(1500亩)建立了两个试验示范区,开展春季小麦"一喷三防"、夏季玉米喷施除草剂和增施叶面肥,完成了示范面积3000亩,辐射推广面积3200亩。在尧都区贾得乡西亢村建立示范点1个,在小麦拔节期开展了杀虫杀菌喷施叶面肥植保作业,完成了示范面积1000亩,辐射推广面积4000余亩。在汾西勍香镇罗殿村建立示范点1个,开展了玉米化学除草、病虫害防治、施肥,完成了示范面积

1000亩,辐射推广面积5000亩。

(3)开展无人机植保技术验证和与传统机具的对比试验

通过现场作业、现场记录、现场比较、现场分析的方法,在无人机植保飞防示范区开展了化学除草、杀虫杀菌作业对比试验,以及无人机植保技术性能验证和与自走式喷杆喷雾机、背负式电动喷雾器的对比试验,同时开展无人机植保生产作业成本和经济效益测算。通过对比试验,得出的结论是:无人机植保与传统人工喷雾器相比,具有操作简单、速度快、效率高、喷洒均匀、雾化效果好、不受地形限制、可规模化作业、对人和环境安全以及能够及时应对突发灾害等优势。

通过上述无人机植保的应用,以及推广项目试验,总结出小麦、玉米无人机植保技术模式,形成了作业技术规范,取得了良好的经济效益、社会效益和生态效益,具体如下。

(1)经济效益

每台无人机每天植保作业面积可以达到300~500亩,正常情况下每台无人机每天植保收入为2400~5000元。小麦生长田间管理期2次杀虫杀菌喷施叶面肥作业时间为10天左右,每台无人机植保收入为2.4万~5万元。

(2)社会效益

大面积推广无人机植保,可减轻农民劳动强度,及时防控病虫害,实现粮食稳产高产,不仅为主要农作物机械化发展打下了基础,也有效推进了农业供给侧结构性改革。

(3)生态效益

根据试验情况,无人机作业农药利用率在50%以上,与人工喷药相比,农药使用量几乎减少了一半,而且喷洒效率高,喷洒效果好,地表残留药物少,也就是说无人机植保技术的引进推广,不仅改善了作业人员的操作环境,提高了作业安全系数,促进了农业绿色生态高效发展,也为规模经营和绿色农机发展奠定了坚实的技术基础,推动了临汾市农机绿色高效发展。

问题讨论

1. 德邦快递应用了哪些甩挂运输形式?分别带来哪些收益?
2. 无人机植保相较于人工具有哪些优势?尝试列举一些其他无人机可应用场景。

第十章

特种货物运输

【本章提要】

本章从特种货物的性质入手,依据货物属性要求阐述特种货物运输时的调度与组织特点,重点介绍集装箱运输与国际多式联运、危险货物运输、大件货物运输、城市生鲜货物配送,几类常见的特殊货物属性及运输组织与管理技术。

【学习内容】

通过学习本章,了解国际多式联运的优点和基本条件;熟练掌握国际多式联运的业务流程及组织形式;了解当前城市冷链运输发展现状,理解几类常见的城市冷链物流模式;了解特种货物运输的特别要求,在此基础上学习如何修改传统货物运输路线,使其适配特种货物运输的指标需求。

第一节 集装箱运输与国际多式联运

一、集装箱运输概述

1. 集装箱运输的概念

集装箱运输是以集装箱为运输单元的现代物流运输方式,其用集装箱将一定数量的散杂货或整件杂货等零散货物组合,且在从始发地到目的地的物流过程中始终作为一个集装单元进行装卸和运输,减少中间环节,从而提高货物运输和装卸效率,得以实现机械化或自动化连续运输,是对传统的以单件货物进行装卸运输工艺的重大革命。

2. 集装箱运输的优缺点

集装箱运输具有多种优势:①运输效率高;②减少货物破损;③有利于节约包装费用;④有效提高货物装卸效率;⑤提高库场的利用率;⑥有利于实现"门到门"的连贯运输。

当然,集装箱运输也存在一些缺点,主要表现为:①需要使用大量的集装箱,需要大量投资;②空箱的回收管理较困难,尤其是在国际运输过程中;③集装箱装卸需要专用装卸机械,且需要较大的装卸空间和搬运通道;④需要较大面积的集装箱堆场。

3. 集装箱的规格

国际标准化组织(international organization for standardization,ISO)为保证集装箱在装卸、堆放和运输过程中的安全,提出集装箱标准:集装箱需要具备足够的结构强度和承载能力,以保证在运输过程中的安全性和稳定性。ISO还规定了集装箱的耐候性、密封性、防水性和抗腐蚀性等技术要求,例如,集装箱需要通过防雨测试,确保其内部不受暴雨侵袭;同时还需要通过防潮试验,以保证货物在长时间海运过程中不受潮湿影响。此外,ISO还对集装箱的安全盖章和跟踪系统进行了规范。这些措施旨在加强集装箱的安全性和可追溯性,确保货物从起运地被安全运输到目的地。国际集装箱标准的制定和遵守,有助于提高全球货物运输的效率和安全性,并促进国际贸易的发展。

ISO制定了一系列标准来规范集装箱尺寸,按照箱体外部公称尺寸排序,分别以A、B、C、D依次表示公称长度为40ft、30ft、20ft、10ft的箱型,其中1AAA、1AA、1CC是目前全球集装箱运输普遍使用的箱型,见表10-1。最常见的集装箱尺寸是20ft和40ft标准集装箱,其中40ft集装箱(1AA)长约12.19m,宽约2.44m,高约2.59m;20ft集装箱(1CC)长约6.10m,宽约2.44m,高约2.59m。

集装箱尺寸表 表10-1

集装箱箱型	公称长度/ft
1EEE 1EE	45(13.72m)
1AAA 1AA 1A 1AX	40(12.19m)
1BBB 1BB 1B 1BX	30(9.14m)
1CCC 1CC 1C 1CX	20(6.10m)
1D 1DX	10(3.05m)

为便于统计集装箱的吞吐量、集装箱码头的通过能力,国际上通常以一个20ft集装箱为一个当量箱(twenty-foot equivalent unit,TEU),又称标准箱。其中不同尺寸集装箱长度关系如图10-1所示。

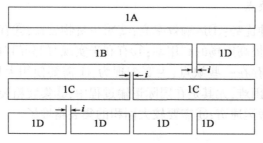

图 10-1　不同尺寸集装箱长度关系[箱间距 i:3in(76mm)]

除了标准尺寸的集装箱外,还有其他特殊尺寸的集装箱,如45ft、53ft等,通常用于特定的运输场合。

需要注意的是,尽管标准尺寸集装箱被广泛使用,但在实际运输中,各个航运公司和货主可能会有各自的特殊尺寸要求,因此需要在具体运输前与相关机构或公司确认集装箱尺寸要求以确保准确性和合规性。

4. 集装箱的类型

所装货物的性质和运输条件不同,对集装箱的要求也有所不同。根据不同的分类标准,如集装箱的尺寸、材料、结构和用途等,可将集装箱划分成多种类型。

按集装箱的尺寸分类是依据其外部尺寸的不同规格进行分类。根据材料,集装箱可分为钢制集装箱、铝合金集装箱、玻璃集装箱和不锈钢集装箱4种类型,其中钢制集装箱因其强度大、结构牢、焊接性高、水密性好、价格低廉等优点,成为使用较为频繁的集装箱类型。另外,集装箱的结构也具有不同的形式,例如内柱式与外柱式、折叠式与固定式、预制件式与薄壳式等。

按照用途,集装箱可分为如下多种类型。

(1)杂货集装箱

杂货集装箱适用于装载各种无须控制温度的干杂货,主要用于运输干燥的货物,如衣物、电子产品、机械设备等,也称干货集装箱。这种集装箱占全部集装箱总数的70%~80%。

(2)冷藏集装箱

冷藏集装箱配有制冷设备,可控制货物的温度范围,适用于运输需要保持低温或恒温环境的货物,如食品、药品等。根据制冷设备的不同,其又可分为内置式和外置式两种,内置式集装箱在运输过程中可随意启动冷冻机以保持指定温度;而外置式集装箱则必须依靠集装箱专用车、船和专用堆场、车站上配备的冷冻机制冷。

(3)液体散货集装箱

液体散货集装箱又称罐式集装箱,是为运输食品、药品、化工品等液体货物而制造的特殊集装箱,其结构是在一个金属框架内固定一个液罐。其通常具有密封和防漏的特点。

(4)敞顶集装箱

敞顶集装箱是一种没有刚性箱顶的特殊结构集装箱。为了防止风雨袭击,其顶部覆盖有由折叠式或可拆式顶梁支撑的帆布、塑料布或涂塑布等制成的罩布,其他结构与通用集装箱相似。

(5)平板集装箱

平板集装箱是侧壁和头部没有固定结构的集装箱,适用于运输超宽或超长货物、重型机械设备等。

总之,不同类型的集装箱适用于不同的货物运输需求,发货人应根据货物特性选择合适的集装箱类型。

二、集装箱运输组织

1. 集装箱运输系统构成

在集装箱运输过程中,集装箱既是货物的一部分,又是运输工具的组成部分。运输过程中使用的集装箱除少数属于货主自有或租赁外,绝大多数是由船公司或集装箱运输经营人提供的。集装箱运输系统是一个涉及面广的复杂系统,由以下5个基本要素组成。

(1)适箱货物

并不是所有货物都适合集装箱运输,只有那些物理化学属性适合装箱,并且货价高、承受运价能力大的货物,才适合集装箱运输。适箱货物是集装箱运输系统的主体,是运输经营人的竞争目标。做好适箱货物的组织工作,提高揽货工作质量,为集装箱运输提供充足且稳定的货源,是保证集装箱运输顺利进行和持续发展的关键。

(2)标准集装箱

标准集装箱是货物的标准化装运工具和外包装,是集装箱运输的基本单元。通过标准化和精细化将物流管理过程流程化,将高成本、单一化的服务转为低成本、可配置的服务。标准集装箱的使用使得不同的运输工具可以使用同一种容器,提高运输效率和降低成本,从而逐步建立全球范围内与多式联运相配套的物流系统。

(3)集装箱集疏运系统

集装箱集疏运系统是由众多运输线路(铁路、公路、内河航线、沿海航线等)、运输工具(列车、汽车、内河船舶、沿海近洋船舶等)和集装箱集散点(码头堆场、货主仓库、铁路货运站、公路中转站、内河码头、支线港等)组成的覆盖枢纽港及其周边地区的网络系统。其主要功能是完成起运港(或目的港)与枢纽码头、堆场之间集装箱货物的集运或疏运任务,因而其对集装箱运输效率和质量有重要影响。

(4)集装箱装卸设备

集装箱装卸设备是用于装卸货物的机械设备,主要用于从船舶、火车或卡车上提取或安放集装箱,并将其转移至其他交通工具或仓库。常见设备包括但不限于集装箱起重机(岸桥、门式起重机、正面起重机等)、集装箱搬运设备(跨运车、叉车、底盘车等)等。通过对多种设备的组合应用,形成成熟的集装箱装卸工艺,以快速、高效地将集装箱从运输工具卸载,并装载到码头或其他运输工具上。

(5)集装箱运输管理系统

集装箱运输系统的基础设施和技术装备等"硬件"优势的充分发挥离不开与之相适应的"软件"设备——集装箱运输管理系统,其主要包括集装箱运输行政管理机构、法规及标准体系、运输经营人及代理人、集装箱运输管理信息系统等。在集装箱运输过程中,环节众多、流动频繁,中间过程产生信息量大、来源复杂,因而集装箱运输管理系统一般应具备以下功能:集装箱动态跟踪,运量、流量统计与分析,单证信息处理、制作、传递,信息交流,等等。

2. 集装箱货物的装载

合理组织货物装载环节有利于充分利用集装箱的有限空间,使得货物的装载密度最大化,从而减少空间浪费;同时可以确保货物稳定,避免货物在运输过程中发生移位、倾倒等意外情况,从而保护货物本身及运输人员的安全。

(1)集装箱货物装载的基本原则

①货物混装时重货在下、轻货在上。对于混装的件杂货,应根据货物的质量、外包装强度等特性,将重货、包装牢固的货物装在箱子底部,将轻货、外包装强度较低的货物装在箱子上部。液体货和清洁货要尽量放在其他货物下面。

②货物在箱子内的质量分布应均衡,避免产生集中载荷。如果箱内货物质量分布不均,在吊装作业时,箱子会发生倾斜;在陆上运输时,拖车前后轮的负荷会不均衡,导致行驶故障。如果箱子某一部位载荷过重,还可能使箱子底部结构发生弯曲或脱开。因此,如果装载机械设备等重货,箱底应铺上木板等衬垫材料,以分散其负荷。标准集装箱底面允许的安全负荷是:20ft集装箱为$1330 \times 9.8 \text{N/m}^2$,40ft集装箱为$960 \times 9.8 \text{N/m}^2$。

③货物之间不应留有空隙。货物的装载要严密、整齐,货物与货物之间不留间隙,以充分利用空间,且应加隔垫材料,防止货物相互碰撞而造成损坏。对于有尖角或突出部件的货物,要对其尖角或突出部件采取保护措施,以免损坏其他货物。另外,在货物装箱时,要考虑掏箱的方便性和安全性,且对箱口附近的货物采取系紧措施,防止开箱时箱口附近货物倒塌。

(2)特殊货物的集装箱装载要求

①超尺寸和超重货物的装载。超尺寸和超重货物是指货物的尺寸或质量超过标准集装箱的尺寸或最大载货质量的货物。超尺寸包括超高、超宽或超长,超高货物运输必须用开顶式集装箱或板架式集装箱装载,且其运输组织必须事先考虑道路、桥涵、车站、装卸机械等对通行高度的限制规定;超宽集装箱装载会受到集装箱船箱结构的限制,部分装卸设备也会对货物宽度加以限制;超长货物一般用板架式集装箱装载,在集装箱船上,可采用甲板积载的运输方式。任何情况下,集装箱装载货物的质量与箱子自重之和不能超过集装箱的额定总质量限制。对于超重货物,要注意在装箱完毕后,保证总质量不超出集装箱额定总质量,否则,应取出一部分货物。

②液体货物的装载。运输液体货物的集装箱有两种,一种是罐式集装箱,另一种是液体货物在被装入其他容器后再被装载到的普通集装箱。当采用罐式集装箱运输液体货物时应注意以下事项:保证罐式集装箱的结构、性能、箱内涂料能满足货物的运输要求;确保集装箱的容量和所允许的质量比例与货物比重接近,在货物比重较大且装载量过半罐的情况下,在装卸和运输过程中有损罐的危险;检查液体排罐时的设备要求,保证排罐设备与集装罐的阀门等能匹配;检查安全阀是否有效;根据货物的特性要求,确定在运输和装卸过程中是否需要特殊处理,例如加温等。

③冷藏货的装载。冷藏货可分为冷藏货物和冷冻货物两种。前者是指一般选定不冻结的温度,或是货物表面有轻微结冻以上的温度,其温度范围为$-1 \sim 11℃$,其目的是维持货物的呼吸和防止箱内出汗;后者是指将货物冷冻运输,其温度范围通常为$-20 \sim -1℃$不等。对冷藏货物在运输途中应保持的温度,货主在托运时都有指示,承运人必须严格遵照执行。

④危险货物的装载。采用集装箱装载和运输危险货物,必须重视货物的物理性、化学性、运输安全性等要求。危险货物的包装、装载、运输和卸空都必须严格遵照有关规范和规定进行,且承运人必须取得经营许可。

3. 集装箱运输过程

典型的集装箱运输过程如图10-2所示。首先,将分散的小批量货物集中至内陆地区仓库或货运站,组成大批量的货物装入集装箱,再通过公路或铁路运输送达起运港的集装箱码头,借助集装箱船的跨洋运输抵达目的港集装箱码头,然后通过公路或铁路运输的方式运至内陆货运站,最后用集装箱专用拖车送交收货人。

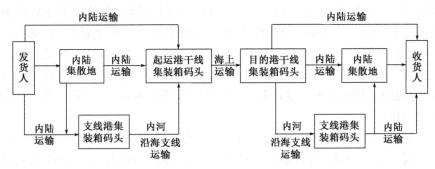

图10-2 集装箱运输过程示意图

当发货人靠近起运港时,如果是整箱货,托运人可在自己的仓库装箱,然后委托运输经营人负责运至港口集装箱码头堆场等待装船;如果是拼箱货,则由托运人将货物送到集装箱码头的集装箱货运站,由货运站业务人员统筹装箱,然后转送到集装箱码头堆场等待装船。

当发货人远离集装箱码头时,无论是整箱货还是拼箱货,托运人可将货物送到内陆集散地或支线港集装箱码头,然后从内陆集散地或支线港集装箱码头集中运往集装箱枢纽港码头等待装船。围绕集装箱枢纽港建立多层次的集疏网络,可从根本上改变传统运输中货物零星组织运输的情况,通过统一组织,可使内陆运输产生规模经济的效果。

货物经水上运输到达卸货港口,可以通过相反的过程疏运到最终交付货物的地点。

集装箱运输过程体现了各运输方式之间的整体性和协作性,通过货物的集运和疏运,将运输全程中涉及的不同运输方式和服务环节紧密地连为一个整体,尤其是在国际集装箱运输(多式联运)过程中,从货物接收地到交付地的全程运输都是由承运人、多式联运经营人负责组织,这种连续不断集疏的货流形式使集装箱运输产生规模效应。

三、国际多式联运概述

1. 国际多式联运的概念

国际多式联运是一种以实现货物整体运输最优化效益为目标的联运组织形式,其通常以集装箱为运输单元,将不同的运输方式有机结合,构成连续的、综合的一体化货物运输,也称国际集装箱多式联运。根据1980年《联合国国际货物多式联运公约》以及我国的国际集装箱多式联运管理相关条例,国际集装箱多式联运是指按照多式联运合同,以至少两种不同的运输方式,由多式联运经营人将集装箱从接管货物的地点运至指定交付货物的地点的货物运输方式。

2. 国际多式联运经营人

多式联运经营人(multimodal transport operator,MTO),也称契约承运人,即与货物托运人订有运输合同的人,当开展国际集装箱多式联运时,往往涉及海、陆、空等不同运输区段的多种运输业务,MTO是指对集装箱的运输全程进行组织、安排与协调的负责人。通常,MTO 既可由参与某一运输区段的运输业务的实际承运人担任,也可由不参加实际运输的经营人担任。多式联运经营人多是由过去的货运代理人逐步演变而来。

MTO 往往在接受货主的委托后,需办理和承担一部分业务,再将其余工作委托其他承运人完成。接受 MTO 委托的承运人,只是依据运输合同对 MTO 负责,而不与货主发生任何直接的关系。因此,MTO 与货主之间的合同关系、MTO 与区段承运人之间的合同关系,便构成了国际多式联运的主要特征。一方面,MTO 作为事主与货主签订一份运输合同,选择最佳运输方式与运输路线,完成或组织完成全程运输任务,为货主提供一次托运、一次收费、统一理赔、一单到底、全程负责的运输服务;另一方面,MTO 又与区段承运人和代理人及受雇人发生合同关系,通过他们完成全程联运任务。这两种合同关系,体现了 MTO 的性质及其在国际多式联运中的法律地位与作用。

国际多式联运的出现从根本上改变了过去传统运输的交接界限,使货物交接地点突破了过去的"港/港"或"站/站"的界限,向"收货地/交货地"两端延伸。MTO 接管货物的地点可以是某个港口的货场,也可以是某个内陆地点的货主工厂、仓库或集装箱货运站。此外,在多式联运经营人承运期间,无论在哪一运输区段发生货物损坏,货主都可向 MTO 提出索赔要求。

3. 国际多式联运的特征

根据《联合国国际货物多式联运公约》的规定和国际多式联运业务特点,多式联运具备一些显著特征,这些特征可被概括为多个"一":一次托运、一次计费、一张单证、一次保险,由不同运输方式组合成综合性的一体化运输。

①在货物全程运输过程中,负责运输的 MTO 必须与发货人订立多式联运合同,该合同是 MTO 与发货人之间权利、义务、责任、豁免的合同关系和运输性质的确定,也是区别多式联运与一般货物运输方式的主要依据。

②MTO 必须对全程运输负责。MTO 不仅仅是订立多式联运合同的当事人,也是多式联运单证的签发人。MTO 可将全部或部分运输委托他人(分运承运人)完成,并订立分运合同,但分运承运人与发货人之间不存在任何合同。

③MTO 接管的货物运输必须是国际货物运输,这不仅有别于国内货物运输,还涉及国际运输法规的适用问题。

④多式联运不仅仅是两种(或两种以上)不同的运输方式,且必须是不同运输方式的连续运输。

⑤货物全程运输由 MTO 签发一张多式联运单证,且应满足不同运输方式需要,并计收全程运费。

⑥MTO 在对货主负全程运输责任的基础上,制定一个货物发运地至目的地全程单一费率并以包干形式一次向货主收取。这种全程单一费率一般包括运输成本(全程各段运输费用的总和)、经营管理费用(如通信、制单以及劳务手续费等)和合理利润。

四、国际多式联运的业务流程及组织形式

1. 国际多式联运的业务流程

国际多式联运的主要业务流程如下。

(1) 接受托运申请,订立多式联运合同

MTO根据货主提出的托运申请和运输路线等情况,判断是否接受该托运申请。如果能够接受,则双方议定有关事项后,在交给发货人或其代理人的场站收据(空白)副本上签章(必须是海关能接受的),证明接受托运申请,即多式联运合同已订立并开始执行。

发货人或其代理人根据双方就货物交接方式、时间、地点、付费方式等达成的协议填写场站收据(货物情况可暂空),并把其送至MTO处编号,MTO编号后留下货物托运联,将其他联交还给发货人或其代理人。

(2) 空箱的发放、提取及运送

多式联运中使用的集装箱一般应由经营人提供。集装箱空箱来源可能有3个:一是经营人自己购置;二是租用,一般在货物的起运地附近提箱并在货物交付地点附近还箱;三是由全程运输中的某一区段承运人提供,且需要在多式联运经营人与该分运人(一般是海上区段承运人)订立分运合同后获得使用权。

如果双方协议由发货人自行装箱,则多式联运经营人应签发提箱单或将租箱公司(分运人)签发的提箱单交给发货人或其代理人,发货人在规定日期到指定的堆场提箱并自行将空箱拖运到货物装箱地点,准备装货;如果发货人委托亦可由经营人办理从堆场到装箱地点的空箱拖运(需加收空箱拖运费);如果是拼箱货(或是整箱货但发货人无装箱条件不能自装),则由多式联运经营人将所用空箱调运至接收货物的集装箱货运站,准备装箱。

(3) 出口报关

若多式联运从港口开始,则在港口报关;若从内陆地区开始,则应在附近的内陆地区海关办理报关。出口报关事宜可以由发货人或其代理人办理,也可委托多式联运经营人代为办理(需加收报关手续费),且报关时应提供场站收据、装箱单、出口许可证等有关单据和文件。

(4) 货物装箱及接收

若是发货人自行装箱,发货人或其代理人提取空箱后在自己的工厂和仓库组织装箱,装箱工作一般要在报关后进行,并请海关派员到装箱地点监装和办理加封事宜,如需理货,还应请理货人员现场理货并与之共同制作装箱单。对于拼箱货,发货人应负责将货物运至指定的集装箱货运站,由货运站按多式联运经营人的指示装箱。无论装箱工作由谁负责,装箱人均需制作装箱单,并办理海关监装与加封事宜。

对于由货主自装箱的整箱货,发货人应负责将货物运至双方协议规定的地点,MTO或其委托的代表在指定地点接收货物;如是拼箱货,经营人在指定的货运站接收货物。货物验收后,多式联运经营人或其委托的代表应在场站收据正本上签章并将其交给发货人或其代理人。

(5) 订舱及安排货物运送

经营人在合同订立之后,应制订该合同涉及的集装箱货物的运输计划。该计划应包括货物的运输路线、区段的划分、各区段实际承运人的选择确定及各区段间衔接地点的到达、起运时间等内容。合同的订立由经营人本人(派出机构或代表)或委托的代理人(在各转接地)办理,也可请前一区段的实际承运人作为代表向后一区段的实际承运人订舱。此处的订舱泛指

MTO要按照运输计划安排各区段的运输工具,与选定的各实际承运人订立各区段的分运合同。其中货物运输计划的安排必须合理,并注意保持相互联系,根据实际情况调整计划,避免脱节。

(6) 办理货物运输保险

发货人应投保货物运输险,该保险由发货人自行办理,或发货人承担费用,由经营人代为办理。货物运输保险可以全程投保,也可分段投保。MTO应投保货物责任险和集装箱保险,由经营人或其代理人向保险公司或以其他形式办理。

(7) 签发多式联运提单,组织完成货物的全程运输

MTO接收货物后,经营人应向发货人签发多式联运提单。在把提单交给发货人前,应注意按双方议定的付费方式及内容、数量向发货人收取全部应付费用。在接收货物后,MTO要组织各区段实际承运人、各派出机构或代表共同协调工作,完成全程中各区段的运输、各区段的衔接工作,以及运输过程中所涉及的各种服务性工作,运输单据、文件及有关信息等组织和协调工作。

(8) 运输过程中的海关业务

按惯例国际多式联运的全程运输(包括进口国内陆段运输)均应视为国际货物运输。因此该环节主要工作包括货物及集装箱进口国的通关手续,进口国内陆段保税(海关监管)运输手续及结关等内容。此外,如果陆上运输要通过其他国家海关和内陆运输线路,还应包括这些海关的通关及保税运输手续。

海关业务手续一般由MTO的派出机构或代理人办理,也可由各区段的实际承运人作为MTO的代表代为办理,且由此产生的全部费用应由发货人或收货人负担。

如果货物在目的港交付,则结关应在港口所在地海关进行;如果在内陆地交货,则应在口岸办理保税(海关监管)运输手续,海关加封后方可运往内陆目的地,然后在内陆海关办理结关手续。

(9) 货物交付

货物运至目的地后,首先由目的地代理人通知收货人提货;接着收货人需凭多式联运提单提货;然后经营人或其代理人须按合同规定收取收货人应付的全部费用,收回提单并签发提货单;最后收货人凭提货单到指定地点提取货物,将集装箱空箱运回指定堆场,运输合同终止。

(10) 货物索赔

如果全程运输中发生货物丢失、损害和运输延误,无论是否能确定损害发生的区段,发(收)货人均可向MTO提出索赔。MTO根据提单条款及双方协议确定责任并做出赔偿。如能确定事故发生的区段和实际责任者,可向其进一步进行索赔;如不能确定事故发生的区段,一般认为发生在海运段。此外,如果已对货物及责任投保,可向保险公司要求赔偿。若受损人和责任人之间不能取得一致,可在诉讼时效内提起诉讼和仲裁。

2. 国际多式联运的组织形式

由于每种运输方式都有优点与不足,国际多式联运通常采用至少两种运输方式组织联运,以便能综合应用各种运输方式的优点。目前,代表性的国际多式联运主要有远东/欧洲、远东/北美等海陆空联运,具体如下。

(1) 海陆联运

海陆联运是远东/欧洲多式联运的主要组织形式。目前经营远东/欧洲海陆联运业务的主要有班轮公会的三联集团、北荷、冠航和丹麦的马士基等国际航运公司,以及非班轮公会的中

国远洋运输公司、中国台湾长荣航运公司和德国那亚航运公司等。该组织形式以航运公司为主体,签发联运提单,与航线两端的内陆运输部门开展联运业务,从而与陆桥运输展开竞争。

(2)陆桥联运

国际多式联运中,陆桥运输(land bridge service)起着非常重要的作用,其是指采用集装箱专用列车或卡车,把横贯大陆的铁路或公路作为中间"桥梁",使大陆两端的集装箱海运航线与专用列车或卡车连接的连贯运输方式,其是一种海—陆—海的联运形式。

(3)海空联运

海空联运也称空桥运输(air bridge service)。在运输组织方式上,空桥运输与陆桥运输的差别是:陆桥运输在整个货运过程中使用的是同一个集装箱,无须换装;而空桥运输的货物通常要在航空港换成航空集装箱。海空联运方式始于20世纪60年代,但到80年代才得以快速发展,其中1960年,苏联航空公司开启经由西伯利亚至欧洲的航空线;1968年,加拿大航空公司参加国际多式联运;20世纪80年代,出现了经由中国香港、新加坡、泰国等至欧洲的航空线。该种运输方式运输时间比全程海运少,运费比全程空运低。该组织形式以海运为主,仅在最终交货运输区段内由空运承担。

第二节 危险货物运输

随着经济快速发展和社会需求变革,工业生产活动的旺盛使危险货物运输占货物运输的比例日益增加。由于危险货物的特性和运输风险,学者们对危险货物运输的关注度越来越高。因此,本节将从危险货物的定义、危险货物的分类、危险货物的包装、危险货物的运输风险、危险货物的运输组件、公路危险货物运输管理与组织、危险货物运输路线的优化选择7个方面展开介绍。

一、危险货物的定义

工业生产的原材料和加工产品中大部分都属于危险货物。依据《中华人民共和国安全生产法》,危险物品是指易燃易爆物品、危险化学品、放射性物品等能够危及人身安全和财产安全的物品。而在不同的运输行业内,对危险货物的定义也略有不同。

在公路运输中,我国《道路危险货物运输管理规定》指出危险货物是具有爆炸、易燃、毒害、感染、腐蚀等危险特性,在生产、经营、运输、储存、使用和处置中,容易造成人身伤亡、财产损毁或者环境污染而需要特别防护的物质和物品。危险货物以列入《危险货物道路运输规则》(JT/T 617—2018)的为准,未列入《危险货物道路运输规则》(JT/T 617—2018)的,以有关法律、行政法规的规定或者国务院有关部门公布的结果为准。

在水路运输中,依据《船舶载运危险货物安全监督管理规定》,危险货物包括《国际海运危险货物规则》(IMDG Code)第3部分危险货物一览表中列明的包装危险货物,《国际海运固体散装货物规则》(IMSBC Code)附录1中B组固体散装货物,《国际防止船舶造成污染公约》(MARPOL公约)附则I附录1中列明的散装油类,《国际散装危险化学品船舶构造和设备规则》(IBC Code)第17章中列明的散装液体化学品,《国际散装液化气体船舶构造和设备规则》(IGC Code)第19章列明的散装液化气体以及我国加入或者缔结的国际条约、国家标准规定的其他危险货物。

在铁路运输中,我国《铁路危险货物运输安全监督管理规定》中指出:危险货物,是指列入铁路危险货物品名表,具有爆炸、易燃、毒害、感染、腐蚀、放射性等危险特性,在铁路运输过程中,容易造成人身伤亡、财产损毁或者环境污染而需要特别防护的物质和物品。

在航空运输中,我国《民用航空危险品运输管理规定》中指出:危险品,是指列在《危险物品安全航空运输技术细则》危险品清单中或者根据《危险物品安全航空运输技术细则》的归类,能对健康、安全、财产或者环境构成危险的物品或物质。

二、危险货物的分类

危险货物的种类纷繁、特性各异,不同种类的危险货物具有不同的物理化学性质,以及不同的危险特性,根据《危险货物分类和品名编号》(GB 6944—2012)的定义及联合国《关于危险货物运输的建议书》的规定可知,危险货物可分为如下9类,见表10-2。

危险货物的分类　　　　　　　　　　　　　　表10-2

类别	项别
第1类　爆炸品	1.1项　有整体爆炸危险的物质和物品
	1.2项　有迸射危险,但无整体爆炸危险的物质和物品
	1.3项　有燃烧危险并有局部爆炸危险或局部迸射危险或这两种危险都有,但无整体爆炸危险的物质和物品
	1.4项　不呈现重大危险的物质和物品
	1.5项　有整体爆炸危险的非常不敏感物质
	1.6项　无整体爆炸危险的极端不敏感物品
第2类　气体	2.1项　易燃气体
	2.2项　非易燃无毒气体
	2.3项　毒性气体
第3类　易燃液体	—
第4类　易燃固体、易于自燃的物质、遇水放出易燃气体的物质	4.1项　易燃固体、自反应物质和固态退敏爆炸品
	4.2项　易于自燃的物质
	4.3项　遇水放出易燃气体的物质
第5类　氧化性物质和有机过氧化物	5.1项　氧化性物质
	5.2项　有机过氧化物
第6类　毒性物质和感染性物质	6.1项　毒性物质
	6.2项　感染性物质
第7类　放射性物质	—
第8类　腐蚀性物质	—
第9类　杂项危险物质和物品,包括危害环境物质	—

注:本表内容出自《危险货物分类和品名编号》(GB 6944—2012)。

三、危险货物的包装

在运输过程中,如果危险货物直接暴露在外部环境中,则有可能因碰撞、摩擦、振动等引发燃烧、爆炸、毒害、腐蚀、污染等现象,因此危险货物在运输过程中使用包装非常重要。危险货物包装是指符合危险货物对包装的最低要求的容器及为实现包装危险货物所需的其他构件或材料的集合体。由于危险货物存在多种类型,其在性能、外形、结构等方面都有差别,对包装的要求也存在差异,各种危险货物包装的含义见表10-3。

各种危险货物包装的含义　　　　　　　　　　　　　　　　　　　　　　　　表10-3

包装名称	具体含义
单一包装	直接将货物盛装在包装容器中的包装,如钢桶、塑料桶、塑料罐等
内包装	运输过程中其外面需要外包装的包装,如组合包装中的内层包装就称为内包装
内容器	起盛装作用并需要外包装的容器,如复合包装中的内层就称为内容器
外包装	复合包装和组合包装的外部保护部分及其吸附性的材料、衬垫材料以及为保证内容器或内包装有效所需的任何其他组成部分
中层包装	置于内包装或物品与外包装之间的包装
复合包装	由一个外包装和一个内容器组成的一个整体包装,该包装一旦组装好后,在充罐、储存、运输或卸空时始终是一个整体,如钢塑复合桶
组合包装	将一个或多个内包装装在一个外包装内,其目的是便于运输,如将塑料罐装在木箱中
中型散装容器	设计适合于机械装卸,并能承受装卸运输过程中正常风险的刚性、半刚性和柔性的可移动包装
大宗包装	由装有物品或内包装的外包装组成的包装,设计上适用于机械装卸
压力容器	包括钢瓶、管、压力桶、封闭的冷藏容器、金属储氢系统和钢瓶组等
多单元气体容器	用一个总管进行内部连接并组装在一个框架内的各种钢瓶、管状容器和钢瓶组的组合体
救助包装	为了运输、回收或处理,在其中可盛放损坏、破损或泄漏的危险货物的特殊包装
重复使用的包装	指那些用来灌装相同内装物或类似相容物的包装,该包装需经检验能达到性能试验的各项指标
修复的包装	已经使用并将内装物清理干净后需要更换部分辅件的包装,如钢桶、塑料桶、罐,更换不完整的垫圈、封闭器盖等
散装容器	用于运输固体货物的盛装体系,其中的固体货物与盛装体系直接接触
包件	包装作业的最终产物,由包装和所装的内装物组成
集合包件	指一个单独的发货人将一个或多个包件封起来,形成一个组件形式,以方便运输中的装卸和积载
运输组件	指公路货车、铁路货车、集装箱、公路罐车、铁路罐车或可移动罐柜等
集装箱	一种永久性的并有相应的强度足以反复使用的运输设备
可移动罐柜	指金属质地,配有减压、隔热、测量、通风、装卸等装置,可整体装卸的容器,这种容器又称罐柜集装箱或液体集装箱

注:本表内容出自《危险品运输与管理》(周艳,白燕,清华大学出版社,2016)。

四、危险货物的运输风险

由于危险货物具有燃烧性、爆炸性、毒害性、放射性、腐蚀性以及污染性等危险特性,运输过程中的风险是其运输组织与调度时需考虑的关键。危险货物运输中的风险度量方式包括传统风险、人口覆盖、事故率、感知风险、期望-方差风险、负效用风险、最小最大风险、条件风险,见表10-4。

常见的危险货物运输风险度量方式　　　　表10-4

风险名称	风险计算公式	说明
传统风险(traditional risk)	$TR = \sum_{i \in P} p_i C_i$	其中:P为从起点到终点的路径集合;p_i为路段i发生事件的概率;C_i为路段i上发生事故的影响后果;q、k分别为决策者的风险态度参数;D_i为路段i矩形区域内的影响人员总数($D_i = 2\lambda l_i \rho_i$,式中$l_i$为路段$i$的长度,$\lambda$为圆形影响区域半径,$\rho_i$为路段$i$单位面积平均人员密度)
人口覆盖(population exposure)	$PE = \sum_{i \in P} D_i$	
事故率(incident probability)	$IP = \sum_{i \in P} p_i$	
感知风险(perceived risk)	$PR = \sum_{i \in P} p_i C_i^q$	
期望-方差风险(mean-variance risk)	$MV = \sum_{i \in P} (p_i C_i + k p_i C_i^2)$	
负效用风险(disutility risk)	$DU = \sum_{i \in P} p_i [\exp(kC_i) - 1]$	
最小最大风险(minimax risk)	$MM = \max_{i \in P} C_i$	
条件风险(conditional risk)	$CR = \sum_{i \in P} p_i C_i / \sum_{i \in P} p_i$	

(1)传统风险

传统风险模型是应用最为广泛的运输风险度量方式,其将风险定义为事故发生率和事故发生后所产生后果的乘积,即为一种期望值。

(2)人口覆盖

传统风险以事故率与事故发生后产生后果的乘积表示风险,这缺少对事故后果的直接反映,无法做到规避重大事故。而人口覆盖模型考虑事故发生后受到事故影响的人口数量,专注于反映事故的危害。

(3)事故率

与人口覆盖模型相反,事故率模型则忽视事故发生后受到事故影响的人口数量,其重点在于规避危险货物运输事故发生。

(4)感知风险

该模型的提出主要基于以下观点,即不同的情况下发生事故,民众对事故的感知是不同的。其类似于传统风险的定义,同样考虑事故率和事故后果,但在事故后果处增加了一个参数,该参数的取值用以表示民众对事故后果的主观感知。

(5)期望-方差风险

该模型是传统风险模型和感知风险模型的综合。

(6)负效用风险

危险货物运输事故往往产生有害的后果,且其风险可以表达为负效用,因此提出负效用风险模型。

(7)最小最大风险

危险货物运输过程中的运输路径由若干个路段组成,用运输路径中风险最大路段的风险表示该条运输路径的风险,提出最小最大风险模型。

(8)条件风险

该模型以每一次事故可能的后果平均值为给定路段的风险并以运输路径上各个路段的后果平均值之和为运输路径的风险。

除此之外,还有其他的运输风险度量方式,由于篇幅有限本书不再详细介绍,读者可根据研究需要查阅相关文献。

五、危险货物的运输组件

根据《国际海运危险货物规则》(IMDG Code)的规定,货物运输组件(cargo transport units,CTUS)是指公路货车、铁路货车、集装箱、公路罐车或可移动罐柜。

1. 集装箱

集装箱是一种永久性的并有相应的强度足以反复使用的运输设备,其主要构件如图10-3所示。该设备是为了便于以一种或几种方式运输,中间无须换装而专门设计的,在使用时应遵守《国际集装箱安全公约》。

a)干货集装箱及其构件(侧面)

b)干货集装箱及其构件(正面)

图10-3 干货集装箱结构

集装箱货物的现场装箱作业,通常有以下三种方式:
①全部用人力装箱;

②用叉车装卸车(铲车)搬进箱内再用人力堆装;
③全部用机械装箱,如用货板(托盘)货用叉车装卸车在箱内堆装。

在上述三种装箱方式中,第三种全机械方法最理想、装卸率最高、货损最小。但即便全部采用机械装箱,若装载时忽视货物特性和包装状态,或操作不当等,也往往会发生货损事故。如前所述,危险货物可以被分为9种类型,每种类型的危险货物都可以在包装后装入集装箱,关于各类危险货物的装箱要求,读者可以查阅参考文献[14]。

2. 可移动罐柜

可移动罐柜是指其主体是金属质的,容量在450L以上,配备安全、减压、隔热、测量、通风、装卸等装置,且可整体装卸的容器,如图10-4所示,也称罐柜集装箱或液体集装箱。罐柜主体的外部通常为金属框架,金属框架的规格与集装箱一样,起加强、紧固、保护和稳定的作用。

3. 公路罐车

公路罐车是指装有容积超过450L的罐柜并配有减压装置的车辆,如图10-5所示。在正常装卸和运输条件下,罐柜都应固定在车辆上且不能在船上装卸货物。而为将其固定在船上,还应有永久性的系固附件。

图 10-4　可移动罐柜

图 10-5　公路罐车

公路罐车的装运要求与可移动罐柜相同,车辆应符合车辆作业所在国公路的主管机关要求。

4. 散装容器

根据《国际海运危险货物规则》(IMDG Code)第32次修正案(2004版)的规定,散装容器是用于运输固体货物的盛装体系(包括任何内衬或涂层)且其中的固体货物与盛装体系直接接触。散装容器包括集装箱、海上散装容器、吊货箱、散货箱、交换车体箱、槽形集装箱、滚动式集装箱、车辆装载舱等,不包括包件、中型散装容器(IBCs)、大宗包装和可移动罐柜。散装容器应符合下列条件:
①具有永久性,强度足以供重复使用;
②经特殊设计便于用一种或多种运输方式运输货物而无须中间倒装;
③配备便于装卸的装置;
④容积不小于$1m^3$。

六、公路危险货物运输管理与组织

1. 公路危险货物运输管理

公路危险货物运输管理是一个动态过程,包括运输从业人员到整个道路运行中的各个安全运行环节。根据《中华人民共和国道路交通安全法》和《道路危险货物运输管理规定》,从事道路危险货物运输经营应当具备下列条件。

(1) 有符合要求的专用车辆及设备

包括要求自有专用车辆(挂车除外)5 辆以上;运输剧毒化学品、爆炸品的,自有专用车辆(挂车除外)10 辆以上;配备有效的通信工具;安装具有行驶记录功能的卫星定位装置;使用符合国家有关标准的包装容器;配备与危险货物性质相适应的安全防护、环境保护和消防设施设备等。

(2) 有符合要求的停车场地

包括要求自有或者租借期限为 3 年以上,且与经营范围、规模相适应的停车场地,停车场地应当位于企业注册地市级行政区域内;停车场地面积与车辆正投影面积应符合国家有关标准要求;停车场地应当封闭并设立明显标志,不得妨碍居民生活和威胁公共安全等。

(3) 有符合要求的从业人员和安全管理人员

要求车辆的驾驶人员取得相应机动车驾驶证,年龄不超过 60 周岁;从事道路危险货物运输的驾驶人员、装卸管理人员、押运人员应当通过所在地的市级人民政府交通运输主管部门考试,并取得相应的从业资格证;企业应当配备专职安全管理人员。

(4) 有健全的安全生产管理制度

安全生产管理制度一般包括:企业主要负责人、安全管理部门负责人、专职安全管理人员安全生产责任制度,从业人员安全生产责任制度,安全生产监督检查制度,安全生产教育培训制度,从业人员、专用车辆、设备及停车场地安全管理制度,应急救援预案制度,安全生产作业规程,安全生产考核与奖惩制度,安全事故报告、统计与处理制度。

(5) 公路危险货物运输中的安全运行要求

要求驾驶员必须严格遵守《中华人民共和国道路交通安全法》的有关规定;根据车辆装载情况,途中应进行检查,发现问题及时采取措施;危险货物运输、装卸过程中,一旦发生事故,应立即组织抢救、维护现场并及时向当地有关部门如实报告等。

2. 公路危险货物运输组织

公路危险货物运输组织,一般要经过托运、受理托运、仓储保管、货物装卸、货物运输、交付等 6 个环节,不同环节分别由不同岗位人员操作完成。其中,受理托运、货物运输及交付工作环节与常规货物运输相比,应加强管理,其规范要点如下。

(1) 受理托运

①受理前必须对货物名称、性能、防范方法、形态、包装、单件质量等情况进行详细了解并注明;

②明确包装、规格和标志是否符合国家规定要求,必要时需现场进行了解;

③新产品应检查随附的"技术鉴定书"是否有效;

④按规定检查"准运证件"是否齐全;

⑤做好运输前准备工作,其中装卸现场、环境要符合安全条件,必要时应赴现场勘察;

⑥到达车站、码头的爆炸品、剧毒品、一级氧化剂、放射性物品(天然铀、钍类除外),在受理前应赴现场检查包装等情况,对不符合安全要求的应请托运人改善后再受理。

(2)货物运输

①详细审核托运单内容,发现问题先要及时厘清,再安排运行作业;

②必须按照货物性质和托运人的要求安排车班、车次,如无法按要求安排作业,应及时与托运人联系协商处理;

③注意天气预报,掌握雨雪和气温的变化信息;

④大批量烈性、易燃、易爆、剧毒和放射性物质,须作重点安排,必要时召开专门会议,制定运输方案;

⑤当安排大批量爆炸物品或剧毒物品跨省市运输时,应安排有关负责人员带队,指导装卸和运行,确保安全生产;

⑥特殊注意事项,行车单须注明。

(3)交付

①自货物承运起至运达止,承运单位及驾驶、装卸人员应负保管责任;

②严格货物交接,危险货物必须点收点交,签证手续完善;

③装货时发现包装不良或不符合安全要求,应拒绝装运,待改善后再装运,卸货时发生货损、货差,收货人不得拒收,并应及时采取安全措施,以避免扩大损失,同时在运输单证上批注清楚;

④因故不能及时卸货,在待卸期间行车人员应负责保管所运危险货物,同时应及时与托运人取得联系,恰当处理;

⑤当所装货物危及安全时,承运人应立即报请当地运管部门或会同有关部门进行处理。

3. 公路危险货物运输安全注意事项

危险物品具有易燃易爆、有毒有害的理化特性,在运输过程中稍有不慎就可能发生事故,处理回收也极为棘手。因此,要高度重视危险货物的运输安全问题,绝不能掉以轻心。具体运输安全注意事项如下:

①配备符合规定的驾驶员和押运员,驾驶员和押运员必须经过专门培训并取得危险货物运输从业资格证、押运证;

②车辆安全状况和安全性能合格,必须对车辆的安全技术状况认真检查,发现故障必须在排除后才可投入运行;

③应急处理准备充分,要检查随车消防器材的数量及有效性;

④装载货物要注意细节,装载货物要到现场负责监督,详细核对货物名称、规格、数量是否与托运单证相符;

⑤精心驾驶,平稳行车,行车要遵守交通、消防、治安等法律法规;

⑥行车途中勤检查,由于行车途中车辆颠簸振动,往往容易造成包装破损,因此行车途中要勤于检查;

⑦选择行驶路线得当,行车时间恰当,运输危险货物要选择道路平整的国道主干线;

⑧小心卸货,防止污染,经过长途运输,外包装都会有一定破损,因此,卸货时尤其要注意,在没有专用站台的地方卸货时要铺跳板或木杠,用绳拉住桶缓缓落地,或用废轮胎垫地,以起到缓冲作用。

七、危险货物运输路线的优化选择

普通货物的路线选择,主要考虑时间或经济成本等因素,而危险货物的运输路线优化指标受到多种因素影响,本节中考虑的案例参照《危险化学品安全管理条例》和文献[15]中研究成果,可得到生态环境、人口密集区、道路交通状况及其二级指标影响因素(图10-6)以及各因素的权重(表10-5 中第2列和第4列所示)。

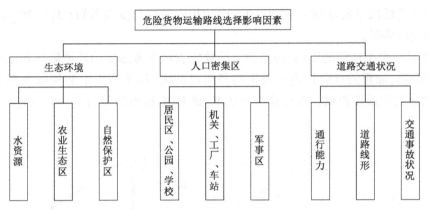

图 10-6　危险货物运输路线选择的影响因素

危险货物运输路线选择的影响因素的权重　　　　　　　　　　　　表 10-5

一级指标	权重	二级指标	权重	绝对权重	危险货物等级	等级系数(D)	权重变换系数(W_k)
生态环境	0.6 u_1	水资源 u_{11}	0.7	0.42	Ⅰ级	60	25.2
					Ⅱ级	40	16.8
		农业生态区 u_{12}	0.1	0.06	Ⅰ级	60	3.6
					Ⅱ级	40	2.4
		自然保护区 u_{13}	0.2	0.12	Ⅰ级	60	7.2
					Ⅱ级	40	4.8
人口密集区	0.3 u_2	居民区、公园、学校 u_{21}	0.4	0.12	Ⅰ级	60	7.2
					Ⅱ级	40	4.8
		机关、工厂、车站 u_{22}	0.4	0.12	Ⅰ级	60	7.2
					Ⅱ级	40	4.8
		军事区 u_{23}	0.2	0.06	Ⅰ级	60	3.6
					Ⅱ级	40	2.4
道路交通状况	0.1 u_3	通行能力 u_{31}	0.3	0.03	Ⅰ级	60	1.8
					Ⅱ级	40	1.2
		道路线形 u_{32}	0.4	0.04	Ⅰ级	60	2.4
					Ⅱ级	40	1.6
		交通事故状况 u_{33}	0.3	0.03	Ⅰ级	60	1.8
					Ⅱ级	40	1.2

在确定影响因素的权重后,危险货物运输路线优化问题可以被转换为加权最短路径问题。表 10-5 的第 5 列计算 $u_i \times u_{ij}$ 的值,得到二级指标影响因素中各项目的绝对权重。由于不同种类危险货物具有不同的危害性,考虑一级危险货物的危险系数(D_1)与二级危险货物的危险系数(D_2)比例为 6:4,且 $D_1 + D_2 = 100$。由 $u_i \times u_{ij}$ 与危险货物的等级系数的乘积得到权重变换系数 W_k(表 10-5 中第 8 列所示)。

选择危险货物运输道路时,如果考虑生态环境、人口密集区、道路交通状况等因素,需要在初始路网中各路段权重的基础上,乘表 10-5 中的相应的权重变换系数(W_k),然后求解权重变换后的路网最短路径。

图 10-7 是一个小规模的路网,每条边上的数字表示不考虑周围环境影响和运输货物特性时的成本或距离,加粗的有向弧表示最短路径经过的弧,每个节点上的加框数字表示从起点 V_1 出发到达该点的最短距离。经计算得到从 V_1 到 V_7 的最短路径为 $V_1 \to V_3 \to V_6 \to V_5 \to V_7$。

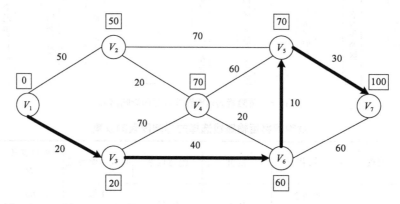

图 10-7 初始路网中最短路径

考虑各项影响因素之后,假设 $V_1 \to V_3$ 路段有一个工厂,$V_6 \to V_5$ 路段有大量水资源,$V_5 \to V_7$ 路段有农业生态区,当前需要将 II 级危险货物从 V_1 运输到 V_7,加权变换后路网的成本出现明显改变,如图 10-8 所示,经计算得到从 V_1 到 V_7 的最短路径为 $V_1 \to V_2 \to V_4 \to V_6 \to V_7$。

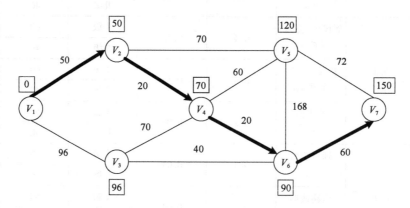

图 10-8 考虑影响因素之后的最短路径

第三节　大件货物运输

随着科学技术的发展,工业设备向着大型、重型和超重型发展。各种工业设备的单件设备质量往往达数百吨、长度达几十米、宽度与高度也远远超出一般公路通行界限。大件货物的承运对象较为固定且回报可观,但操作技术难度大,运输周期长,运输风险系数高,运输成本投入大。本节将介绍大件货物的定义、特点及分级,大件货物运输的技术要求,大件货物运输组织等内容。

一、大件货物的定义、特点及分级

1. 大件货物的定义

大件货物又称长大笨重货物、大型特型笨重货物或大型物件,是指外形尺寸和质量超过常规(指超长、超宽、超重、超高)车辆、船舶装载规定的大型货物。

在公路运输中,大件货物是指单件(含因货物性质或托运人要求不能分割、拆散的组合件和捆扎件,下同)符合下列条件之一的货物:第一,长度在14m以上,或宽度在3.5m以上,或高度在3m以上的货物;第二,质量在20t以上的单体货物或不可解体的成组(捆)货物。

在铁路运输中,货物装车后,在静止或运行的条件下,货物的任何部位超出机车车辆限界或特定区段装载限界,这样的货物则称为大件货物,具体可分为三种情况:第一,货物装车后,在平直线路上停留时,货物的任何部位超出机车车辆限界;第二,一件货物装车后,在平直线路上虽然不超限,但当行经在半径为300m的曲线线路上时,货物的计算宽度超出机车车辆限界;第三,货物装车后,虽然在平直线路或行经在半径为300m的曲线线路上,均未超出机车车辆限界,但当货车行经在特定区段时,货物的高度或宽度超出特定区段的装载限界。

2. 大件货物的特点

一般来说,大件货物有以下特点:
①装载后车与货的总质量超过所经路线桥涵、地下通道的现有标准。
②货物宽度超过车辆界限。
③载货车辆最小转弯半径大于所经路线设计弯道半径。
④装载总高度超过5m;通过电气化铁路平交道口时,装载总高度超过4.2m;通过无轨电车线路时,装载总高度超过4m;通过立交桥和人行天桥时,装载总高度超过桥下净空限制高度。

3. 大件货物的分级

大件货物包括不同种类,有超高、超长、超重、超宽货物,不同货物对运输工具、运输组织的要求各异。为保证运输安全和满足管理的需要,有必要根据大件货物的主要特性进行分类,公路大件按其外形尺寸和质量可分为四级。

(1)一级大件货物是指达到下列标准之一者:①长度大于14m(含14m)小于20m;②宽度大于3.5m(含3.5m)小于4.5m;③高度大于3m(含3m)小于3.8m;④质量大于20t(含20t)小于100t。

(2)二级大件货物是指达到下列标准之一者:①长度大于20m(含20m)小于30m;②宽度大于4.5m(含4.5m)小于5.5m;③高度大于3.8m(含3.8m)小于4.4m;④质量大于100t(含100t)小于200t。

(3)三级大件货物是指达到下列标准之一者:①长度大于30m(含30m)小于40m;②宽度大于5.5m(含5.5m)小于6.0m;③高度大于4.4m(含4.4m)小于5.0m;④质量大于200t(含200t)小于300t。

(4)四级大件货物是指达到下列标准之一者:①长度在40m及以上;②宽度在6.0m及以上;③高度在5.0m及以上;④质量在300t及以上。

大型物件的级别,按其长、宽、高及质量四个条件中级别最高的确定。

二、大件货物运输的技术要求

大件货物自身所具有的超长、超宽、超重和超高的特点,决定大件货物运输首先需要满足道路准备、加固材料和加固装置等特殊要求。

1. 大件货物运输道路准备要求

(1)对运输道路的要求

①路基应坚实,路面应平坦,其宽度和路面抗压强度等应能满足大件设备运输的要求且路面受压部分距路边不得小于1.5m;

②运输道路应顺直,且弯道半径必须大于运输车辆的最小转弯半径;

③路面最大纵坡不应超过5%;

④弯道的路面宽度和横坡应能满足大件设备运输车辆转弯行驶的要求。

(2)临时运输道路的修建

大件设备的陆地运输有时也要修建一些临时性道路,以作为厂区或其他无路处所的临时道路。修建时可根据大件设备的运输量、车辆类型、行驶速度、通车期限、路基土壤及气候水文条件等因素确定路基、路面的形式、尺寸和使用材料。

(3)地基承载力的鉴别

修建临时运输道路的关键是路面及路基应有足够的承载力,其中黏质土、粉质土或较潮湿土壤的路基要特别注意,必要时可适当提高路面等级或增加路面厚度。路基承载力可用土壤含水率测定仪、土壤密度仪等进行鉴定。

2. 大件货物运输空中障碍排除

(1)空中障碍的种类

大件设备运输中遇到的空中障碍主要有各种电压等级的架空电力线、架空通信线、电缆或光缆、架空索道或缆车、各种架空管道、渠道、隧洞、立交桥、公路收费站顶棚、各种牌楼或其他建筑物、构筑物等。其中部分可以临时拆卸,部分无法拆卸。

(2)空中障碍的临时处置办法

对于影响大件设备运输的所有空中障碍,应尽量降低车辆的货台高度,若仍无法将障碍排除,可行措施包含拆除法、移(顶)高法、落地法、搬迁法、挖地法、扩弯法、地面拖运法,具体的细节由于篇幅的原因此处不再列出,读者可以查阅参考文献[16]。

3. 大件货物运输加固材料要求

只有根据货物情况选择合适的加固材料，确定合理的加固方案，才能达到经济、合理地加固货物的目的。加固材料一般按材质可分为以下三类：

①木质类：主要用来垫或挡住货物，如支柱、垫木、挡木；

②钢铁制品类：主要用来拉牵、捆绑、焊接加固货物，如铁线、钢丝绳、型钢；

③其他材质类：主要用来防滑，如橡胶垫、草支垫。

常用的大件货物加固材料适用范围见表10-6。不同的加固材料如支柱、垫木、三角挡、凹木、铁线、钢丝绳等，均适用于防止不同形状货物在运输过程中的各种方向的位移。

大件货物的加固材料及其适用范围 表10-6

货物种类	防止货物移动的种类	可使用的加固材料
有平支承面的货物	纵向或横向倾覆	拉牵铁线、绞棍、钢丝绳、紧固器、拉杆
	纵向或横向位移	挡木、拉牵铁线、绞棍、钢丝绳、紧固器、钉子或扒锔钉
圆柱体货物	纵向或横向滚动	凹形垫木、掩木、三角挡、钉子或扒锔钉
	顺装时纵向位移	拉牵铁线、钢丝绳、横腰箍、绞棍、紧固器
	横装时横向位移	拉牵铁线、钢丝绳、绞棍、紧固器、挡木、钉子或扒锔钉
带轮货物	纵向或横向滚动	三角挡、掩木、拉牵铁线、钢丝绳、绞棍、紧固器、钉子或扒锔钉、轮挡
	纵向或横向位移	挡木、拉牵铁线、绞棍、紧固器、钉子或扒锔钉

4. 大件货物运输加固装置要求

常用的加固装置有货物转向架，活动式滑枕或滑台，货物支架、座架，车钩缓冲停止器等。

（1）货物转向架

当货物跨装运输时，必须使用货物转向架。货物转向架每副两组上架体、下架体，其中一个下架体为死心盘，另一个下架体为活心盘。货物转向架分为普通型和专用型，普通型是指通用的货物转向架，专用型是指为某种超长货物专门制备的货物转向架。

（2）活动式滑枕或滑台

用于装载钢轨等挠度大的货物时起支撑作用。

（3）货物支架、座架

货物支架、座架用钢、木制作，用于支撑球体、卧装圆柱体及支重面需使用支架、座架的货物。根据货物形状、质量、使用车辆等条件制作，其强度、规格、防滑等指标应满足安全运输要求。

（4）车钩缓冲停止器

跨装货物应使用车钩缓冲停止器。车钩缓冲停止器由钢板、木板和螺杆等部件组成，安装在车辆端梁的冲击座和车辆的钩头背之间，以限制在列车运行车组边挂过程中车辆间相互距离的急剧变化。

5. 大件货物加固方法及注意事项

货物装载后，若检验出货物有发生倾覆、水平移动或滚动的可能，则必须对其进行加固，以保证货物在运输过程中的稳定性、安全性。下面介绍实际工作中常用的几种加固材料对大件货物加固的方法和注意事项。

(1)铁线、钢丝绳加固

铁线、钢丝绳常用于对货物进行拉牵加固,防止其移动、滚动或倾覆。

(2)腰箍加固

当箱形货物无拴结点时,可采用腰箍加固,防止箱形货物倾覆或移动。

(3)挡木加固

挡木主要用于防止货物移动,其强度取决于挡木的根数和挡木上的钉子数量。

(4)焊接加固

当用铁地板长大货物车装运货物时,可以采用在货物周围加焊钢挡的方法防止货物移动。

6. 大件货物运输对重心的要求

大件货物运输时,设备和整车的重心往往较高,因此要求:

①大件设备的重心位置要有明显标志(一般由设备制造厂家提供);

②用起重机吊装大型设备时,起吊绳的合力延长线应通过被吊物件的重心,以保证吊钩钢丝绳处于垂直状态;

③装车时设备的重心应与承运车辆货台的承重中心保持一致,若重心过高或偏移过多,则应予以调整或加以配重;

④对于重心较高的高耸式细长形设备,应尽量采用横卧运输,若不能采用此方法,则应采取牢靠的固定措施和防倾倒措施,以保证运输安全。

三、大件货物运输组织

1. 大件货物运输的组织流程

依据大件货物运输的特殊性,其组织工作环节主要包括托运与承运、理货、验道、制定运输方案、签订运输合同、线路运输工作组织、装车组织、超限车的运行以及运输统计与结算等。

(1)托运与承运

由大型物件托运人(单位)向已取得大型物件运输经营资格的运输业户或其代理人办理托运,托运人必须在(托)运单上如实填写大型物件的名称、规格、件数、件重、起运日期、收发货人详细地址及运输过程中的注意事项。货物承运是指承运方对托运的货物进行审核、检查、登记等受理运输业务的工作过程。

(2)理货

理货的主要内容包括调查大型物件的几何形状和质量、调查大型物件的重心位置和质量分布情况、查明货物承载位置及装卸方式、查看特殊大型物件的有关技术经济资料以及完成书面形式的理货报告。

(3)验道

验道主要工作内容包括:查验运输沿线全部道路的路面、路基、纵向坡度、横向坡度及弯道超高处的横坡坡度、道路的竖曲线半径、通道宽度及弯道半径;查验沿线桥梁涵洞、高空障碍;查看装卸货现场、倒载转运现场,了解沿线地理环境及气候情况。

(4)制定运输方案

在充分研究、分析理货报告及验道报告的基础上,制定安全可靠、可行的运输方案,其主要内容包括:配备牵引车、挂车组及附件;配备动力机组及压载块;确定限定最高车速;制定运行技术措施；配备辅助车辆；制定货物装卸与捆扎加固方案；制定和验算运输技术方案；完成运输方案书面文件。

(5) 签订运输合同

根据托运方填写的委托运输文件及承运方进行理货、验道、制定运输方案的结果，承托双方签订书面形式的运输合同，其主要内容包括明确托运与承运甲乙方、大型物件数据及运输车辆数据、运输起讫地点、运距与运输时间、合同生效时间、承托双方应负责任、有关法律手续及运费结算方式、付款方式等。

(6) 线路运输工作组织

线路运输工作组织包括成立临时性的大件运输工作领导小组负责实施运输方案，执行运输合同和相应对外联系。

(7) 装车组织

运输业户对托运人所托运的货物进行装车前的测量，根据货物的外形、质量和结构特点，结合装运车辆的技术条件，综合考虑装车方案。

(8) 超限车的运行

超限车的运行主要包括重车运行、途中货载检查及异常情况处理。异常情况处理主要指若重车继续运行则有碍运输安全时须作出的处理，如货物装载移位、运输障碍的处理等。

(9) 运输统计与结算

运输统计是指完成大型物件运输工作各项技术经济指标统计；运输结算即完成运输工作后按运输合同有关规定结算运费及相关费用。

2. 大件货物运输组织工作注意事项

①运行中挂车及设备的四周要放置明显的标志，白天悬挂三角旗，夜间车辆不允许在道路上停放。

②车组通过交叉口、铁道口和繁华路段，安全人员要配合当地交警疏导车辆工作，维护交通秩序以便车组安全通过。

③为保证设备在途中的运输安全，在大型运载车组前面要设一部模拟车兼架线车，模拟车两侧装有探测杆，杆的顶端设有触发信号装置，一旦碰到高空障碍将会报警，同时探测杆的高度与行驶时设备的运行高度一致，车上还应配有架线杆和架线托架，沿途线缆高度不够时可随时托架。

④穿越大城市应在夜间进行，经过有无轨电车线路的路段，要选择在23点至次日凌晨5点的电车停运时间通过。

⑤沿途更换轮胎等需要停车时，特别是在高速公路上停车，应在车尾放置安全标志(大型停车牌)，并派安全人员在车后疏导过往车辆。

⑥由于大型运载车组行驶速度较慢，在高速公路上行驶时，车组后方护卫车要打开警告灯，提示后面车辆注意，防止追尾事件发生。

⑦为保证设备的绝对安全，平坦道路大型运输车速度保持在30km/h，车辆交会时，速度限制在8km/h，普通行驶速度保持在20km/h，整个运输过程中严禁急制动、急加速。此外，需配有开道联络车随时监测道路情况，同时监护人员做好前后防护。

⑧为保证车辆、设备、桥梁安全，大型车组通过跨度较大的桥梁时，要断路通过，使桥上只行驶大型车辆，不准其他车辆同时在桥上行驶，车组在桥上保持速度在5km/h，居中、匀速慢

行,不准加速,不准换挡,不准停车,以减少对桥梁的冲击荷载。

⑨通过上下坡及弯道前,运行车辆必须进行全面检查,尤其要保证制动系统良好,其他随车人员必须随车跟进,随时做好掩车准备。此外,开道安全人员必须做好封闭道路工作,以防止意外事件发生或造成中途停车。

⑩沿途每隔50km,安全技术人员须对行驶车辆进行检查,发现问题及时处理。

⑪为保证运输车辆不出意外,运输过程中要请当地公安机关交通管理部门和路政部门派警车护送,特别是在上、下高速公路前后,经过人口密集地区时应派警车开道,以保证交通顺畅。

⑫为保证运输车辆及货物安全,必须为设备办理足额货物运输安全险;必须在运输前将货物用防水篷布完全包住,以防止在路上遇到大雨、下雪天气,对货物造成损坏;必须在设备尾部安装三维冲击记录仪,因车辆尾部振动最大,三维冲击记录仪装在此处记录的数据最准确,可以监测运输途中设备垂直、水平和侧向的速度。

⑬在办理托运手续时,除按一般规定外,托运人必须提交货物说明书,以及装卸、加固等具体要求,在特殊情况下,还须向有关部门办理准运证。承运人应根据托运人提供的有关资料进行审核,掌握货物的具体特征,选择适合的车辆,在具备安全运输条件和能力的情况下,再办理承运手续。

⑭承运人应根据大件货物的外形尺寸和车货质量,在起运前会同托运人勘察作业现场和运行路线,了解沿途道路线形和桥涵通过能力,并制定运输组织方案。涉及其他部门的应事先向有关部门申报并征得同意,方可起运。

⑮制定货物装卸、加固等技术方案和操作规程,并严格执行,确保合理装载、加固牢靠、安全装卸。装卸作业由承运人负责的,应根据托运人的要求、货物的特点和装卸操作规程进行作业;由托运人负责的,承运人应按约定的时间将车开到装卸地点,并监装、监卸。

第四节　城市生鲜货物配送

城市生鲜货物配送是指通过智能技术,将传统物流与先进的冷链技术结合,对冷链物流进行智能化、信息化的管理和控制,以确保冷链物流中产品的质量和安全,实现冷链物流的全程可控、高效、安全和节能减排。城市生鲜货物配送适用于食品、医药、化妆品等领域,能够保证产品在运输和储存过程中温度、湿度和安全等各方面的要求,保障产品质量和安全,提高物流和供应链的效率和质量。本节将介绍生鲜货物的定义与货损形式、城市生鲜货物配送模式以及系统。

一、生鲜货物的定义与货损形式

1. 生鲜货物的定义

生鲜货物是指在运输过程中需要采取保鲜、保活措施,并须在限定运输期限内运到和交付的货物。从货物的属性上看,生鲜货物分为两大类:一种是易腐货物,是指物品本身容易腐烂变质,货物的价值与时间密切相关,对运输时间要求严格的货物,如肉、鱼、蛋、奶等;另一种是活动物,包括禽、畜、兽、蜜蜂以及活鱼等。

2. 生鲜货物的货损形式

基于目前的研究,生鲜货物在运输中通常会出现两种货损形式。

(1) 生鲜货物的数量损耗

生鲜货物在其生命周期内的变质过程受到生鲜货物种类、货箱温度以及配送时间的影响。若假定生鲜货物在配送过程中温度不变,那么生鲜货物的变质只受到配送时间的影响。配送时间包括运输时间与卸货时间,且在运输和卸货过程中生鲜货物的变质速率是不同的,如图 10-9 所示。在图 10-9 中展现了生鲜货物在配送过程中未变质的数量变化,其中 t_{ij} 和 u_i 分别表示在节点 i 和 j 之间的运输时间和在节点 i 的卸货(服务)时间;R_i 表示货车从节点 i 离开时装载的未变质的货物数量。其中从配送中心 O 出发到离开客户 2 过程中的数量损耗由两部分构成:从 O 到客户 2 运输过程中的损耗(用①标记)和在客户 2 卸货过程中的损耗(用②标记)。

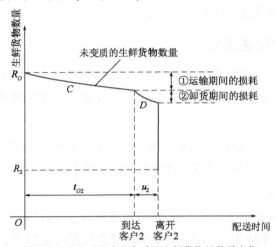

图 10-9　配送过程中未变质的生鲜货物的数量变化

在图 10-9 中,曲线 C 代表节点间运输过程中的未变质生鲜货物的数量变化,曲线 D 代表节点上卸货过程中的未变质生鲜货物的数量变化。根据食品质量动力学模型,在时刻 t 的变质速率如式(10-1)所示,通过求解微分方程(10-1)得到式(10-2),节点 i 和 j 间运输期间损耗和节点 j 上卸货期间损耗可以通过式(10-3)计算。

$$-\frac{\partial P(t)}{\partial t} = \alpha^L P(t) \tag{10-1}$$

$$M_{ij} = R_i - R_i e^{-\alpha^L t_{ij}} \tag{10-2}$$

$$W_{ij} = R_i - R_i e^{-\alpha^L t_{ij}} e^{-\alpha^N u_j} \tag{10-3}$$

式中:α^L——运输过程中生鲜货物的变质速率;

$P(t)$——在时刻 t 的未变质的生鲜货物数量;

M_{ij}——在节点 i 和 j 间运输过程中损耗的生鲜货物数量;

α^N——卸货中生鲜货物的变质速率;

W_{ij}——从节点 i 出发到离开 j 过程中的生鲜货物损耗总量。

(2) 生鲜货物的新鲜度损耗

在生鲜货物的运输过程中,由于磕碰或者货物的自身性质,其新鲜度会随着时间推移而下降。生鲜货物的新鲜度与运输时长之间的关系则参考基于一级反应的动力学模型（kinetics model based on first order reaction），该模型认为在给定温度时，生鲜货物的品质下降速率与保存时长成指数关系。由于装卸货时车厢温度会发生变化，生鲜货物在运输过程和装卸过程中的腐败速率是不同的。与生鲜货物数量损耗函数类似，设生鲜货物从配送中心出发时新鲜度为100%。令 v_i 表示在客户 i 收到的生鲜货物的新鲜度，配送车辆从客户 i 运行到客户 j 后，客户 j 处的新鲜度可以通过式(10-4)计算。

$$v_j = v_i \times e^{-\kappa^N \times t_{ij} - \kappa^H \times u_j} \tag{10-4}$$

式中：κ^N——生鲜货物在运输过程中的反应常数；

κ^H——生鲜货物在装卸过程中的反应常数；

t_{ij}——从客户 i 到客户 j 的运输时间；

u_j——在客户 j 处的装卸时间。

二、城市生鲜货物配送模式

随着互联网+、数字化、智慧化技术的应用，城市生鲜货物配送与城市业态不断融合，促进城市生鲜货物配送模式创新，根据结合业态不同，城市生鲜货物配送模式主要可分为以下几类。

1. 冷链快递模式

快递企业以生鲜客户为服务对象，采用专业的冷藏车辆和智能温控新技术包装，规划最优线路进行运输，可以提供全程保鲜服务，如顺丰、圆通、京东物流等。

2. 冷链统仓共配模式

冷链统仓共配服务商以上下游多元化 B 端客群和地方政府等 G 端客户为目标客户，以信息平台、冷库和城市配送车辆为基础，提供分布式统仓共配冷链服务，实现统一仓储和统一配送。其中开展冷链统仓共配模式的企业有苏宁物流、小码大众、前海粤十等。

3. "生鲜电商+冷链宅配"模式

生鲜货物具有小批量、多批次的需求特点，促使生鲜产品电商形成集中式、前置仓、前店后仓、同店不同仓以及商超联动等多种仓配模式，以上模式的特点是将传统冷链运输的仓库前置，从而使其配送效率高、线上和线下流量较其他模式更容易互通，但是其配送范围受一定限制。其中开展相关模式的企业有易果安鲜达冷链、九曳冷链等。

4. "中央厨房+冷链配送"模式

中央厨房+冷链配送模式的应用成为提高餐饮供应链效率的重要手段之一。中央厨房的主要任务是通过标准化操作和管理，对餐厅所需食材和调配料进行清洗、分解、配比等预加工，再通过冷链物流体系配送至各个门店进行二次加热后销售给顾客，规模化采购和集中加工有利于食品安全的保障和食材成本的降低。

中央厨房所需要的冷链配送主要体现在食材购买端和预制品配送端：在食材购买端，中央厨房内需要冷链的食材品类繁多，涵盖肉制品、水产品、乳制品、烘焙品、果蔬、各类食品半成品，每个品类对于冷链都有着不同的要求，需求复杂且规模巨大；在预制品分销至各连锁门店阶段，全程制冷、成品保存和成品保鲜成为重点，标准化的冷链运输体系和成熟的冷链技术成为保证食品安全、提高客户体验的关键。开展相关模式的企业有蜀海供应链、真功夫及永和大王等。

5. 医疗用品仓配模式

通过物联网技术,将互联网与实体医院互联,与具有卫星定位系统资质的仓储企业协作,实现多仓协同存储、质检与养护、就近入库、就近出库,满足温湿条件下的末端多频配送。通过引入射频识别(RFID)技术,可以有效解决药品运输过程中温度失控的问题,保障运输全程温度可控。开展相关模式的企业有兰剑智能、创惠医疗、顺丰供应链等。

三、城市生鲜货物配送系统

城市生鲜货物配送系统由温度监测模块、数据采集和处理模块、决策支持模块、信息共享模块和安全保障模块构成。

1. 温度监测

温度监测是智慧冷链物流系统中非常重要的部分,其可以实时监测运输过程中的温度变化,发现异常情况并及时采取措施,保证货物在运输过程中的质量和安全,其包含传感器技术、红外线技术、RFID 技术以及光纤传感技术。

2. 数据采集和处理

数据采集和处理是指通过传感器、监测设备、数据传输模块等技术手段,采集冷链环境中的温度、湿度、光强、气压等数据,并通过数据分析、处理实现对冷链物流的智能化管理。常用的数据采集和处理模块包含数据采集模块、数据分析模块和数据可视化模块。

3. 决策支持

决策支持是指将大数据、智能算法等技术手段整合应用到冷链业务决策中,以提高决策的精准性、实时性和可靠性,为企业的管理决策提供强有力的支撑。常用的决策支持有温度控制决策、运输路径优化决策和货物追踪决策。

4. 信息共享

信息共享是指在智慧冷链物流过程中,利用物联网、云计算、大数据等技术手段,对货物温度、湿度、核验等数据实时监控、分析、流转和分享,实现各参与方之间信息传递和数据共享,提高业务效率,保障货物质量。常用的信息共享方法有数据标准化、数据交换和数据平台化。

5. 安全保障

安全保障包括物理安全保障,如冷链运输车辆具备定位追踪功能以及良好隔热保温性能;数据安全保障,涵盖加密传输与安全存储及定期扫描修复;人员安全保障,有员工培训资质管理与应急响应机制;货物安全保障,包含质量检测监控、追溯体系及保险与风险分担机制,全方位确保城市生鲜货物配送系统安全稳定运行。

【练习与讨论】

1. 什么是一个标准箱?集装箱有哪几种常见的尺寸?
2. 什么是国际多式联运?国际多式联运具备怎样的特征?

3. 请简单描述国际多式联运的业务流程。
4. 在公路运输中,我国对危险货物的定义是什么?
5. 什么是可移动罐柜?IMO 罐柜的类型有哪些?装运危险货物的要求有哪些?
6. 当前城市生鲜货物配送有哪几类模式?其分别有怎样的应用场景?
7. 城市生鲜货物配送系统由哪些部分构成?
8. 根据课堂学习的知识与你对运输行业的了解,你觉得集装箱运输的发展未来将呈现怎样的态势?

扫码查看参考答案

【经典案例】

生鲜快递变质赔偿与食用油安全运输

1. 快递耽搁导致生鲜变质是否需要赔偿

2022 年 6 月 4 日,绩溪某家禽经营部与上海市某餐饮店签订家禽(鸡)买卖合同,后该经营部将 360 斤鸡打包到某快递公司进行邮寄。在明示邮寄产品后,该经营部支付邮寄费 150元。快递公司接单后,因路上耽搁,直至 6 月 8 日下午才通知收货方到快递点收货。收货方员工当场开箱,发现邮寄物品已经变味、发臭,当即表示拒收。此后,该经营部多次要求快递公司赔偿,可快递公司却置之不理,该经营部遂将快递公司诉至绩溪法院。

法院审理认为,原告该经营部将需快递的物品交予被告寄送,被告接收了物品并收取了 150 元快递费用,双方即构成快递服务合同关系。被告接收的快递物品是生鲜家禽(鸡),就应当保证将快递物品及时、快速送达,以确保快递物品质量良好,否则造成寄送人经济损失将依法承担相应的赔偿责任。本案中,案涉物品的转、运送时间达 4 天之久,导致原告寄送的生鲜家禽(鸡)损坏,被告负有全部责任。故原告诉请被告赔偿全部经济损失并退还快递费用,有事实和法律依据,本院予以支持。依法判决被告该快递公司赔偿原告该经营部经济损失 10080 元并退还快递费用 150 元。

本案中,法院对快递服务合同关系的认定清晰明了,强调快递公司对于寄送物品的保管和及时送达义务。快递公司未能确保生鲜家禽(鸡)在规定时间内送达,导致物品损坏,因此依法应承担相应的赔偿责任。此判决体现了对消费者权益的保护,以及对服务行业规范运作的严格要求。同时,法院支持原告的经济损失赔偿请求及退还快递费用的诉求,合理、公正地维护了经营部的合法权益。

此事件也给快递行业及相关从业者敲响了警钟,提醒他们应重视对生鲜、易腐物品的特殊处理和快速配送,确保服务质量,避免延误导致给客户造成损失。此外,该判决有助于推动快递行业服务质量的提升,促使企业加强内部管理,规范快递服务流程,保障消费者权益。

2. 鲁花集团食用油特种货物运输

食品安全日益受到公众关注,山东鲁花集团作为食用油行业的领军企业,始终将产品质量与消费者健康放在首位,特别是在食用油运输关键环节,构建一套科学、严谨、高效的管控体系。

(1) 专车专用,保障纯净之源

为确保食用油从生产到消费者餐桌的全程纯净无污染,鲁花集团坚持使用公司自有的食用油专用罐车进行运输。罐车不仅符合国家相关安全标准,更经过特殊定制,确保材质不会对食用油产生任何有害影响,从源头上杜绝运输过程中可能出现的交叉污染问题。

(2) 严格选材,恪守"三不"原则

在罐车使用上,鲁花集团严格遵循"三不"原则,即装过转基因食用油的罐车不用,装过毛油或低质量等级食用油的罐车不用,装过其他种类食用油的罐车同样不予采用。从根本上避免因前次装载物残留而对当前油品造成潜在污染的风险,确保每一滴油的纯净与安全。

(3) 清洁干燥,确保品质如初

在装油前,鲁花集团对食用油专用罐车的油罐内外壁进行彻底的清洁与干燥处理。这一步骤看似无关紧要,实则是保障油品品质的重要环节。通过专业设备和技术手段,彻底清除罐内残留物及水分,为食用油提供一个干净、无杂质的环境,确保油品在运输过程中不受外界因素影响,保持原有品质。

(4) 科技赋能,全程监控无死角

为了实现对运输过程的全方位监控,鲁花集团引入了先进的卫星定位系统,对每一辆运输车辆进行实时追踪,这不仅有助于及时掌握车辆位置、行驶速度等基本信息,还能在紧急情况下迅速响应,确保运输安全。同时,油品运输的全过程均有详细记录,为产品质量追溯提供了有力支持。

(5) 严格验收,守护"最后一公里"

运输车辆抵达目的地后,鲁花集团会进行严格的验车程序,包括查验铅封是否完好、油品取样检测等。一旦发现任何异常或不合格情况,将立即采取拒收措施,并追溯源头,查明原因,确保问题得以解决。严格的验收流程,是鲁花集团对消费者承诺的最后一道防线,也是其食品安全风险防控策略的重要组成部分。

鲁花集团通过各种措施,展现其对食品安全的坚定承诺和高度责任感,不仅在提高产品质量和保障消费者健康方面作出了表率,也在行业内树立了优质标杆。这种科学、严谨、高效的管理体系不仅保证了食用油的纯净和安全,还提高了消费者对鲁花品牌的信任度与忠诚度。

问题讨论

1. 该案例对快递行业的服务质量提高有哪些启示?
2. 针对食用油特种货物运输,鲁花集团采取了哪些措施?

参 考 文 献

[1] 徐瑞雪. 中欧集装箱多式联运运输方案选择研究[D]. 大连:大连交通大学,2023.
[2] 陈德良,陈治亚. 三维装箱问题的模型与改进遗传算法[J]. 数学的实践与认识,2010,40(2):142-147.
[3] 刘明明,童小娇,戴彧虹. 装箱问题的算法及最新进展[J]. 计算数学,2016,38(3):257-280.
[4] ERDOĞAN G. CLP Spreadsheet Solver[CP/OL].(2017-09-07)[2024-04-17]. https://people.bath.ac.uk/ge277/clp-spreadsheet-solver/.
[5] 李红启,赵文聪,李嫣然. 时效要求下的甩挂牵引车调度问题与求解[J]. 交通运输工程学报,2016,16(5):95-102.
[6] 张国平,魏然,苗建瑞. 驮背运输在公铁联运中应用的可行性[J]. 综合运输,2009(5):69-71.
[7] 安冬冬,王浩庆,易洪波,等. 基于交通网络图算法的驮背运输路径选择研究[J]. 交通运输工程与信息学报,2020,18(2):39-46.
[8] 美国交通研究委员会. 道路通行能力手册[M]. 北京工业大学交通研究中心,任福田,刘小明,等译. 北京:人民交通出版社,2007.
[9] AGATZ N,BOUMAN P,SCHMIDT M. Optimization approaches for the traveling salesman problem with drone[J]. Transportation Science,2018,52(4):965-981.
[10] MURRAY C C,CHU A G. The flying sidekick traveling salesman problem:optimization of drone-assisted parcel delivery[J]. Transportation Research Part C:Emerging Technologies,2015,54:86-109.
[11] POIKONEN S,WANG X Y,GOLDEN B. The vehicle routing problem with drones:extended models and connections[J]. Networks,2017,70(1):34-43.
[12] 李芙蓉. 民航危险品运输[M]. 北京:清华大学出版社,2017.
[13] 周艳,白燕. 危险品运输与管理[M]. 北京:清华大学出版社,2016.
[14] 周晶洁. 危险品运输与仓储[M]. 大连:大连海事大学出版社,2009.
[15] 沈小燕,刘浩学,周珣. 道路危险货物运输路线优化评价研究[J]. 中国安全生产科学技术,2006(1):76-79.
[16] 董千里,伍佳妮. 特种货物物流运作与管理[M]. 北京:人民交通出版社股份有限公司,2017.
[17] 王长琼,袁晓丽. 物流运输组织与管理[M]. 2版. 武汉:华中科技大学出版社,2017.
[18] 李延晖. 物流网络规划与设计[M]. 武汉:华中科技大学出版社,2013.
[19] 赵刚. 物流定量模型与应用[M]. 成都:四川人民出版社,2009.
[20] 蒙牛物流解密——冷链物流[EB/OL].(2013-11-04)[2024-04-17]. http://www.cclcn.com/shtmlnewsfiles/ecomnews/701/2013/20131104133441818066.shtml.
[21] 杨宏远. 双11来临,德邦准备这样做货量预测,能经受考验吗?[EB/OL].(2018-10-